복식과 전통 머리의 美

솔과학

여 는 글

"뿌리에 대한 미적 가치"

뿌리문화의 역사적 배경은 너무나 방대한 것이 사실이다. 그동안 작품 활동과 국·내외 문화행사 전시 및 다양한 활동을 시작으로 전통복식에 대한 이해가 어려워지기 시작했다. 본 책의 내용은 복식사에서 다양하게 다루어져 왔지만 의복과 장신구, 머리모양에 따른 시대별 연계성에 아쉬움을 한계점에 두고 고대에서부터 관련성을 찾아 정리하려고 했다.

이론과 실기의 깊이가 더해 갈수록 한국의 美적 토대가 되는 복식과 아울러 머리모양의 변천과정의 관심도는 높아져 가고 있다. 따라서 고유성을 가진 시대별 옷차림, 장신구 등에 초점을 두고 역사를 거슬러 올라 중국문헌을 찾아 해석하려 했지만 한문해석에 어려운 점이 많았다. 저자들은 용어풀이에 노력하여 왔으며 작품의 기초가 되는 토우, 토용에 비중을 두었다. 우리는 한국인으로서 전통 뿌리문화의 연구가로서 중요한 전통머리는 복식과 함께 끊임없이 연구되어야 할 과제이기에 많은 자료들을 준비하고, 직접 고궁이나 역사박물관을 찾아 전문가와 소통하며, 정리하기까지 후배양성에 초석이 되어야 한다는 긍지와 의무감으로 지필을 시작하였다.

자료 수집과 동시에 서적과 학위논문, 인터넷을 통해 새롭게 배우고 고찰하면서 방대한 시대별 역사를 알아가고 선조들의 지혜에 또 다른 감동을 받았기에 한국인의 자부심이 자랑스러웠다. 시대를 거슬러 올라가서 보면 고구려시대

주몽(朱蒙)이 우여곡절을 거쳐 BC 37년에 나라를 세우게 된다. 동명성왕(東明聖王)이라 불리는 고주몽은 나라를 세운 후 연호(年號)를 '다물'이라 지었을 만큼 다물정신이 바로 우리 대한민국의 건국정신이 아니었나 생각한다. 고주몽은 고구려를 세우며 고조선 시대에 광대한 땅을 지배하였던 영토를 회복하겠다는 다짐으로 '다물(多勿)'이란 연호를 쓴 것으로 이후 다물 정신은 우리 역사에 면면히 흐르는 민족정신이 되었다.

마치 보이지 않는 지하에 지하수(地下水)가 흐르듯이 우리 민족사의 밑바닥에 '다물 정신'이 흘러 왔다. 우리는 다물 정신을 이어받아 옛것에 대한 소중함을 지키며 계승 발전시켜 나아가야 할 것이다. 이에 『전통머리와 복식의 美』 책은 우리의 전통머리와 밀접한 관계가 있는 토용과 토우를 근거로 의복 차림과 장신구 등 옛것에 대한 뿌리를 찾아서 정리하고 연구하여 후배양성에 초석이 되어야 한다는 의무감으로 정리하여 수록하였다. 한복학회 인천지회 유홍숙 회장님을 비롯하여 이 책을 쓸 수 있기까지 도움을 주신 모든 분들께 감사드립니다.

2019年 2月 20日

저자일동

목 차

01 고대시대

역사가 시작되는 시기에서 선사시대 연대표 · 12

01. 고대 원시신앙의 일상문

1) 원시신앙의 배경으로 성립된 문양 · 17
2) 태양을 상징하는 원(圓) 안의 삼족오 · 18
3) 태양숭배와 새 토템 · 18
4) 고대의 태양숭배와 새 토템 · 20

02. 고대에서 본 복식 미

1. 선사시대 · 22
1) 기원전 17세기 이전 상대적(商代的)의 복식(服飾) · 24
2) 사람모양의 청옥 패 · 24

2. 기원전 11세기에서 기원전 221년 주대적(周代的) 복식(服飾) · 26
1) 진한시대의 복식(기원전 221~서기 220년) · 26
2) 고대 장신구 · 42
3) 전국 부녀자들의 복식 · 42

3. 당조의 문화 · 45
1) 문화적 배경 · 45
2) 당의 부녀자 복식과 머리모양 · 45

4. 중국 소수민족의 복식문화 · 48
1) 중국 소수민족의 이해 · 49
2) 소수민족의 분류 · 49

02 고구려시대

고구려 연대표 · 64

01. 고구려의 인물상과 토용, 토우 이야기

1. 토우의 기원 · 68
2. 토용의 유래 · 70
3. 문헌 고찰로 본 복식 미 · 73
   1) 가체로 본 역사 · 73
   2) 평창 동계올림픽 개막식 인면조 · 75

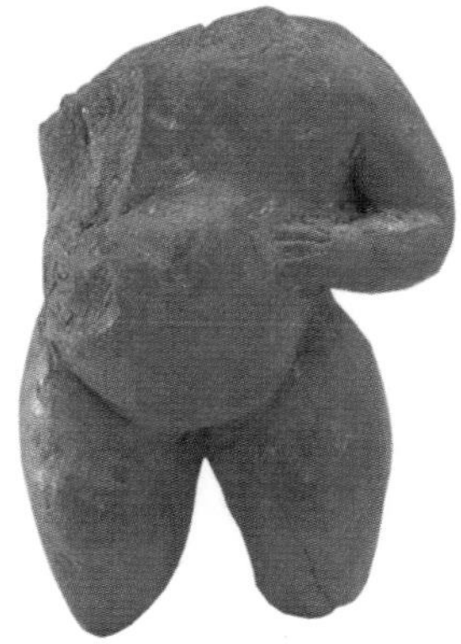

02. 샤머니즘에 표현된 개념과 유래

1. 솟대신앙의 개념 및 발생 · 80
   1) 솟대신앙의 개념 · 82
   2) 솟대신앙의 발생 · 82
2. 무신도(무무도)에 표현된 복식 · 82
   1) 주술성 · 83
   2) 상징성 · 83
   3) 조형성 · 84
   4) 무신도에 나타난 성수와 부군 · 84

03. 고구려시대로 보는 역사적·문화적 배경

1. 고분벽화가 역사에 미친 영향 · 87
2. 복식을 통한 문화적 이해 · 88
   1) 복식미의 변화 · 90
   2) 신의 특징 · 96
3 머리모양 유래와 장신구 · 98
   1) 다양한 머리모양의 유형 · 98
   2) 장신구의 변화 · 99

04. 문화 속에 연결된 복식

1. 머리모양과 복식의 관계 · 102

1) 머리모양과 의복 · **103**

2) 신발에 표현된 유래와 문양 · **103**

2. 고구려 벽화에서 본 풍속과 생활모습 · 106

1) 고분벽화의 역사적 의의 · **106**

2) 고분벽화에 표현된 미적 양식의 실제 · **107**

3. 고분벽화로 본 생활도 · 118

1) 안악3호분 · **118**

2) 백라관을 쓴 주인공 · **118**

3) 청라관을 쓴 주인공 · **119**

4) 쌍영총 행렬도·무용도 · **120**

05. 고구려 벽화에 표현된 인물상

1. 안악3호분 주인공 · 127

2. 복식과 머리모양 재해석 · 129

06. 역사와 함께 한 쪽 이야기

1. 쪽머리의 역사적 배경 · 130

1) 대표적인 쪽머리 유래 · **130**

2) 쪽의 유형과 변화 · **131**

3) 얹은머리의 다양한 유형 · **132**

4) 얹은머리 · **133**

03 백제시대

백제시대 연대표 · 138

01. 백제의 건국

1) 백제의 건국 · 142
2) 문화적 배경(기원전 18년 ~ 660년) · 143
3) 백제문화를 부흥시킨 근초고왕과 4인(仁) · 143
4) 남조문화(南朝文化) · 146

1. 건국과 백제의 성장 · 149
1) 한성시대(지금의 송파) 475년 장식대도 · 150
2) 웅진시대(475~538 지금의 공주) · 152
3) 사비시대(538~660 지금의 부여) · 158
4) 부소산성, 삼총사, 제석사 유래 · 158
5) 금동대향로(국보 제 287호) · 162
6) 공예품의 발달 · 165

2. 궁의 금동신발 · 167
1) 백제의 멸망 · 170

02. 백제의 복식

1. 관모의 의미 · 175
1) 관모의 품계 · 176
2) 관과 관모의 유래 · 176
3) 복식과 장신구 · 180

2. 머리 모양의 변천사 · 188
1) 쌍계머리 · 188
2) 밑머리 · 189
3) 삼천궁녀머리 · 190
4) 궁녀 머리모양 현대화 업스타일 재해석 · 194

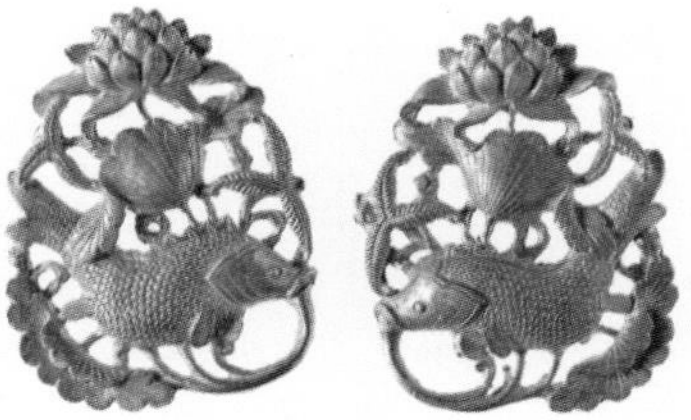

04 신라시대

신라시대 연대표 · 198

01. 신라의 건국(B.C 57~A.D 4 재위)

1. 문화적 배경 · 205
1) 신라복식 개요 · 206
2) 복식 문화 · 207
3) 토용에 나타난 복식의 특색 · 209
4) 토우 · 216

02. 신라(B.C 57~A.D 668)와 통일신라(A.D 668~935) 복식문화

1. 복식에 표현된 장신구 · 221
1) 수식(首飾)의 개념· 222
2) 생활상의 도구 · 226
2. 복식 이야기 · 228
1) 토우에 표현된 이미지 · 228
2) 신라의 예복 · 230
3) 사신복 · 232
3. 머리모양 이야기 · 233
1) 당의 영향을 받은 고전머리 · 234
2) 보덕사 여인의 고계머리 · 235

05 고려시대

01. 고려 시대적·문화적 배경 (A.D 918~1392)

1. 문화적 배경 · 239

1) 왕건 신화시대에서 멸망까지 역사 · 242

2) 휴머니즘이 내재된 수월관음(水月觀音)도 · 245

2. 고려 불화 문화 · 246

1) 불화의 기원 · 247

2) 불교문화의 유래와 성격 · 247

3) 궁안에서 일어난 묘사된 인물 · 254

3. 복식의 시대적 배경 · 256

1) 왕실과 상급자의 복식 · 256

2) 고려에 영향을 미친 5대국 · 259

3) 왕건의 출토 복식 · 260

4) 인종황후상과 신종황후상 · 261

5) 고려여인과 송의 토용 · 262

02. 장식의 의미와 쓰임새

1) 고려 여인의 머리장식 · 264

2) 장신구의 활용 · 265

03. 수발의 변천사

1. 고려시대 머리양식 · 273

1) 불화에 나타난 복식 · 274

2) 용녀의 머리모양 · 275

3) 시녀의 머리모양 · 276

4) 귀부녀 머리모양 · 278

5) 서민의 머리모양 · 279

역사와 전통머리에 대한 이해와 알아 두어야할 상식 · 288

참고문헌 · 294

01

고대시대

역사가 시작되는 시기, 선사시대 연대표

역사가 시작되는 선사시대		
B.C.46억	B.C.46억	지구가 탄생하다.
	B.C.250만	인간이 지구상에 등장하다.
B.C.100만년	B.C.70만	한반도에 인간이 출현하다. 구석기 시대가 시작되다.
B.C.1만년 공주 석장리유적의 단구(段丘) 제1문화층과 단구 제3문화층. 욕지도(欲知島)유적지 등의 세석기 제작. 중석기문화 형성	B.C.70만	한반도에 인간이 출현하다. 구석기 시대가 시작되다.
	B.C.1만	신석기 시대로 들어서다.
	B.C.3500	인류 최초의 청동기 문명 탄생
	B.C.2333	단군, 조선을 세우다.
	B.C.2000–1500	한반도에 청동기 시대가 시작.
6000년 중국의 산둥성 지역에 존재했던 신석기시대 초기의 문화	기원전 6000년에서 기원전 5000년 무렵까지 존재.	
	전기 신석기문화 형성. 빗살무늬토기 I 류 제작사용. 부산 동삼동 유적 하층 형성.	
5000년	신석기 전기시대 5000년~3500년 까지 서울 암사동 유적 형성.	
4000년 최초의 운하로서 기원전 4000년 경 메소포타미아에서 운하를 만듦	웅기 굴포리 · 서포항 유적 하층의 제1기 및 제2기 문화층, 온천 궁산리 유적 하층 문화 등 형성.	
3500년	3500년 ~2000년 중기시대 신석기문화 형성. 빗살무늬토기 II 류. 웅기 굴포리 · 서포항 유적 제3 · 4 · 5기 문화층, 평양 금탄리 유적 제1 · 2문화층 등 형성.	
3000년	웅기 굴포리 · 서포항 유적 제6문화층, 평양 금탄리유적 제3문화층, 회령 오동유적 제1 · 2문화층 등 형성.	

<table>
<tr><td rowspan="2">2000년</td><td colspan="2">2000년~1000년/후기시대, 농경시작.</td></tr>
<tr><td colspan="2">후기는 신석기문화 형성, 빗살무늬토기Ⅲ류, 회령 오동유적
제3 · 4문화층 등 형성, 만주지역 에서 부분적으로 청동기문화 시작.</td></tr>
<tr><td rowspan="4">B.C.1000년
민무늬토기인이 한반도 각지에
이주하여 농경문화를 이룩.
전기 청동기문화 형성.</td><td>B.C 5C</td><td>철기가 보급되기 시작하다.</td></tr>
<tr><td>B.C 194</td><td>위만이 고조선의 왕이 되다.</td></tr>
<tr><td>B.C 109</td><td>중국의 한나라가 고조선 땅을 침범 해오다</td></tr>
<tr><td>B.C 108</td><td>고조선, 한나라에 의해 멸망하다.</td></tr>
<tr><td>800년</td><td colspan="2">고조선의 수도를 왕검성에 정함.
이후 송화강(松花江) 유역에 부여(扶餘), 한반도 중남부에 진국(辰國)
성립. 봉산 신흥동주거지유적 · 여주 흔암리주거지유적 형성.</td></tr>
<tr><td>500년</td><td colspan="2">요령 윤가촌유적 하층 1기문화 형성. 강계 풍룡동분묘유적,
고흥 운대리지석묘유적, 광주 송암동주거지유적,
남제주 삼모리조개더미유적, 밀양 월산리 고분군유적 등 형성.</td></tr>
<tr><td>300년</td><td colspan="2">중국의 연(燕)이 요동에 장성을 축성하여 기자조선(箕子朝鮮)과
국경을 삼음. 대동강 유역 에 철기문화 널리 시작. 한문자(漢文字)
전래. 원3국시대 시작.</td></tr>
<tr><td>200년</td><td colspan="2">해모수(解慕漱)설화 · 금와(金蛙)설화 성립.</td></tr>
<tr><td>99년</td><td colspan="2">와질토기 제작 시작.</td></tr>
<tr><td>삼국시대(三國時代)
B.C 82~A.D 667</td><td colspan="2">기원전108년 왕검성(王儉城 왕이 거주하던 곳)을 함락시키고
위만 조선을 멸망시킨 한나라는 고조선(위만 조선)지역에 네 개의
군을 설치했다.(낙랑군, 대방군, 진번군, 현도군)의 지배시기에
고조선 사회의 기존 상급 통합조직 해체됨.</td></tr>
</table>

1400년에는 부산 동삼동유적 5층영도기 형성. 재앙과 빈곤의 세기. 흑사병(1348~1349)으로 유럽의 인구가 급감했고, 왕조와 국가 간에 싸움으로 백년전쟁은 계속됨.

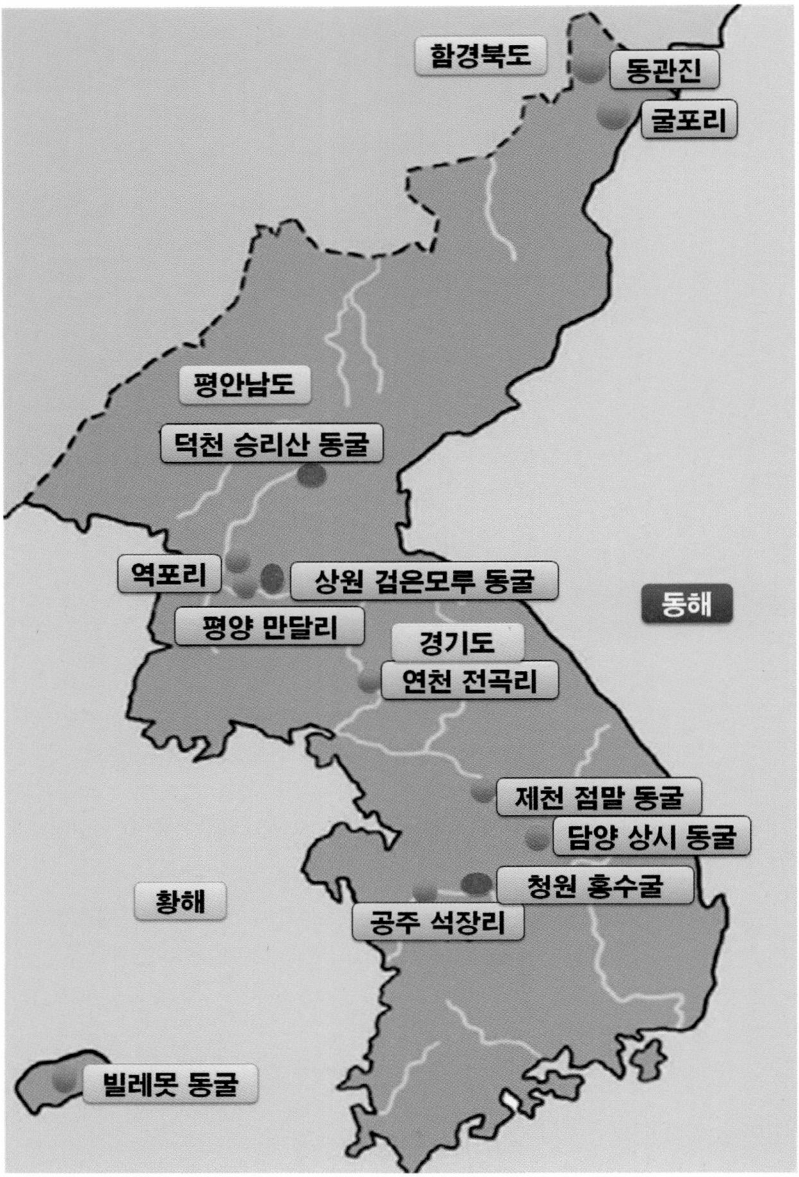

구석기시대 유적지

지구별에 인간이 등장한 것은 약 250만 년 전 최초의 인류라고 인정되는 종(種)이 '오스트랄로피테쿠스(Australopithecus)'인데, '남방의 원숭이'라는 뜻으로 학자들은 이 원숭이 인간이 약 250만년전에 아프리카 남부지방에 살았던 것으로 추측하고 있다. 그 당시 아프리카 남부 지방에서 출토된 오스트랄로피테쿠스 화석에서 두 발로 곧게 서서 걸어 다닌 흔적이 발견되었던 것으로 오스트랄로피테쿠스가 우리 인간의 직접적인 조상은 아니었지만 이들은 지구 환경의 변화에 적응하지 못하고 사라져 버린 다음 인류의 직계 조상은 약 15만 년 전에 아프리카 지역에서 나타나면서 이들의 꾸준한 종족 번식은 오늘날 우리들까지 대를 잇고 있다고 고고학자들은 말하고 있다. 또한 북한의 역사학자들과 이에 동조하는 우리나라의 일부 학자들은 약 70만년전 부터 북한 학자들이 주장하는 이유는 평양시 상원읍에 있는 검은모루 동굴에서 발견된 29종의 동물화석과 뗀석기, 평안남도 덕천시 승리산 동굴에서 발견된 사람의 어금니 2개와 어깨뼈 한점을 약 70만 년 전의 것이라고 추정했기 때문이다.

그럼 우리는 한반도에는 언제부터 사람이 살기 시작했을까? 의문에 대하여 지질학자들은 그 시기를 약 1만 5천 년 전이라고 생각한다. 이 시기에 기온이 급상승하는 등의 기후 변화로 인하여 온도가 올라가면서 육지를 덮고 있던 얼음이 녹아 바닷물이 많아지기 시작 했다 인간의 선조인 원인(猿人)은 약 400만 년 전 태어났다고 전하며, 원숭이가 지금의 인간과 비슷할 정도로 진화하기 시작한 것은 약 100만 년 전 이 놀라운 진화과정은 불의 시초라고 한다.

https://blog.naver.com/yongplant1/110128748397

01 고대 원시신앙의 일상문

원시신앙의 배경으로 성립된 문양

〈그림 1〉 쌍영총의 해속의 삼족오

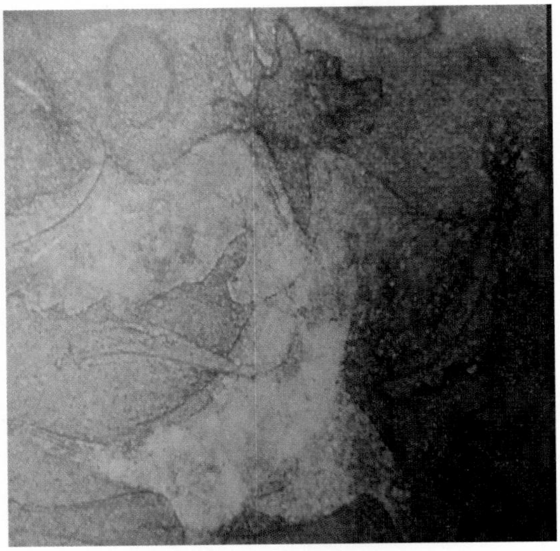

〈그림 2〉 오회분5호묘 우두대신. 염제 신농, 삼국시대 6세기 중 후반, 집안지역 고분

1) 원시신앙의 배경으로 성립된 문양

문양의 배경은 초기에는 주술적, 감응적(感應的 사물을 기준으로 마음을 움직여 받아들인다.) 성격이 강했지만 역사의 발전과 함께 계급과 권위를 나타내는 우주관과 종교관, 정치관, 사회적 이념 등으로 함축 되었던 것으로 본다. 따라서 문양은 생활에 대한 주관적 의식의 소산으로 인간 내면의 세계와 미의 의식을 찾아볼 수 있게 된다. 전통 문양은 시간의 흐름과 외래문화의 영향 하에서도 고유성과 전통성을 유지하며 시대상과 인식변화에도 함께 반영된다.

한민족의 『해속의 삼족오』는 오랜 세월동안 우리와 동고동락해 온 일상문양은 태양을 상징하는 삼족오를 형상화한 이유 중 첫째, 동이족과 화하족의 문화적 계통성과 양자의 문화 수용관계를 볼 수 있다. 둘째, 왕권의 상징물로서 천상을 대표하는 태양을 천심(天心)과 함께 치천하(治天下)의 태양에 대한 인식은 지상에서의 국가위력과 통치조직이 천하에 반영되기를 원하고 천일 합일을 통해 영원불멸의 절대적인 권력과 통치를 누리기 위함이다. 셋째, 천상계의 대표적인 물상(物象 자연계의 사물과 그 변화의 현상)으로 영원성을 지닌 종교의 내세관과 연계되어 죽은자와 관련된 묘제장식 등에 관련된 영혼불멸과 신생(新生)을 염원하는 인간의 마음을 반영한 한 것이다. 넷째, 생명과 아침을 상징하는 붉은 태양 안에 어둠과 죽음을 의미하는 까마귀와 같은 현조를 표현하는 일상문은 밤이 지나고 아침이 오듯이 죽음과 밤은 끝이 아닌 시작이며, 생성과 소멸은 경계 없는 동반자로서 우주론을 함축한다.

따라서 현조가 일상문의 초점은 천공을 날아 하늘 가까이 갈 수 있는 새가 영혼과 곡령(穀靈)의 전달자로서 솟대위에 올라졌기 때문이다. 아울러 고구려 고분벽화의 일상 〈그림 1〉 삼족오가 그려졌듯이 우리의 역사 생활속에 밀접한 유대관계를 지니고 있음을 알 수 있다. 또한 사람의 몸에 소의 머리를 한 우두대신 〈그림 2〉의 이야기는 농업신인 염제가 농경에 큰 영향을 미치는 태양신으로도 추앙되었음을 알 수 있다. 신농(神農)으로 태양신과 밀접한 음향오행(五行)설 영향으로 불을 상징하는 주작은 남방의 수호신으로 자리매김하고 삼족오는 서방의 주 토템을 삼았다. 동이계의 봉조는 태양과 새의 결합으로 불이 없는 반면 염제계 봉조는 불과 새의 결합으로 태양을 불의 연장선으로 처리한 점이다. 까마귀를 숭배했던 염

TIP

▶ **동이족** : 중국인들이 주변 민족을 북지역에 살고 있는 우리 민족을 지칭하는 명칭으로 특정종족을 지칭하기보다 중국의 한(漢) 문화와 상대적인 문화개념으로 호칭됨

▶ **화하족** : 중국인구의 대다수를 차지하고 있는 한족으로 화산주변과 화수근방에 정착되면서 얻어지는 명칭, 화하족은 한족의 전신으로 한 대(漢代) 이후에는 한인(漢人), 당인(唐人)이라는 호칭도 있었다.

『일상문』(日像紋, 태양의 무늬를 나타내는 형상)

『일상문』(日象文, 해 무늬와 코끼리 형상을 나타내어 사물을 표시하고 글자로 의사를 전달하기 위해 사용 의미부여)

제족이 불을 발명한 후 불, 태양, 까마귀가 합일되었고 태양 속에 까마귀가 있게 되었다. 오회분5호묘 우두대신. 염제 신농 암각화에서는 태양을 신상(神像 불가사이한 형상)으로 표현한 태양신의 우두대신 염제 신 농을 볼 수 있다.

2) 태양을 상징하는 원(圓)안의 삼족오

성서로운 새의 표현물이 된 세발달린 까마귀는 기원전 206년~기원 後 9년에 해당하는 기원전 2세기에 처음 등장한다. 광명과 열기를 상징하는 태양은 천지를 밝혀주고 모든 생물을 소생, 번식시키는데 없어서는 안 되는 중요한 존재로 인류의 동경의 대상이 되어 왔다. 상고시대에 태양 숭배와 새 토템의 전통을 지닌 동이족은 중국의 서북 변에서 동북방면으로 두 갈래로 이동하였다. 한 갈래는 산동(山東)반도 지역으로 남하 하였으며, 또 다른 한 갈래는 만주, 한반도, 일본 일대에 분포 되었다. 이러한 견해를 뒷받침하듯 남북조시대를 지나 수·당대가 되면서 태양과 서조를 결합시킨 일상문은 중원(中原) 문화권에서 거의 사라지고 요녕성, 돈황, 투르판 등 화북 지역에서만 나타났다.

3) 태양숭배와 새 토템

울주군 천전리 임각화의 동심원은 천지를 밝혀주고 모든 생물을 소생, 번식시키는데 중요한 요소로 태양숭배를 표현하였으며, 이는 선사인들의 생활수단이었던 수렵과 어로의 행운, 농경의 풍요를 기원하는 심의(心意 신앙적 마음)를 담은 것이다. 〈그림 3〉 새 토템을 반영한 우리나라 고대의 대표적인 동심원과 〈그림 4〉 암각화에 새겨진 태양의 신상으로 표현한 태양신의 얼굴주위에는 태양광선이 사방으로 퍼져나가는 모습은 중심부원의 〈그림 5〉 청동삼환령은 청동으로 주조된 것으로 함안 도항리, 함양 상백리, 경주 안계리, 장성 만무리 고분군 등 대체로 5세기 후반에서 6세기 전반에 걸쳐 신라와 가야지역의 대형고분에서 발견된 것과 같이 김주미는 태양 밖의 8각 팔 두령은 불꽃 문양으로 한반도와 만주의 전 지역에서 사용된 것으로 보아 고조선의 고유양식으로 이후 삼국시대까지 발달되어 갔음을 알 수 있듯이 〈그림 6〉 성기를 드러낸 채 새 깃털을 꽂고 밭을 가는 남자의 모

태양숭배 토템과 벽화

〈그림 3〉 울주군 천전리 암각화의 동심원, 청동기 시대

〈그림 4〉 고령군 양전리 암각화에서는 태양을 신상 표현, 태양신 얼굴, 청동기 시대

〈그림 5〉 청동삼환령,함안 도항리, 함양 상백리, 경주 안계리, 장성 만무리 고분군 등 대체로 5세기 후반에서 6세기 전반

〈그림 6〉 성기를 드러낸 채 새 깃털을 꽂고 밭을 가는 남자

〈그림 7〉 "정사년(丁巳年) 명문" 삼국시대 3세기, 도침(陶枕)

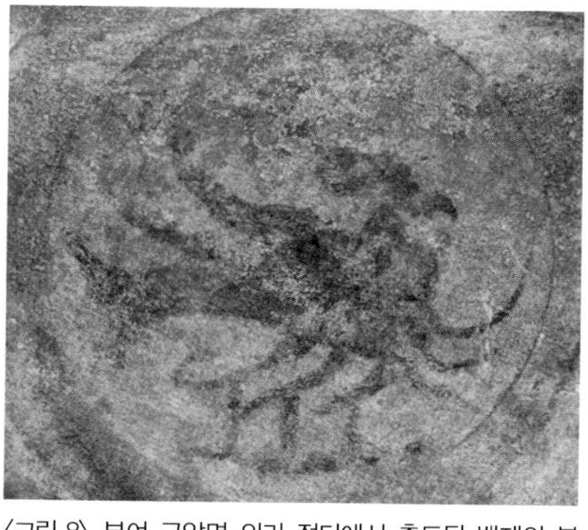

〈그림 8〉 부여 규암면 외리 절터에서 출토된 백제의 봉황문전은 삼국시대 6~7세기

습과 고구려 고분벽화에 등장하는 다양한 형태의 〈그림 7〉의 도침은 흙으로 구워 낸 베개는 상부 중앙에는 연화문을, 상부 위쪽에는 구름문을 음각 하였다. 〈그림 8〉 부여 규암면 외리 절터에서 출토된 백제의 봉황문전은 삼국시대 6~7세기경의 것으로 확인되고 있다.

4) 고대의 태양숭배와 새 토템

민속을 통해 본 한국 고대의 태양숭배와 새 토템은 인간뿐만 아니라 〈그림 8〉은 삼족오와 같이 다리가 셋으로 보이지는 않지만 갈고리처럼 구부러진 부리나 위로 말아 올라간 꼬리 등은 봉황과 친연성을 보여주고 있다. 또한 새 토템은 매개사회에서 자기부족의 기원을 특정한 동식물과 연결시켜 숭배, 씨족, 부족 등 특정집단과 동일 시켜서 부족들을 방위하고 보호하리라는 믿음과 상호 존경, 우주 층상호 관계에서 성립하는 하나의 종교 체계인 동시에 사회 체계로 솟대신앙과 난생설화에서 살필 수 있다. 교통 통로로 연결해주는 '우주나무'와 우주 층을 왕래하는 사자라 부르는 '하늘 새'는 솟대신앙인 새를 최초 샤만의 정령으로 본다. 솟대신앙은 농경사회가 본격화되고 정치 및 종교 이념으로 천신신앙이 확립 보급되면서 국가를 성립시킨 지배자들이 스스로를 천자내지 천손으로 자처했던 청동기 시대에 암각화에 표현된 다양한 문양들은 고대에서 삼국시대에 이르기까지 그 성립과 전개가 활발히 일어났음을 알 수 있다.

02 고대에서 본 복식의 미

복식에 있어서 의복은 몸을 보호하고 미관을 아름답게 하며 두식을 포함한 복식은 입는 사람의 신분과 직분을 구분하고 서열이나 위엄을 구분해 줄 뿐만 아니라 생활양식을 반영한 전례나 의식의 상징물이기도 하다. 역대 복식의 제도와 색채 등의 변화는 당시 사회의 생활상태, 정치, 경제, 사상 등의 요소에 깊은 영향을 받고 있다. 춘추시대를 살펴보면 봉건질서가 붕괴되고 각국이 잇달아 군국주의를 실시하며 부국강병정책에 힘을 쏟으면서 의복은 가볍고도 몸에 맞는 기마복식이 중원에 전례 되었다. 이는 한족과 호족의 복식 사이에 일어난 북방민족의 최초 융합으로 기록된다.

위진 시대에 정치체제에 의해 현학이 유행하면서 자연의 본성을 추구하는 심리가 생기자 사대부는 예의와 관습의 구속에서 벗어나고자 머리에 띠를 두르고 옷섶을 아래까지 열어젖히고 나무 신을 신은 채 산림놀이를 노닐었다는 설을 보면 그 시대의 사상을 역력히 반영하였음을 알 수 있다. 남북조 시대는 정치적 암흑기이자 혼란기였으나 예술과 종교방면에서 오히려 눈부신 성취가 있었다. 이는 한족과 호족의 두 번째 대 융합이라 할 수 있다. 중국의 전통적인 사상이나 예의에 대한 구속력이 매우 약화되고 국세가 강해져 외국과의 내왕이 빈번해지자 당의 복식은 중외의 한복(韓服)과 호복(胡服)을 함께 받아들여 더욱 참신한 아름다움이 대담해지면서 국제화 되었다.

송인은 유학, 도가, 불교의 세 사상을 융합하여 이학(理學)을 이루었고, 문학(文學), 사학(史學), 시, 사(詞말씀)의 각 방면에서 찬란한 업적을 남겼다. 복식에서는 하늘과 조상을 숭배하는 제사 때 착용하는 예복은 화려한 기품을 추구하는 반면 일상복은 간단하고 소박하였다. 만주족의 청이 중원에 들어온 초기에는 민심을 얻기 위해 명의 복식제도인 한인의 의관을 계승하였으며, 조정에서는 한족과 만족의 신하들이 두열로 등장하였다. 또한 중국은 예로부터 예악(禮樂)의 나라이며, 의관(衣冠)의 나라로서 복식제도가 모두 역대 사서나 문헌가운데 발견되고 있다.

1 선사시대

짐승가죽 또는 깃털, 나뭇잎 등으로 몸을 가리던 것이 우리가 상상하는 의복의 기원이라 볼 수 있다. 의복의 실물이 출토된 것은 1만 8천여 년 전 북경의 주구점(周口店), 산정 동인(洞人)문화로부터 시작되었다고 한다. 주구점 산 정상의 동굴 문화유적지에서 출토된 〈그림 9〉 1개의 뼈바늘과 구멍 뚫린 뼈 바늘, 즉 골침이 발견되었다는 것은 고대인들이 당시에 장식의 개념과 바느질 기술이 있었다는 것을 의미한다.

1954년부터 1957년 황화유역 중류 일대에서 발견된 뼈송곳과 뼈바늘 및 도기로 제작된 실 잣는 물레바퀴가 출토 되었으며 몇몇의 도자기 밑면에 돗자리무늬와 삼베무늬의 흔적이 찍혀 있었던 것과 산서성 하현 서음촌의 신석기시대 채도 문화유적지에서 발견된 절반이 잘린 누에고치는 고대인들의 의복문화의 맥락을 보여주고 있으며 1973~1980년 사이 황화유역 상류 일대 청해 대통현에서 발견된 손가채의 제384호 묘의 매장품 중 기원전 3100년~기원전 2700년경의 추정으로 본 마가요 유형의 무도무늬가 그려진 채도분이 발견된 것은 이 도분의 〈그림 10〉 운남성 진녕현에서 출토된 동 무녀 춤추는 사람 〈그림 11〉 서안 임가파에서 출토된 채색된 시녀용 복식은 현재 수집된 것 중 가장 오래된 자료에 근거한다.

주구점 산 정상의 동굴 문화유적지에서 출토된 뼈 바늘, 즉 골침 〈그림 9〉의 길이는 대략 8.2㎝, 지름은 가장 굵은 곳이 지름0.32㎝이다. 〈그림 12〉 짐승의 가죽으로 만든 옷을 입고 나무줄기의 띠를 매었다. 구리로 만든 인형 〈그림 13〉 미국 넬슨 박물관에 소장된 구리 인형의 머리모양은 상투머리를 틀었으며, 방형의 피령(皮領짐승의 가죽으로 만든 깃)을 두른 것 같다. 바지의 길이는 무릎에 닿고 띠를 두르고 칼을 찬 모습과 둔부 아래에는 꼬리장식을 드리웠고 신발을 신지 않은 모습이다.

TIP

- ▶ **한복(韓服)**: 춘추시대옷
- ▶ **호복(胡服)**: 만주의 옷
- ▶ **이학(理學)** : 다스리는 학문
- ▶ **문학(文學)** : 문자로 나타내는 예술
- ▶ **사학(史學)** : 역사를 기록하는 학자
- ▶ **예악(禮樂)** : 예절과 풍류
- ▶ **의관(衣冠)** : 남자가 정식으로 갖추어 입는 옷
- ▶ **주구점(周口店)** : 토기를 만드는 곳
- ▶ **산정 동인(洞人)** : 사람이 만든 동굴
- ▶ **교령(交靈)** : 죽은 사람의 영혼이 산 사람과 소통

〈그림 9〉 주구점 산 정상의 동굴 문화유적지에서 출토된 뼈 바늘, 즉 골침

〈그림 10〉 운남성 진녕현에서 출토된 동 무녀

〈그림 11〉 서안 임가파에서 출토된 채색된 시녀용

〈그림 12〉 짐승의 가죽

〈그림 13〉 구리로 만든 인형에 상투머리

1) 기원전 17세기 이전 상대적(商代的)의 복식(服飾)

상대시대를 우리나라에서 말할 수 있는 시기는 삼국시대 이전 부족국가시대인 원삼국시대(原三國時代)로 고구려·백제·신라 형성기 전인 AD.300년까지 약 3세기 정도의 기간을 삼국사기, 선사시대에서 진정한 의미의 역사시대로 전환되어 가는 과도기적 시기라고 볼 수 있다. 또한 역사적으로나 고고학적으로 매우 중요한 시기며 문화적으로도 청동기의 실효성이 소멸되고 철기생산 및 보급이 확대되면서 벼농사가 발전하기 시작한 중요한 시기였다. 따라서 묘제에 있어서도 고인돌이 소멸하고 석곽묘(石槨墓 돌로 만든 궤, 무덤)가 발달하기 시작한 시기이다. 하남성 안양현 사반마촌에서 출토된 〈그림 14〉의 조각상을 살펴보면 머리에는 테모자를 썼으며 교령(交靈)의 상의에 정교하고 아름다운 문양을 넣은 치마를 입었다. 안양현 부호의 묘에서 출토된 〈그림 15〉 옥인은 높이가 7㎝이며 변발을 하여 머리앞에 통모양으로 말아 놓은 장식과 머리매기 테모자를 썼다. 교령에 좁은 소매의 몸에 맞는 옷을 입고, 넓은 요대에는 폐슬을 늘어뜨렸고, 허리옆에는 상징적인 기물로 보이는 무기를 찬 옥인형의 윤곽도가 보인다.

부호의 옥인 〈그림 16〉은 전체 머리를 가운데로 모아 묶은 다음 세가닥 땋기를 하여 뒤로 넘겼으며 의복의 양식은 정확히 알 수는 없지만 몸에 꼭 맞는 형태로 착용하고 얼굴 모양은 짐승 무늬로 장식하였다. 목 뒤에는 회분을 놓았으며 몸 전체는 그림 이나 글씨의 가장자리만을 선으로 나타내는 쌍구법(붓을 잡는 방법)으로 각종 무늬를 새겨 넣어 장식을 하였다.

2) 사람모양의 청옥 패

북경고궁박물관에 소장된 상대에서 춘추시대경 〈그림 17〉의 청옥 패는 긴머리를 어깨까지 늘어뜨리는 형태를 하고 머리위에 새 모양의 장식과 머리매기 테모자를 착용하고 있다. 몸의 형태는 뼈 모양을 나타내는 형상으로 전체가 노출되어 있다.

〈그림 14〉 청동기 문향과 비슷한 원석조각상

〈그림 15〉 인형 형상의 옥인 윤곽도

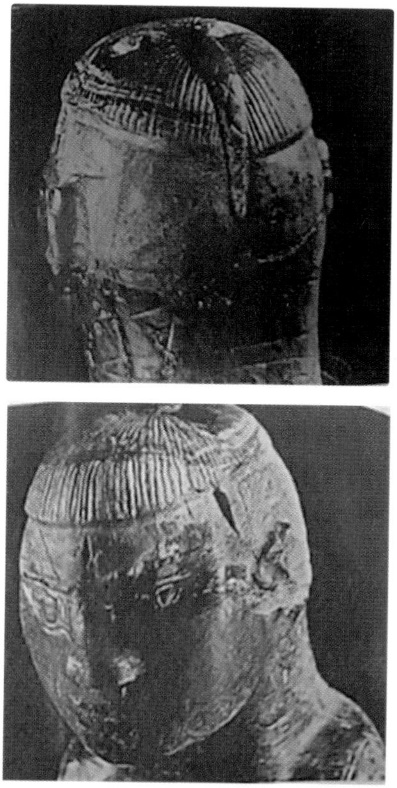

〈그림 16〉 부호의 묘에서 출토된 옥인

〈그림 17〉 청옥 패

2 기원전 11세기에서 기원전 221년 주대적(周代的) 복식(服飾)

춘추시대 산서성 마우촌에서 출토된 〈그림 18〉 도기의 틀은 두부에 소뿔장식을 한 것을 들고 있으며, 머리모양은 양 갈래로 하여 땋기를 하고 있다. 전국시대 증산왕의 묘에서 출토된 옥인형과 비슷하다. 교령금곡에 무릎까지 오는 덧옷을 입고 끈으로 허리를 매었다. 옷의 무늬는 삼각형 회문이다. 전국시대 하남성 낙양에서 출토된 동인은 변발에 귀걸이를 하고 줄 무늬 치마를 입었으며 수구와 단에 가선(加線실을 덧붙이다)을 장식하였다. 〈그림 19〉 고깔비녀를 한 옥인은 머리카락을 뒤로 틀어서 비녀를 꽂았으며, 이마 위에는 고깔모양의 비녀로 관을 고정시켜 끈을 매었다. 〈그림 20〉 위진 남북조시기의 여성복은 주로 넓었으며 특징이 가슴중앙에서 두 옷자락을 채우고 허리를 졸라 매었다. 머리모양은 〈그림 21〉 머리에 조(幧머리에 감는 헝겊)를 매었다.

1) 진한시대의 복식(기원전 221~서기 220년)

(1) 중앙집권제를 시행했던 진나라의 진시왕은 사실감 넘치는 토용과 마차 등으로 거대한 규모의 병마용 갱을 만들어 나라의 왕권 위세를 과시하였다. 섬서성 임동의 진 시황 묘 동쪽 1호 병마용갱에서 출토된 장군용 〈그림 22〉는 무사용 진대의 묘 1,2,3호 병마갱은 모두 2078m²에 거쳐 있으며 출토된 병마용은 7,000개가 있었다. 장군의 인형은 몸에 전포를 입고 겉에는 쇠 갑옷을 걸쳤는데 길이는 배 아래까지 이르고 부주를 착용하였다. 목에는 영건(領巾)을 매었으며 코가 방형인 전투화를 신었다.

〈그림 23〉은 장군의 위엄을 나타내고 시대적 전투 현장의 생생한 모습의 머리모양을 교육 자료용으로 재현해 보았으며, 〈그림 24〉 〈그림 25〉의 전후의 모습은 장군의 일상생활에서 사용되었던 치포관을 얹어 재현 하였다.

〈그림 18〉 춘추시대 도기

〈그림 19〉 고깔비녀를 한 옥인

〈그림 20〉 위진남북조의 중국역대복식

〈그림 21〉 하북성 평산현 동인의 머리모양

〈그림 22〉 진시황 묘 1호 병마용갱에서 출토된 장군용

〈그림 23〉 진시황 출토된 장군용 머리모양 재현

〈그림 24〉 진시황 전두부 모습, 교육용 작품 재현

〈그림 25〉 진시황 후두부작품 재현

(2) 마왕퇴 1호묘에서 출토된 복식 채색한 목용

머리형태 〈그림 26〉는 가운데를 나누어 뒤로 땋아 묶고 쪽의 모양은 목덜미 위로 올라가 있으며 의복은 교령의 포를 입었고 속옷의 깃이 드러나 보이고 있다. 〈그림 27〉 정수리에 상투머리를 틀고 비녀를 꽂았으며 (이런 종류의 비녀 장식은 오늘날 중국의 서남지역에 분포되어 있다.) 오른쪽 사람은 전국시대(춘추시대 이어 진의 통일 시대까지) 이래로 유행하던 마름모꼴 무늬로 가선을 두른 비단옷을 입고 있다. 갈색 마름모꼴 무늬의 비단으로 제작된 〈그림 28〉의 비단포는 겉모양은 흰색비단을 사용 하였고, 안은 명주를 댄 마왕퇴 1호묘에서 출토된 날염한 홍사 비단 포는 가선에는 털이 일어나는 비단을 썼으며 좁은 가선을 흰 명주로 수식한 교령에 곡금우임의 요금포이다. 옷의 길이는 150cm이며 소매길이는 250cm이다. 소매너비는 37cm 수구의 너비는 28cm 허리 너비 60cm 아래옷깃의 너비는 67cm 깃의 너비는 갈색이 18cm 백색이 5cm 수구의 너비는 갈색이 23cm 백색이 5cm이다. 만드는 방법은 상의와 치마를 나누어 마름질하여 다시 조합한 것으로 상의는 모두 6조각을 직선으로 마름질하였다. 치마는 모두 4조각인데 사산으로 마름질한 것으로 보아 비교적 잘 보존된 포의 종류는 9가지가 있다. 전국시대부터 서한에 이르기까지는 귀족복식에 있어서 명확한 제도가 없었으나 출토된 문물 중 의복이 매우 많이 발견되는 것은 당시 남녀 구분 없이 유행되어 입었던 것이다.

〈그림 29〉 마왕퇴 1호묘에서 출토된 흰 비단 선의색사 비단포는 직거교령에 우임인 짧은 홑 포이다. 옷 길이가 130cm 소매 길이가 236cm 소매 너비가 41cm 수구가 30cm 허리 너비가 48cm 아래 자락의 너비가 57cm 깃의 너비가 18cm인 수구는 너비가 29cm이며 옷자락의 가선 너비가 38cm이다. 이러한 포는 바지의 형식이 아직 완전히 구비되지 않아 행동할 때 속살을 노출시킬 염려가 있었으므로 전국시대부터 서한 초에 이르기까지 정식예복으로는 쓰이지 않았다. 〈그림 30〉의 마왕퇴 1호묘에서 출토된 자색 명주치마 길이는 87cm 허리나비가 145cm 아래 자락의 너비가 193cm로 4폭의 명주로 만들어졌다. 허리위에는 별도의 치마허리를 덧대어 연장단 허리끈으로 묶어 착용했다. 〈그림 31〉의 마왕퇴 1호묘에서 출토된 청사 신은 길이 24.8cm위 너비는 9.4cm 아래 너비는 11cm이다. 긴 통에 손가락을 노출시킨 장갑이다. 〈그림 32〉은 신발코의 가운데가 오목하게 들어가 끝이 갈라진 모양을 하고 있다. 부도는 호북성 봉황산 168호 서한시대 묘에서 출토된 삼신이다.

〈그림 26〉 섬서성 임동현 진시황릉원 부근에서 출토된 도용

〈그림 27〉 장사 마왕퇴 1호묘에서 출토된 목용

〈그림 28〉 마왕퇴 1호묘에서 출토된 날염한 홍사 비단 포

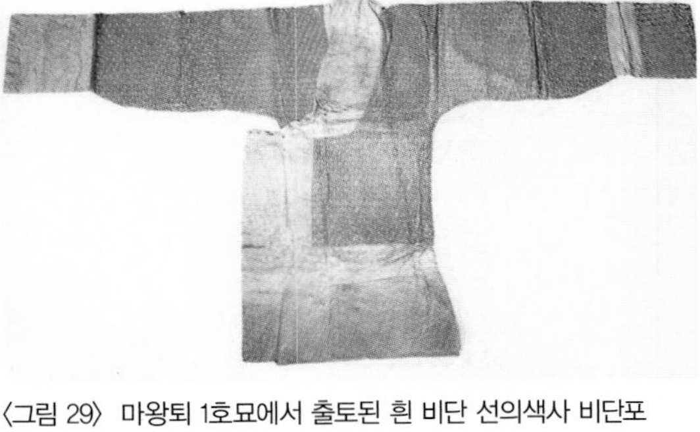

〈그림 29〉 마왕퇴 1호묘에서 출토된 흰 비단 선의색사 비단포

〈그림 30〉 마왕퇴 1호묘에서 출토된 붉은 자색 명주치마

〈그림 31〉 마왕퇴 1호묘에서 출토된 청사 신, 장갑

〈그림 32〉 광주에서 출토된 금동용 삼신

(3) 여자 도용

채색한 여자 도용은 홍서 안경촌에서 민국 42년에 출토되었다. 〈그림 33〉 머리모양은 쌍투를 틀어 늘어뜨렸으며, 교령에 속옷 등이 드러나 보인다. 비피 소매를 하고 있고 포의 아래 자락이 점점 넓어지고 있는 모습을 볼 수 있다. 〈그림 34〉 강소성 동산에서 출토된 여자도용의 머리형태 또한 외상투를 하고 교령에 속옷이 보여지고 있다. 소매부분은 주름이 겹겹이 잡혀져 있으며 아래 자락은 점점 넓어지고 있다. 〈그림 35〉 강소성 동산에서 출토된 무의도용 머리를 가운데로 나누고 다시 뒤쪽으로 빗어 상투를 한 모습이며 교령의 '세겹옷'을 입었으며 소매는 길고 통모양이다. 〈그림 36〉 하북성 만성현 두관의 묘에서 출토된 장신궁의 등은 높이 48.5㎝이고 머리 가운데를 나누어 뒤로 상투를 틀었으며 포는 길어서 땅에 끌리고 소매 또한 덧대어 춤사위를 위해 길게 하였다.

〈그림 33〉 여자 도용

〈그림 34〉 강소성 동산에서 민국 62년에 출토된 여자 도용

〈그림 35〉 강소성 동산에서 출토된 무의도용

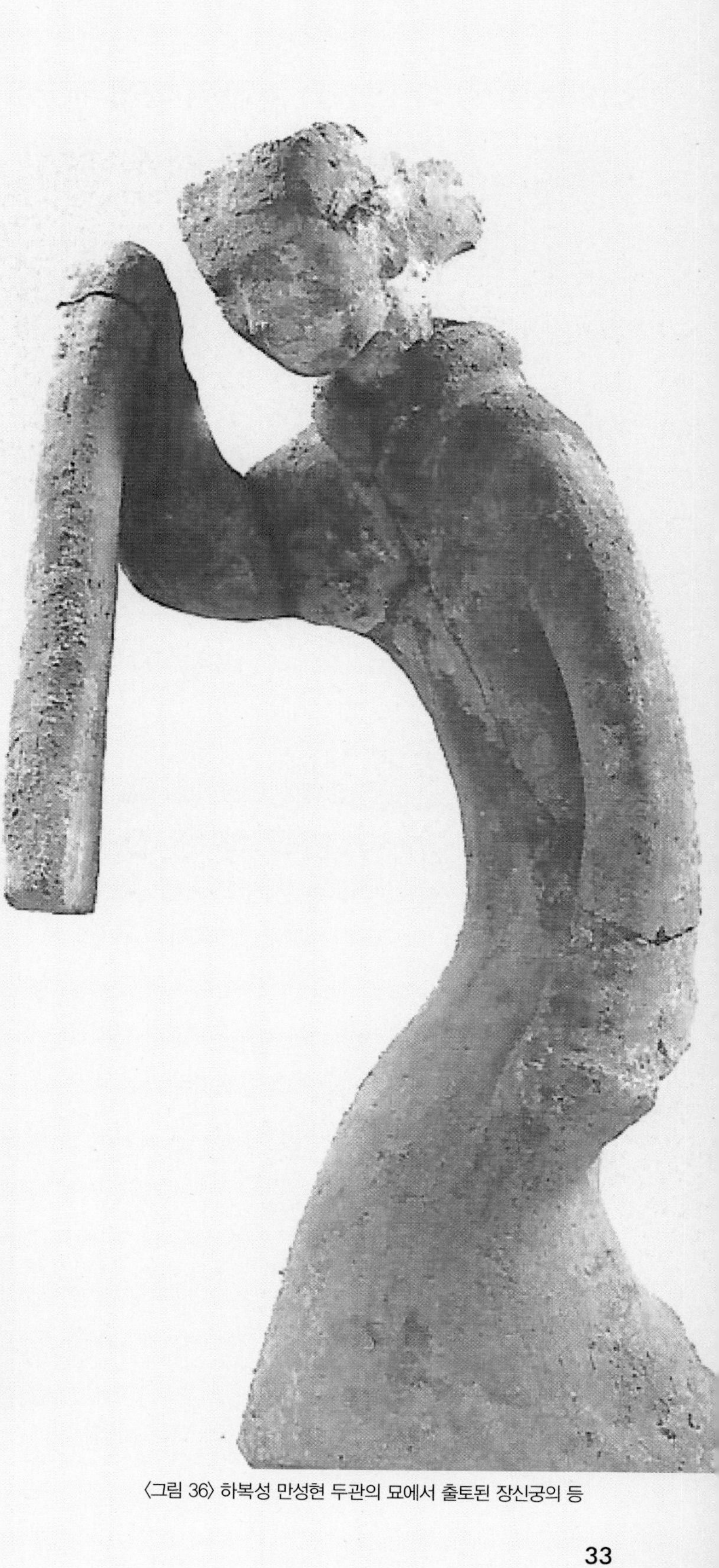

〈그림 36〉 하복성 만성현 두관의 묘에서 출토된 장신궁의 등

■ 전국(춘추)시대 기원전 221~403년 약 200년 머리형태

〈그림 37〉 피발(披髮)오희분

〈그림 38〉 속발(束髮)중국 운남성

개체변발은 앞과 옆머리만 남기고 중간을 삭발한 후 나머지 머리카락을 귀 뒤로 넘기거나 두 가닥으로 땋는 머리모양으로 거란족만의 풍습이 아니라 본래 몽고족의 습속이라 볼 수 있다. 몽고족과 거란족이 가까이 접해 있어서 자연스럽게 그 습속을 받아들인 것으로 여겨진다. 〈그림 40〉 요나라 시기의 묘실벽화를 보면 생각 의외로 단정한 모습을 보인다. 관복을 입고 관을 쓰는 경우 개체(開剃 머리의 부분을 잘라냄)한 머리카락을 아래로 치렁치렁 내리지는 않는다. 관을 쓸 경우 머리털은 모두 단정하게 하여 관안으로 집어넣었다.

TIP

머리모양 변천사 용어

- **피발(披髮자연그대로)** : 5천년 이전부터 머리모양은 추한 얼굴 모습을 감추기 쉬웠던 행위이거나 부모님이 돌아가셨을 때 등 그 외 별다른 기교를 부릴 수 없었던 시대에 풀어헤쳤다는 의미로 불리었다.
- **속발(束髮묶고 자르다)** : 단순한 형식에서 미적인 감각을 표현하고자 발전되어가는 첫 단계로 묶어서 뒤로 늘어뜨리는 형태로 시작 한다.
- **수발(垂髮도구사용)** : 동물의 뼈를 이용하여 빗의 발명이 되었으며 이때부터 도구를 이용하여 머리손질법을 터득하면서 여성의 아름다움을 나타내게 되었다. 위엄을 나타내기 위한 수단이다.
- **변발,편발(辯髮,編髮)** : 수발, 피발, 속발의 시대를 세련미를 나타낸 형태라면변발은 기교를 구사해서 꾸밈을 표현하기 시작했음은 단군원년 오회분 달의신에 나타나 있다.

〈그림 39〉 청동기시대 수발

〈그림 40〉 변발(髮), 요나라 묘실벽화

■ 전국시대 부녀자 머리형태 도용

〈그림 41〉 진족시대 부녀자

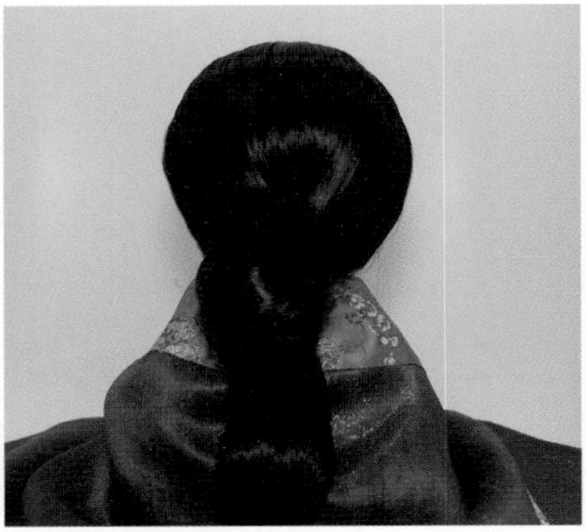

〈그림 41-1〉 교육작품 재현

〈그림 42〉 추마계(墜馬髻) 한나라 시대 도용

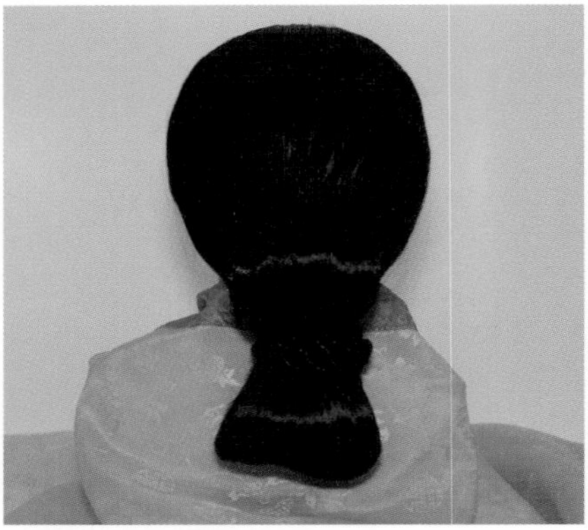

〈그림 42-1〉 교육작품 재현

〈그림 43〉 쪽으로 묶는 부녀자 머리모양

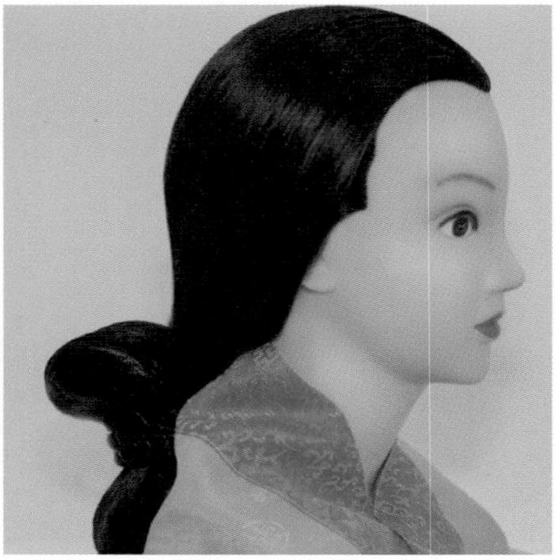

〈그림 43-1〉 교육작품 재현

〈그림 44〉 낙마형태의 한대 부녀자

〈그림 46〉 선녀모양으로 두 갈래 땋은모양

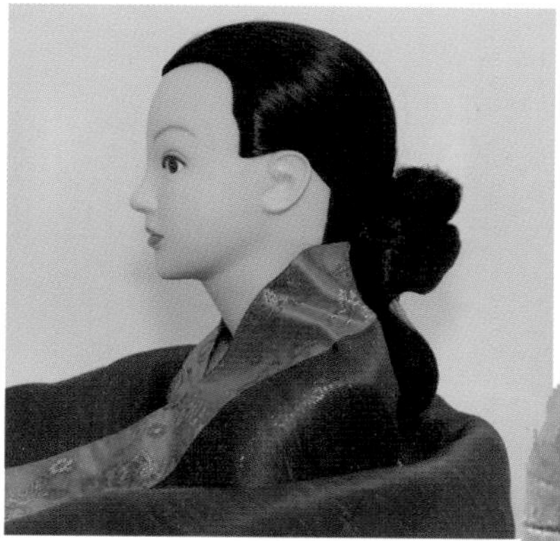

〈그림 44-1〉 교육작품 재현

〈그림 46-1〉 교육작품 재현을 한 양 갈래 모양의 선녀머리

〈그림 45〉 매모양으로 땋은 회골족 부녀자

▌전국시대 토용의 형태적 변화

〈그림 47-1〉 교육용작품 재현(전면)

〈그림 47〉 두가닥으로 빗어 올린 어린여자

〈그림 49〉 양갈래로 묶어서 늘어뜨린 모양

〈그림 49-1〉 양 갈래로 묶어서 늘어뜨린 머리모양 재현

〈그림 50〉 양 갈래로 묶어서 두피에 밀착시킨 모양

〈그림 50-1〉 양 갈래로 묶어서 두피에 밀착시킨 머리모양 재현

전국시대 여인의 머리형태

〈그림 51〉 위로 감아올린 북송녀

〈그림 52〉 송나라 여인, 동백, 아주까리, 수유열매기름 사용하여 부와 직위를 나타냄

〈그림 53〉 가장자리를 늘어뜨린 여인 머리모양

〈그림 52-1〉 교육용작품 재현

부녀자들이 애용한 빗

〈그림 54〉 나무빗

나무빗의 길이는 10cm, 너비 7cm, 길이 7cm, 너비 5cm이다. 투루판 카라호자 고분군에서 출토된 것으로 이 중에서 다섯 점에는 동심원무늬가 그려져 있다.

■ 복식을 빛내주는 장신구

〈그림 55〉 당의 적관, 오사모

〈그림 56〉 보요

〈그림 57〉 구슬팔찌

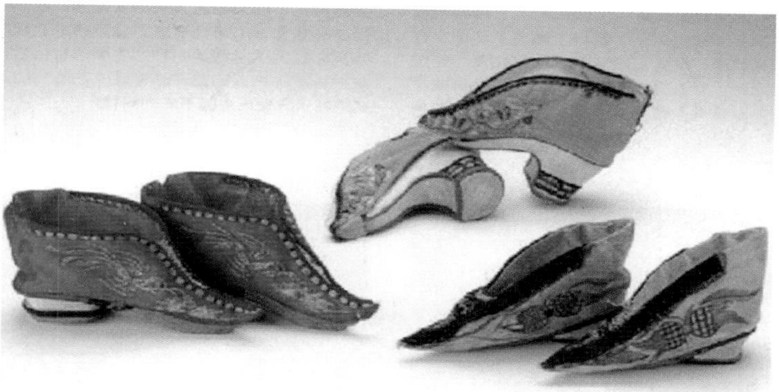

〈그림 58〉 송나라 부녀자 신

2) 고대 장신구

장신구는 인간의 몸치장을 장식하는 예술품으로서 교감의 의미나 상징은 시대성과 사회성 그리고 지역에 따라 또는 직위에 따라 차이점을 유추 할 수 있지만 특히 고대 장신구는 정신적, 종교적 의미가 내재된 정신적 측면이 강조 되어 있다. 특히 지중해 서부지역의 귀금속 공예로부터 시작된 누금세공기법은 세계최고의 문명발상지이자 오리엔트 심장부인 메소포타미아의 슈메르인에 의하여 기원전 2500~2600년경 최초로 사용된 귀금속기법의 하나로서 보편적으로 사용되어 왔다. 고대오리엔트 지역으로부터 급격히 일어난 문화혁명은 기원전 7000년경부터 시작되어 기원전 539년까지 이어졌다. 〈그림 59〉은 기원전 2500년경 우르지역에서 발견된 사마리안 왕실의 금으로 된 머리장식과 귀걸이, 쵸커 목걸이 그리고 은으로 된 핀 장식을 하고 있다. 헤어장식은 인류가 최초 액세서리를 착용한 것으로 보이는 구석기 시대에 머리에 조개모양의 작은 구슬을 붙이기도 하고 핀을 꽂은 것으로 발견되고 있다.

〈그림 60〉의 장신구는 수메르 우르 시대에 만자 무덤에서 발견된 머리장식으로 기원전 2500년경에 제작된 것으로 추정된다. 〈그림 61〉의 목걸이는 우르왕국시대의 사마리안 왕실에서 사용된 것으로 주 재료는 금, 은, 라피스 라줄리(청색 스톤), 반투명한 커넬리언(신뢰와 야망/ 최초원석) 등이며, 좌우 대칭으로 스톤과 금속을 결합한 정교한 기술력이 보여 진다. 〈그림 62〉의 가슴꾸미개는 이집트 정권시대 피라미드 시대 들어오면서 태양신을 숭배하는 재단이 건설되었다. 피라미드는 왕이 죽은 후에 마지막으로 안식하는 현태의 마스터바에서 기원전 2290년경의 파이앙스로 만들어진 가슴꾸미개가 발견되었다.

3) 전국 부녀자들의 복식

면류관에 예복을 입었으며 거듭 쓰개, 또는 우산쓰개 황후 〈그림 63〉은 금 보호관을 쓰고 목 넓은 소매의 포에 등거리와 배에는 구슬인끈을 드리운듯하다. 〈그림 64〉는 모란과 보요 화잠을 꽂았고 초승달 눈. 붉은 색의 긴 홑옷을 소매가 없는 옷 가장 겉에는 홍갈색의 매미날개처럼 얇고 가벼운 비단포를 둘렀다. 〈그림 65〉의

〈그림 59〉 메소포타미아 장신구

〈그림 60〉 머리장식

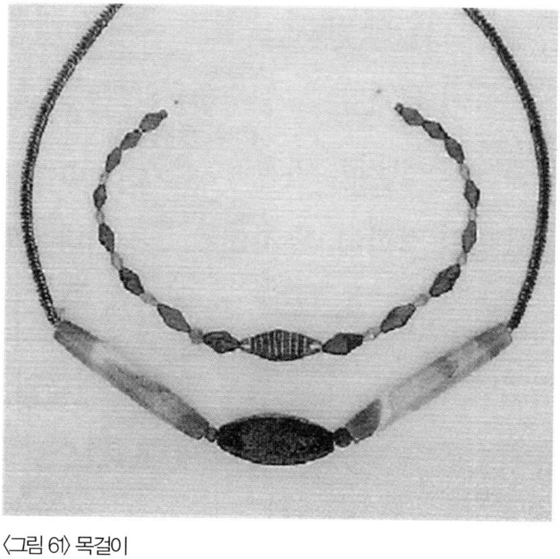

〈그림 61〉 목걸이

〈그림 62〉 가슴꾸미개

〈그림 63〉 우산쓰개 황후

〈그림 65〉 높은 상투를 한 여인

〈그림 64〉 모란과 보요 화잠을 꽂은 여인

〈그림 66〉 단아한 상투에 비녀 착용한 여인

여인은 높은 상투와 제비꼬리 귀밑머리에 화잠과 비녀를 꽂고 넓은 소매의 상의에 릉수의 요대는 꽃 매듭으로 장식하고 겹치마는 땅에 끌리며 포대로 장식하였다. 그림에서 보여지듯이 복식은 넓고 거대하고 거추장스러웠던 의복에서 점점 간소화 해진 차림과 겉옷의 화려해진 두루마기 의복이 시작된다. 〈그림 66〉은 단아한 상투에 비녀 착용 등이 시대적 변천 과전과 함께 생활사에서 보여진다.

당대의 중국은 세계역사에 있어서 가장 찬란한 절정에 도달한 시대였다. 역사가 시작된 이래에 당의 문화는 공통의 유대관계로 맺어질 수 있는 계기로 인해 세계화로 전환 할 수 있었다. 당나라 여성 복식의 특징은 여자가 남장을 하는 것이 유행하였고 예교를 무시하면서 대담하게 육체를 노출시키는 것 뿐만 아니라 가슴을 들어내고 치마 속으로 상의를 넣는 것으로 여성의 곡성미를 나타냈다.

3 당조의 문화 (618~907년)

1) 문화적 배경

국제의 양상을 띤 귀족문화로서 북조의 강건한 문화와 남조의 화려한 문화가 융합하여 각국을 주도한 외국문화의 요소가 수입 동화되어 국제적 색채가 풍부한 문화로 발전하여 왔다.

2) 당의 부녀자 복식과 머리모양

〈그림 67〉 당대(唐代) 여자들의 가장 특색 있는 복식은 호복(胡服)과 남장을 하는 것이다. 이것은 봉건 사회 개화기 복식의 뚜렷한 특징이다. 그 원인을 살펴보면 첫째, 사회가 개방적이고, 여성의 자유도가 매우 높은 때이며, 둘째는 서북 민족과 외래 복식의 영향이다. 셋째, 여성의 엽기적인심리에서 비롯된 기이한 옷차림에 대한 추구이다. 호족의 술과 무도, 음악과 복식은 당시의 유행을 이끄는 기초가 되었다. 중원의 여자들이 입은 복식도 호족의 영향을 받아 옷자락과 소매가 모두 좁

〈그림 67〉 영태공주묘 벽화

〈그림 67-1〉 교육용작품 재현

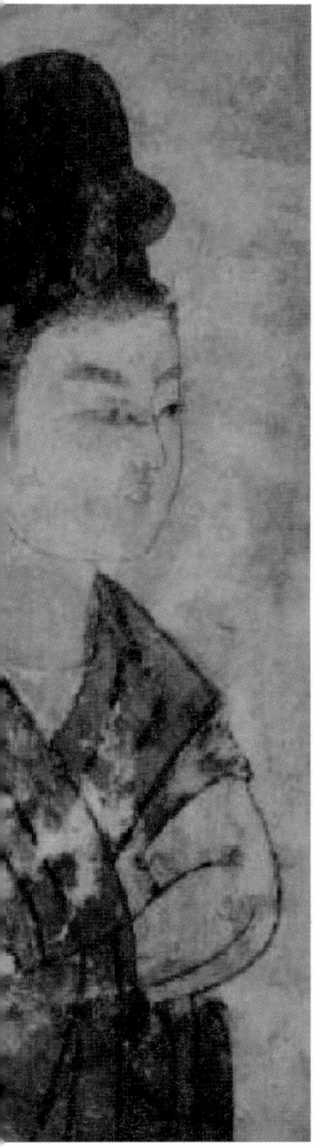

〈그림 68〉 금성공주 조용도

은 형태로 변화 되어졌고 머리모양은 아무런 장식을 하지 않았다. 이후 당대 여인의 머리형태는 많은 변화로 머리에는 두루 금채옥식(金釵玉飾)으로 고운 꽃, 진짜 꽃과 똑같이 만든 견화(絹花)를 꽂았다. 〈그림 68〉 금성공주 조용도는 당의 여인이 출가 할 때 필수품으로 청동경 능화의 거울 뒷면에 길상적인 짐승, 원숭이, 제비, 나뭇가지 등의 무늬가 새겨진 휴대용 거울을 편리하게 사용했다.

■ 중국 55개의 소수민족 분포도

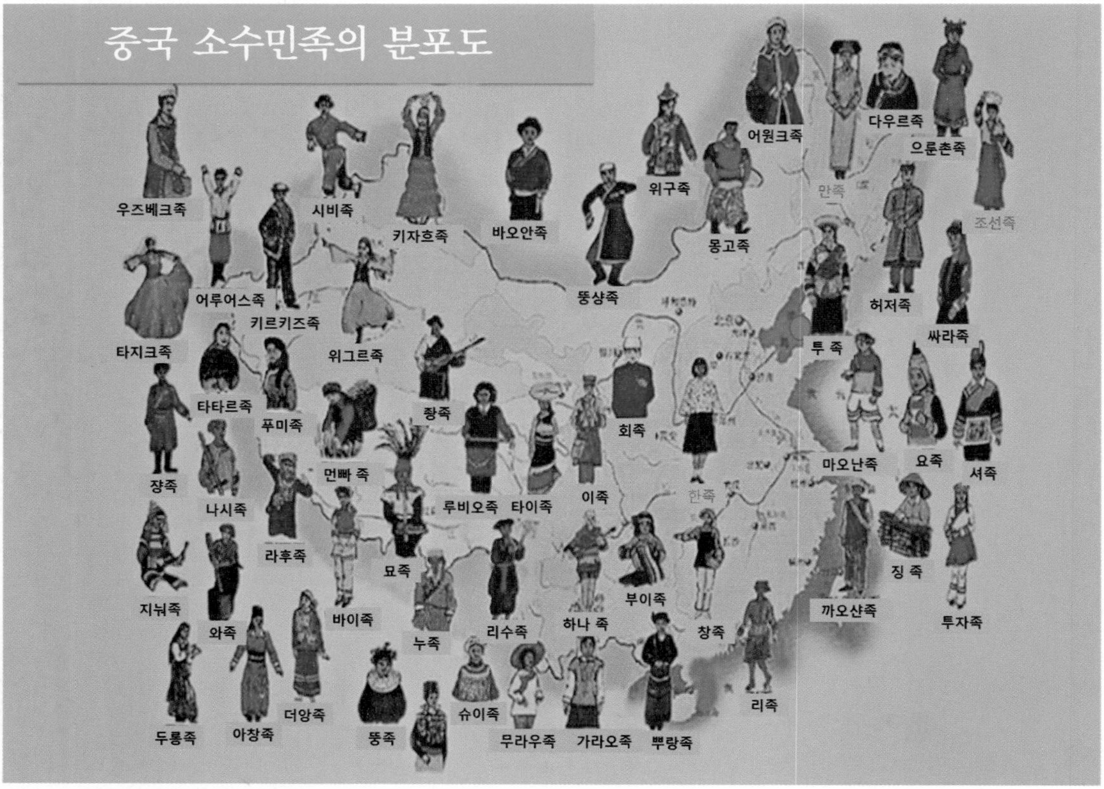

〈그림 69〉 중국 소수민족 분포도(출처 : funasia.co)

4 중국 소수민족의 복식문화

중국의 소수민족과 한족은 춘추전국(春秋戰國)시기와 진한, 위진 남북조(南北朝) 시기를 거치면서 서로간의 융합과 교류가 확대되었다. 중국은 다민족 국가로 현재 한족 55개의 소수민족으로 구성되어 있으며 1990년 인구통계에 의해 전체인구92%를 차지하며 전국토의 60%에 해당하는 소수민족은 운남성 지역에 35개의 민족이 거주하고 있다. 소수민족은 약 60여종의 언어를 사용하고 있는데 그 중 5

개 어계(언어계통), 10개 어족(동물), 16개의 어지(음운, 의미, 문법)로 소수민족의 언어 속에 한(漢)어 명사를 많이 받아들인 것과 한 개의 족이 다른 민족의 언어까지 능숙하게 구사하고 있는 것이 특징이다. 현재 중국의 문화는 오랜 시기를 거쳐 주변의 다양한 소수민족들의 문화가 융합되어 형성되어 있다. 북방민족 지역의 소수민족은 초원, 사막, 고원 등 자연환경, 생활지역, 지리환경에 의해 복식문화의 기본토대가 된다. 따라서 이들은 유목 생활에 적응하기 위하여 품이 넓고 옷자락에 트임이 없으며 말을 탈 때 추위를 막아주고 휴식할 때와 잠을 잘 때 요대만 풀면 침구로 사용 할 수 있는 장포를 입었다. 또한 동물의 가죽으로 만든 모자를 즐겨 사용 하였다. 신발은 장화를 착용하고 각종 장신구는 칼이나 부싯돌, 향료, 약 등을 허리에 착용 했다. 따이족 여자들은 농사에 알맞은 통치마를 입고 두식과 목걸이, 팔찌 등의 장식이 화려한 만큼 농업의 특성에 따라 각 민족끼리 교류하여 영향을 주고받았다. 중국의 독룡족(独龙族Dúlóngzú)은 여자들이 12살이 되면 얼굴에 문신을 한다는 설이 있다. 예로부터 여자들이 얼굴에 문신을 하는 것이 미의 기준이었다는 추측과 같은 부족임을 알아보기 하기 위해서라는 추측이 가장 유력했다. 독룡족이 문신을 얼굴에 하는 것은 1967년도 금지가 되면서 현존하는 얼굴에 문신을 한 여자들은 40명 내외이고 평균 연령이 73세라고 한다.

1) 중국 소수민족의 이해

민족(民族)이란 역사적 산물로 태동한 용어로 중국의 고대 문헌에서 민족이란 단어자체는 19세기 후반부터 쓰이기 시작했다. 20세기 초에 중국에서 근대민족 민주 혁명이 진행되고 국제사회의 민족주의 사조가 중국에서 들어오면서 민족이란 단어가 널리 알려졌다.

중국에서 사용하는 민족개념은 서방세계에서 사용하는 민족개념과 다소차이는 있다.

2) 소수민족의 분류

다우르족, 위구르족(维吾尔族 WéiWú'ěrZú), 묘족(苗族 Miáozú), 장족(藏族

ZàngZú), 티베트족(藏族 ZàngZú), 따이족(岱依族 dàiyīzú) 등 34개 민족은 중국 인접국가에 거주하는 민족으로써 이 가운데 조선족, 몽골족, 러시아족 등은 같은 민족의 주류가 현재 중국 국경을 접하고 있어서 중국국가 통합목표달성, 국가안보전략 수행에 있어서 무시할 수 없는 큰 비중을 차지하고 있다

⑴ 만주족의 문화적 배경

만주족은 16세기부터 19세기 말까지 중국역사상 일찍이 중요한 기록들을 남겼다. 중국 북동지방 만주지역에 거주하는 퉁구스계의 민족이다. 퉁구스족 중에서도 청조(淸朝)를 세우고 그 지배층이 된 남방(南方) 퉁구스족에 속한다. 역사상 나타나 있는 숙신(肅愼) ·읍루(挹婁) ·물길(勿吉) ·말갈(靺鞨) ·여진(女眞) 등은 만주족의 전신(前身) 또는 같은 계통의 종족이다. 형질(形質)은 몽골로이드계로서 키는 비교적 작고 단두형(短頭型)이 특징으로 나타난다. 만주라는 명칭은 문수보살(文殊菩薩)의 문수의 음(音)이 전화한 만주(曼珠→滿住)에서 유래한 것이라는 설이 있다. 만주족의 사회는 1920년대, 30년대까지 모쿤이라고 불리는 일종의 부계적 씨족에 기반을 두고 모쿤은 어느 한 남자를 시조로 하는 5대에서 9대 정도까지의 부계친(父系親)과 그들의 아내로 구성되어 있다. 그 성원은 비교적 근접하여 생활하고, 씨족장(氏族長)에 의하여 통솔되어 가벼운 범죄나 민사사건은 내부에서 처리되었다. 또 이 조직은 샤머니즘과 밀접하게 관련되어 있었다.

⑵ 다민족의 복식

만주족의 복식은 일찍부터 수렵생활에 적합하게 만들어져 남자 복식의 경우 좌. 우 섶이 있는 옷을 많이 입었다. 〈그림 70〉의 전통의상에서 기두(旗頭 곰이나 범 모양을 천에 그려 머리꼭대기에 붙인것)는 만주어로 다라치라고 하고 만주족 여성들이 일반적인 예(禮)의 또는 결혼식에서 볼 수 있는 장식이다. 〈그림 71〉의 티베트족 복식의 특징은 소매가 길고 허리가 넓고 옷깃이 크다. 여성은 겨울에는 긴소매의 장포를 입고 여름에는 민소매 장포를 입는다. 머리장식은 동, 은 금으로 조각한 기물과 옥, 산호, 진부를 사용한다. 〈그림 72〉의 자수로 새겨진 장신구는 액세서리를 사용되며, 왕족 복식에도 광범위하게 응용되고 있다. 다양한 특색을 지니고 있어 주로 마, 비단, 실크, 면실 등으로 수를 놓아 꽃무늬를 새긴다. 〈그

림 73〉 솔잎 형태의 귀걸이와 〈그림 74〉 자수로 새겨진 장신구는 전체적인 디자인과 조화가 잘 어우러진다. 〈그림 75〉 소수민족 여인들의 신발은 20세기 초에 하단에는 사포를 바느질하여 붙인 신발을 착용했다.

〈그림 70〉 만주여인의 기두

〈그림 71〉 티베트 여성의 머리

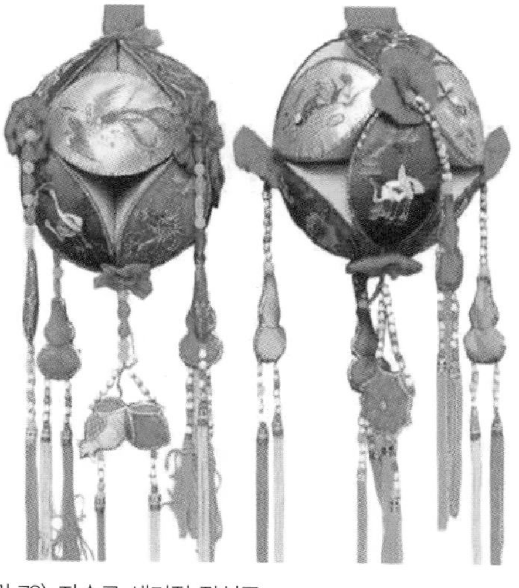

〈그림 72〉 자수로 새겨진 장신구

〈그림 73〉 솔잎 형태의 귀걸이

〈그림 74〉 자수로 새겨진 장신구

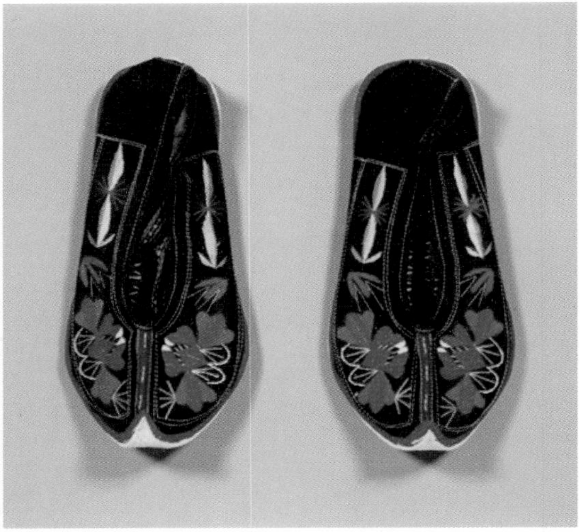

〈그림 75〉 소수민족이 사용했던 신발

⑶ 다우르족

다우르족의 선조로 여겨지는 거란족은 동호(東胡) 계열로서 요서 지역에서 수렵, 유목 및 어로 생활을 하였으며 서기 916년 야율아보기(耶律阿保機 1대 황제)가 거란 각 부족을 통일하고 요(遼)를 세워 내몽고 지역에 상경임황부(上京臨潢府)에 수도를 정하고 서기 1125년에 여진족의 금나라에 의해 멸망할 때까지 약 2백여 년간 중국의 북부 일대를 지배하였다. 중화 인민공화국 성립 이전에는 다우르족을 몽골인으로 간주하여 다우르몽고(達斡爾蒙古)인이라고 부르기도 하였다. 그리고 흑룡강 충적평야 일대는 이전에 유목, 수렵 및 어로가 주요 산업이었으나 그들의 정착을 계기로 농경이 급속히 발전하면서 농업경제 단계로 시작되면서 주식으로 쌀과 국수를 부식으로 육류, 어류, 우유와 각종 채소들로 식생활을 유지하였다. 교통수단은 말과 수레이며 문자는 민족 만자를 통용하다가 후에는 한자를 사용하였다. 다우르족의 복식을 살펴보면 남자는 여름에 셔츠를 입고 겉에는 오른쪽으로 섶을 낸 창포를 입는다. 겨울에는 노루가죽의 큰옷을 입고 노루머리가죽으로 만든 모자, 장갑, 신발, 이불, 그리고 귀 가리개 등으로 바람과 추위를 막는다. 〈그림 78〉버선과 〈그림 79〉의 치카미는 특히 수 공예품으로 들개의 가죽이나 소가죽으로 안쪽으로 심을 대고 노루 손톱으로 연결하여 만든 장화로서 보온성이 강하여 산이나 눈이 쌓인 고개를 넘나들 때 적합하다.

■ 다우르족 복식

〈그림 76〉 다우르족의 여자 장식

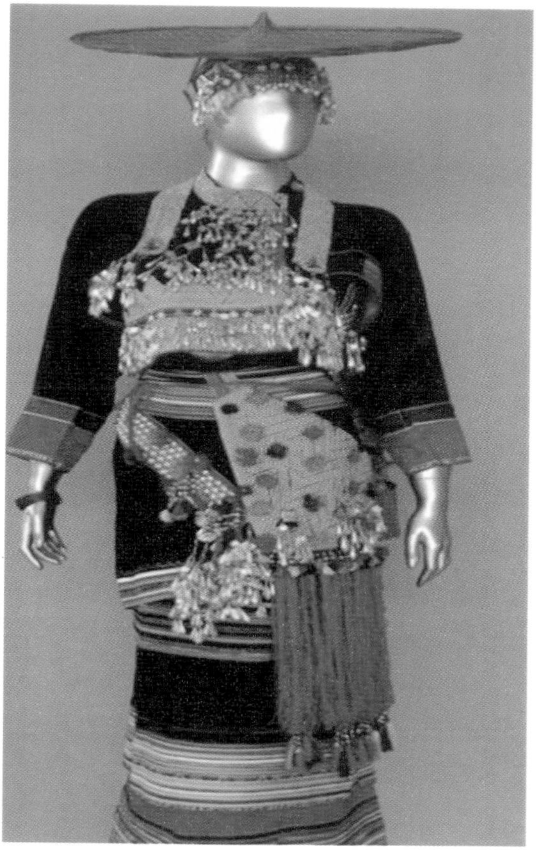

〈그림 77〉 다이족 여성복식

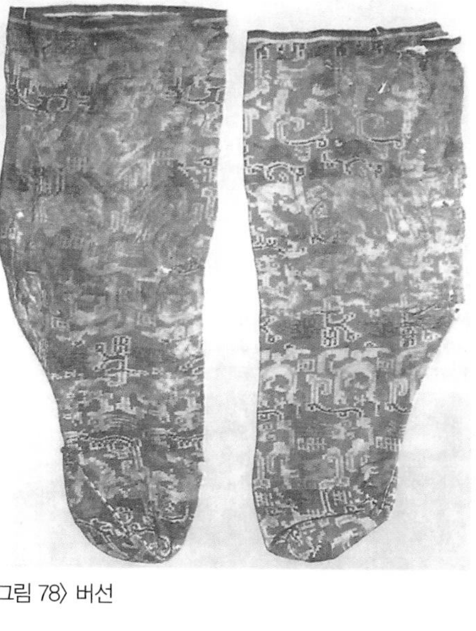

〈그림 78〉 버선

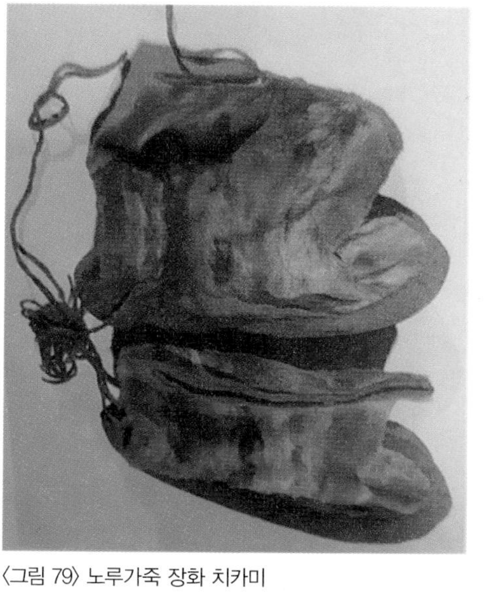

〈그림 79〉 노루가죽 장화 치카미

⑷ 위구르족

위구르는 위구르 민족이 스스로 부르는 이름의 뜻은 단결, 연합이라는 의미를 지닌다. 서기 8세기경 동돌궐이 쇠퇴하자 서기 744년 초대 카간(可汗)인 쿠틀룩 빌게 퀼(骨力裵羅)이 우추켄 산록을 근거지로 오르혼강 기슭에 도읍을 정하고 위구르제국인 회골한국(回鶻汗國)을 건국함으로써 위구르족의 역사가 본격적으로 시작되었다. 그들은 유목생활을 기본으로 하였으며, 문화측면에서는 돌궐 문자로 된 투르크어 외에 한문, 소그드 문자로 된 소그드어로도 새겨졌는데 이런 일은 유목 위구르 사회 속에 당시 국제적인 상인이었던 소그드인의 문화가 깊이 침투된 것을 나타내고 있다.

서기 1727년 청나라와 러시아 사이에 체결된 '카흐타 조약'에 의해 신강 지역이 분할되면서 신강 지역의 위구르족은 중국의 소수민족으로 흡수되었다. 위구르족의 복식의 전체적인 특징은 느슨하면서 넓고 대범하며 색체의 대비가 강렬하고 큼직한 문양은 열정, 명랑, 호방한 성격과 조화를 이룬다. 〈그림 76〉 다우르족의 여

〈그림 80〉 샤오티엔마오 모자

자의 장포를 입었고, 〈그림 77〉 다이족 여성들이 통치마를 착용한 것은 역사가 긴 편인데 형태적인 특징은 발등까지 덮는 것이다.

〈그림 78〉 노루가죽 장갑를 착용하고 입고 〈그림 79〉 치카미 노루가죽 장화를 신어 체형과 복식이 통일된 아름다움을 느끼게 한다. 복식 중 제작법이 특별한 정교한 모자는 여름과 겨울가죽으로 만들어졌다. 〈그림 80〉 샤오티엔마오 모자는 뒤집어 놓은 술잔 같아 무개는 두냥(중국 단위 1냥은 37g) 조금 안된다. 어린양가죽으로 만들어 사방을 유색으로 새겨 넣은 구슬과 꽃을 사용하여 융으로 만들었다. 깜찍하고 귀여운 모양의 미적 감각은 보는 사람을 감탄하게 한다.

⑸ 묘족(苗族)

중국내 분포 면적이 넓은 민족 중 하나로, 중국 소수민족 중 역사가 유구하고 지파가 매우 많은 소수민족이다. 인구는 약 8만9천명이며 묘족어를 사용한다. 〈그림 81〉 묘족의 의상은 자수문양, 염색, 은장식의 큰 특징이 있다. 전형적인 묘족복식을 보면 남자가 대금(对襟)이나 좌임의 짧은 상의와 긴바지를 입고 넓은 허리띠를 맨다. 그리고 머리는 청색의 긴 천으로 두르며 겨울에는 대부분 각반(발목 부분을 끈으로 묶는다)을 한다.

여자들은 깃이 큰 짧은 상의를 입고 길이가 다양한 주름치마를 입는다. 긴 치마는 발등을 덮고 짧은 치마는 무릎길이 정도이다. 운남성, 보산에 있는 묘족은 복식은 '몽박(대부분 납염(蜡染) 또는 자수 웃옷을 입고, 하의에는 납엽 또는 자수 치마를 입고, 수건을 매어 머리를 묶는다.)', '몽루(흰 옷 또는 흰 치마를 표식)', '몽쇄(나무빗을 비스듬히 꽂는 것을 표식)'등 3대 갈래의 복식으로 구성된다.

이 3대 갈래로 구성된 묘족 복식은 두드러진 특징을 지닌다. 여자 복장의 경우 일반적으로 치마를 입거나 또는 바지를 입으며 여러 모양의 장식물을 걸친다. 묘족 여인들은 은(銀)으로 만든 장식물을 좋아하는데 그 종류만 20여 종이 넘는다. 은장식은 주로 팔찌, 목걸이, 반지, 부채, 빗, 꽃, 끈, 핀, 공작, 깃털, 방울 등이 있다. 여자들은 춘절 때나 민족절기 혹은 결혼할 때 화려한 옷을 입으며 머리와 팔, 목 그리고 가슴에 다른 장식품을 단다. 머리 장식 역시 지역에 따라 차이가 있다.

〈그림 81〉 묘족 여성복식

〈그림 82〉 은비녀

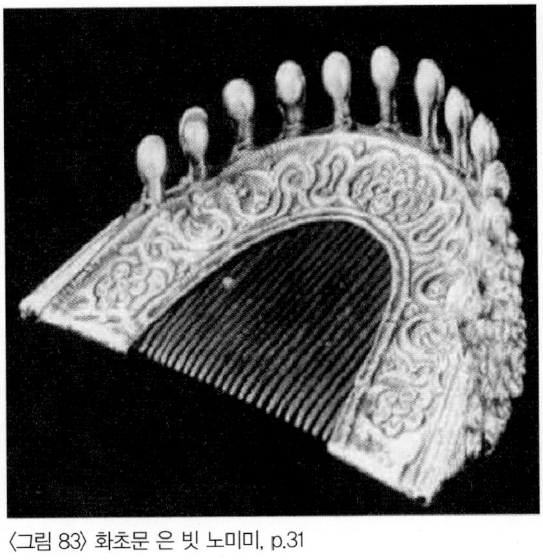

〈그림 83〉 화초문 은 빗 노미미, p.31

〈그림 84〉 은 목걸이 노미미, p.32

(6) 장족(藏族)

장족여자들의 복식은 직접 방직해서 만들고 염색하며, 색상은 주로 블루, 검정, 갈색이다. 장복(壮服)은 남성과 여성의 복식 스타일이 다르다. 장족은 그 복식의 특성에 따라 '반의장', '홍의장'과 '화의장(은상의 목깃 부분과 소매부분에 오색의 문양을 수놓는 것)'으로 나누어진다. 현재 장족 여자들은 대개 단추가 두 개 달린 대금의 짧은 상의와 청색이나 흑색의 폭이 넓은 바지를 착용한다. 옷소매와 바지 끝에는 문양으로 장식된 단과 다양한 색과 굵기가 다른 긴 천으로 장식하며, 보통 넓은 천에는 아름다운 문양이 수놓아져 있다. 자수로 장식한 긴 천을 두건으로 이용하여 머리에 두른다. 은장식으로 만든 스카프를 착용해서 허리부분도 은장식을 끼고 우측에서 발까지 내린 자수 요대를 착용한다.

〈그림 85〉 장족 여성복식

(7) 티베트족

유구한 역사와 풍부한 문화예술의 유산을 가진 소수민족 중 하나이고, 고유언어와 문자를 갖고 있다.

인구는 약4백 6십만명 정도이며, 대부분이 광활한 초원으로 주로 목축업을 위주로 하고 있다. 농업은 주로 쌀보리를 위주로 하고 밀, 유채, 완두 등의 농작물을 심는다. 티베트족의 복식은 또한 조용한 품격을 추구하는 동시에 화려함을 강조하며 자연조건, 종교, 신앙 등의 요소 외에 개성과 자부심을 과시하려는 요소도 들어있다. 티베트족들은 진주나 보석과 같이 빛나는 장식을 좋아하며 복식을 부와미의 상징으로 여겨 집이 가난해도 정교한 장신구를 사서 단장하기도 한다. 여자들은 은으로 만든 장식물 달기를 좋아하며 일반적 유목지역은 높고 추운 산지 평원으로 장포는 기후적 특징과 우목 생활 방식을 위한 티베트족 복장이다.

〈그림 86〉 티베트족 여성복식

⑻ 마이오족 복식

마이오족은 소수민족 중 역사가 유구하고 지파가 매우 많아 분포 면적 역시 넓은 민족 중 하나로 인구는 약 8만 9천명이며, 마이오족어를 사용한다. 특징으로는 자수문양과 염색, 은장식을 들 수 있으며 복식은 남자가 짧은 상의와 긴바지를 입고 넓은 허리띠를 착용 한다. 머리는 청색의 긴 천으로 두르며, 여자는 깃이 큰 짧은 상의를 입고 길이가 다양한 주름치마를 입는다.

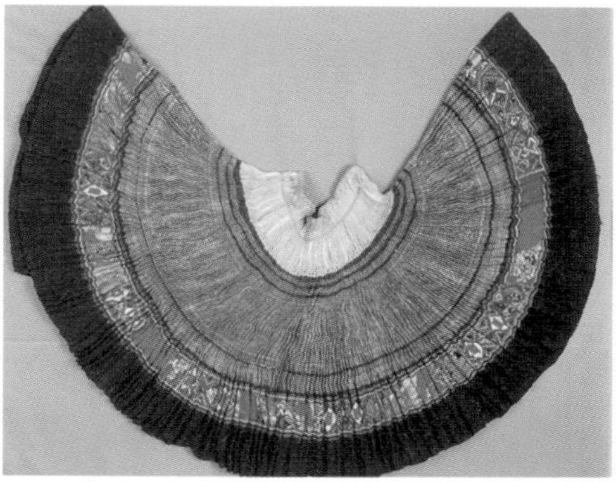

〈그림 87〉 주름치마

마이오족 복식

〈그림 88〉 마이오족 여성 복식

〈그림 89〉 항아의 유래

⑼ 항아(嫦娥 예쁜여자)의 유래

항아는 우리말로 상아라고 한다. 중국신화에 나오는 인물로서 하늘에서 내린 약을 훔쳐 도망을 갔지만 결국 달을 다스리는 선녀가 되었다는 설과 달에서 방아를 찧는 토끼가 산다는 신화를 본 따 2003년부터 시작된 중국 탐사 팀이 이름을 붙였다. 항아의 머리모양은 고리의 형태로 환을 만들고 꽃 장식을 하고 있다.

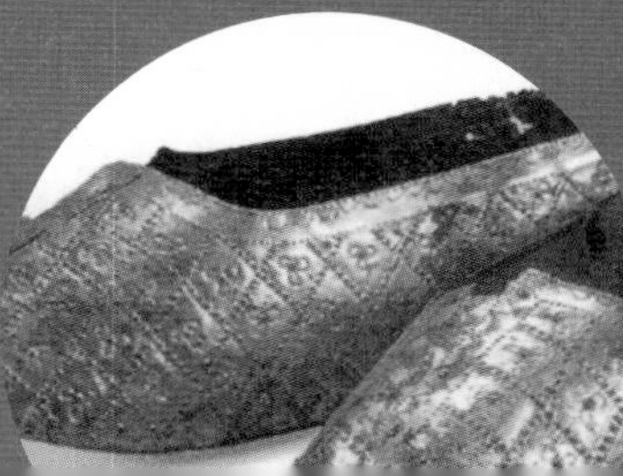

02

고구려 시대

고구려 연대표

고구려	년대/(代)	태혈제, 태황 /휘	약사
1代	B.C 57 ~ AD. 28	동명성제(해모수)/ 주몽(朱蒙)	해모수동부여의 금와의 아들 대소의 모해를 피하여 압록강 연안인 졸본천에 이르러 나라를 세우고 고구려라 함.
2代	B.C 19~A.D 18	유리명제/ 유리(榴璃)	동명성제 아들. 제위 22년에 도읍을 국내성으로 옮김 (AD 3)제위 선비족 정벌.
3代	대무신열제 /대무신왕 (AD 18~44)	유리명제,셋째 아들/무휼(無恤)	부여공격(AD 21) 신동 무휼은 동부여, 개마국(AD 26)정벌, 후한의 요동태수 침입(AD 28) 최씨(최리)(AD 37)정벌, 국토를 살수 이북까지 넓혔음.
4代	민중왕 (AD 44~48)	민중원제/ 해색주(色朱)	대무신제의 동생. 대무신제의 태자가 나이가 어려 대신 즉위함.
5代	모본왕 (AD 48~53)	해우(解憂), 해애루(解愛婁)	민중원제의 형. 성품이 사납고 정사를 돌보지 않아 신하 두노(杜魯)에게 피살됨.
6代	태조대왕 (AD 53~146)	궁	요서지방에10개성을 쌓아 한의 침입대비(AD 55) 하면서 영토를 확장하고 부족국가의 틀을 벗어나 중앙 집권적 국가의 기틀을 마련함.
7代	차대왕 (AD146~165)	수성(遂成)	학정과 횡포를 일삼다가 신대왕에게 시해됨.
8代	신대왕 (AD 165~179)	백고(伯固)	차대제의 횡포로 산에 숨어 지내다가 차대왕이 시해된 후 제위에 오름. 후한침입 격퇴 (AD 172).
9代	고국천왕 (AD 179~197)	남무(南武)	국양왕(國壤). 명재상 을파소 (AD 191)등장. 요동태수 침입격퇴 (AD 184).
10代	산상왕 (AD 197~227)	연우(延優), 위궁(位宮)	209년 10월에 환도성 천도(AD 209). 산상제와 동천제 시대의 중국은 삼국시대였음.
11代	동천제 (동천왕) (AD227~248)	우위거(憂位居)	248년에 신라와 화친함. 동양왕(東襄).
12代	중천왕 (AD 248~270)	연불(然弗)	위나라 침입, 고구려를 침략한 위의 울지해를 양맥곡에서 대파(AD 259, 12월).
13代	서천왕 (AD 270~292)	약로(藥盧), 약우(藥友)	숙신침입 격퇴(AD280), 평화정착, 노력으로 북방정책.
14代	봉상왕 (AD 292~300)	상부(相夫), 삽시루	연나라의 침입을 격퇴했으나 사치와 방탕에 빠져 국상(國相) 창조리(倉助利)에게 폐위되자 자살함.

15代	미천왕 (AD 300~330)	을불(乙弗), 우불(憂弗)	대방군 격파(AD 314) 하는 등 영토 확장에 공을 세웠음. 왕족에서 머슴으로 머슴에서 다시 왕으로 등극.
16代	고국원왕 (AD 331~371)	사유(斯由), 쇠(釗)	동황성(국내성)천도(AD 343) 백제침입, 근초고왕과 평양에서 싸우다 전사함(AD 377).
17代	소수림왕 (AD 371~384)	구부(丘夫)	제위 2년에 불교유입, 태학설립(AD 372) 중국 전진(前秦)으로 부터 순도(順道)가 불상과 경문을 가져오자 이를 받아들여 최초로 불교를 수입함.
18代	고국양왕 (AD 384~391)	이련(伊連)	요동군, 현토군 함락 시키고 남 여 1만명 잡아옴 (AD 385) 왕자 담덕 태자로 임명(AD 386).
19代	광개토 경호태황제 (AD 391~412)	연호, 영락(永樂) 휘, 담덕(談德)	담덕(談德)은 불교를 신봉하였고, 영토를 만주와 한강 이북을 차지하는 등 고구려의 전성시대를 이룩함.
20代	장수홍제 호태열제 (장수왕) (AD 412~491)	연호 건흥사용 (AD 412)	백제 한성 함락시킴, 개로왕 효시(AD 475), 신라 미질부성 함락시킴(AD 481), 40여 차례 넘게 북위(北魏)에 조공을 바친 기록.
21代	문자호태열제 (문자명왕) (AD 491~519)	연호, 명치사용 (AD 491)	백제의 가불성, 원산성 함락시킴(AD 512).
22代	안장왕 (AD 519~531)	본명, 흥안(興安)	백제혈성 함락시킴, 오곡전투 승리(AD 529).
23代	안원왕 (AD 531~545)	본명. 보영(寶迎)	녹군과 세군의 싸움으로 세군측 2천명 피살 (AD 543).
24代	양원왕 (AD 545~599)	본명, 평성(平成)	돌궐침략, 격퇴 (AD 551), 환토성 간주리가 모반하여 참수함 (AD 557).
25代	평강상호태혈제 (영양왕) (AD 559~590)	연호, 대덕(AD 559)	북주 유림진(하북성, 산서성)정벌,(온달장군, 대덕18년,)(AD 577), 장안성으로 천도(AD 586).
26代	영양무제호 태열제왕 (AD 590~618)	연호 홍무사용 (AD 590)	수나라 침략(1차, 수나라 침략(2차 AD 612), 수나라 3차 침입, (홍무23년 AD 613), 수나라 4차 침입 (홍무25년 AD 615).
27代	영류왕 (AD 618~642)	본명, 건무(建武) 또는 성(成)이라 함	당나라 침략, 격퇴, 천리장성완성(AD 631).
28代	보장왕 (AD 642~668)	본명, 장(臧) 혹은 보장(寶臧)	신라와 당의 연합으로 백제 멸망시킴(AD 660), 신,당 연합군 고구려 공격(AD 663), 연개소문 사망(AD 666) 내분이 일어나면서 고구려 멸망 (AD 668).

01 고구려의 인물상과 토용, 토우 이야기

"단군은 서거한 지 이미 오래거니와 기자가 남긴 풍속은 맑기도 해라
민속이 순박해 다 봉해 줄 만 했고 정전제 사용해 조세도 가벼웠네
동명왕은 천제의 후손으로 능히 부국강병을 이루었건만 잔약한 후손이
도리를 잃어 전쟁을 수없이 벌이더니 끝내는 당당한 이 장군이 승첩하여
큰 명성을 이루었네 왕씨는 서경에 도읍을 정하여 성첩이 중천에 가로질러 있고
우리 조선은 동쪽 번방이 되어 금성탕지가 웅장하기도 하여라"

김시습(金時習)이 여행 중 평양(平壤)의 기린굴(麒麟窟)에 도달하여 감상을 남긴 시다.

첫 번째, 물의 신 하백(河伯)의 딸 유화(柳花)와 천자의 아들 해모수(解慕漱)가 서로 만나 하늘과 땅의 결합으로 나타난 주몽(朱蒙)의 신성한 혈통을 의미한다. 하여 주몽을 천제의 후손이라고 표현하고 있다. 두 번째, 하백에게 쫓겨나 금와(金蛙)를 만난 유화는 햇빛에 감응하여 알을 낳는다. 그 탄생이 괴이하다 하여 알은 버려지나, 우여곡절 끝에 주몽이 탄생한다. 금와가 하백의 딸 유화를 우발수에서 얻어 방안에 가두었는데, 햇빛이 비치자 임신이 되어 큰 알을 낳았다. 껍질을 깨고 나온 남자 아이가 나이 갓 7세가 되자 스스로 활과 화살을 만들어서 쏘았는데, 맞히지 못하는 것이 없었다. 세 번째, 성장한 주몽은 뛰어난 재능을 가지고 있어 부여 왕의 아들들에게 시기와 질시를 겪다 도주한다. 도망치던 주몽은 강 앞에서 길이 막혀 위기를 겪지만 하늘의 도움을 받아 물고기와 자라로 이루어진 다리를 건넌다. 네 번째, 주몽은 나라를 건국하고 주변국들을 정복하며 나라의 기틀

을 다진 후 자신의 능력과 주술, 그리고 신하들의 도움으로 비류국의 송양을 굴복시킨다. 활쏘기 능력을 보여주고 북과 나팔을 훔치는 행위, 오래된 나무 기둥을 이용해 송양왕을 속였으며 고라니를 이용해 저주를 건다. 하늘의 힘을 통해 궁궐을 건설하기도 한다. 다섯 번째, 주몽은 자신의 뒤를 계승하는 유리와의 재회를 맞이한다. 유리는 주몽의 아들로서 주몽과 유사한 활쏘기 능력을 지니고 있었다. 유리는 자신이 후계자라는 사실을 증명하기 위해 일곱 모난 돌 위 소나무 아래 증표를 제시한다. 주몽은 햇볕과 관련된 유리의 능력을 확인하고서는 그가 자신의 정당한 계승자라는 사실을 공표한다. 여섯 번째, 주몽은 자의로 승천하여 인간 세상에서의 죽음을 맞는다. 주몽의 삶은 하늘의 출신임을 알려주는 출생에서 시작하여 다시 하늘로 되돌아가는 형태의 죽음으로 마무리된다.

고대에서 5천년역사 한국사에서 바라본 고조선 단군왕검(환검)은 한민족의 시조이자 고조선의 건국자로 전해지는 신화적 인물이다. 단군신화에 의하면 환웅과 웅녀사이에서 태어나 기원전 2333년 아사달에 도읍을 정하고 고조선을 세워 약 2000년 동안 나라를 다스렸다고 한다. 천제의 아들 환웅이 땅으로 내려와 인간세상을 구하겠다고 마음을 먹고 아들 환웅에게 천부3신 풍백, 우사, 운사를 내리면서 인간세상으로 내려가라고 명했다. 3,000명의 무리를 이끌고 태백산 신단수에 神의 도시를 세운 환웅은 천부3신에게 인간이 생활하는 360여 가지의 일을 주관하도록 하였다. (이중 곡식, 생명, 질병, 형벌, 선악 등 포함) 설화를 보면 첫째. 어느 날 곰과 호랑이가 환웅을 찾아와 인간이 되겠다고 하여 쑥과 마늘을 내려 동굴에서 100일 동안 동굴생활을 하도록 하여 인내심이 강한 곰만 21일 만에 여자(웅녀)로 만들어 주었다는 전설이다. 둘째. 환웅은 웅녀와 결혼하여 단군왕검을 낳았다. 단군은 기원전2333년 아사달을 도읍지로 정하고 이름을 조선이라 하였다. 건국이념으로 홍익인간을 주장했던 단군은 1500년 동안 나라를 다스리다가 기묘년 주나라 무왕이 즉위할 때 기지를 복속시켜 영토를 넓힌 후 장당경으로 옮겼다가 아사달로 돌아왔다 그 이후 단군은 홀로 산속으로 들어가 산신으로 1,048세까지 살았다는 신화적 전설로 남아있다. 이때부터 우리민족은 신을 숭배하였으며, 원시신앙 일상문에 의존하며 살아왔음을 알 수 있다. 이어서 시대 인물상을 살펴보고자 한다. 첫째, 유화부인과 주몽은 전설상의 인물로, 중국 물의 신(神) 화백의 딸로 북부여의 시조인 해모수와 정을 통하여 동명왕 주몽을 낳았다. 다른 왕자들이 주몽을 죽이려 하자 부여에서 고구려로 떠난다. 주몽은 예씨 부인과 결혼하여 유리가 탄생하게 된다. 둘째, 유리왕은 4명의 부인의 슬하에서 6남1녀를 두었고 주몽의 맏아들로 고구려 2대왕이 된다. 셋째, 호동왕자의 이야기다. 제3대 대무신왕의 맏아들로 대무신왕과 갈사왕의 손녀사이에서 태어났다, 기골이 장대하고 성격이 쾌활하며 명랑했다.

대무신왕 15년 4월에 호동 왕자가 옥저지방을 유람하던 중 우연히 낙랑공주의 아버지 최리를 만나게 된다. 낙랑 왕은 호동 왕자가 고구려 대무신왕의 아들임을 알고 낙랑공주와 혼인시켜 사위로 삼았다. 대무신왕은 낙랑을 정벌하기위해 낙랑국에 있는 자명고를 없애라는 명령을 받고 낙랑공주는 친정으로 돌아가 자명고를 찢게 된다. 낙랑국왕은 자명고의 사실을 알게 되자 공주를 참형하게 된다. 호동의 용맹성과 세력이 확산되자 부황의 왕비가 모함을 시작하자 호동은 32년 11월에 자살을 하는 비운의 왕자이다. 넷째, 광계토대왕 (391~413재위)의 이야기이다. 고국원왕 41년(371) 백재 근초고왕이 3만 명의 군사를 이끌고 공격해 왔을 때 고국원왕은 전쟁터에서 전사한 이후 고구려가 독립국가임을 선포한다. 남북영토를 넓혀 만주와 한강이북 차지하는 등 고구려 전승기 이룩하였다. 다섯째, 을지문덕(567~629년) 장군은 영양왕23년(612)중국 수나라 문제의 아들 양제가 2만 대군을 앞세워 고구려를 쳐들어오자 이를 살수에서 물리쳤다. 지략과 무용에 뛰어났으며, 시문에도 능하였다. 지금까지 "유우중문시(遺于仲文詩)"가 전해지고 있다.

1 토우의 기원

흙을 소재로 만든 상(像)들은 오래 전부터 전 세계적으로 다양하게 제작되었다. 각 민족간의 자연환경 또는 생활환경 속에서 얻은 그들 나름의 경험이나 체험을 통하여 그들의 민족만의 독특한 문화적 특성과 미의식에 바탕을 두고 제작됨에 따라서 흙이라는 동일한 재료를 사용하더라도 다양한 형태를 보이고 있다. 우리나라에서는 선사시대부터 토우가 제작되었다. 신석기시대 유적 가운데 서울 암사동 집터에서 출토된 짐승머리 토우, 울산 신암리 유적 출토 여인상, 청진 농포동

유적에서 출토된 여인으로 추정되는 토우 〈그림 1〉 뱀의 머리 표현한 독립 형 토우는 머리위의 소중함의 의미를 담은 듯하다.

인물상은 고대에 토우가 만들어졌던 목적은 주술적인 우상(偶像)으로 그 의미를 가진 토우에는 특히 여성상이 다수이다. 이러한 여성상은 얼굴이나 세부 표현은 극히 간략하고 여성의 특징인 유방과 엉덩이, 허리 등을 과장한 〈그림 2〉 요녕성객좌현(遙寧省喀左縣) 동산취(東山嘴) 유적에서서는 배가 부른 임산부 모습과 나체상이 많은데 이는 여성의 생식 능력과 토지의 생산력이 깊은 관계가 있다고 생각 한다.

그 외에 〈그림 3〉 원추형의 진대(晉代)용(俑), 무인의 행렬, 낙타위에 오른 쌍계 머리를 한 여인의 등장 〈그림 4〉 악기연주를 하는 모습들을 볼 수 있다. 여성의 생산성을 신성시하던 지모신숭배(地母神崇拜)의 주술적 행위를 나타낸 것으로 신석기시대부터 이러한 토우가 등장하였다. 중국(황허, 중류지역)에서도 양사오문화(仰韶文化 기원전 5000~3000년 채도문화 성행) 토우의 제작 목적의 가장 중요한 것이 주술적 신앙 표현이라든지, 무덤의 껴묻기 용품에 있다고 할 때 토우의 범위는 좀 더 넓어진다. 독립된 인물상이나, 동물상으로서 신라토우의 그 의미는 중국의 도용(陶俑)과 같은 것으로, 말탄 무사를 나타낸 기마상과 악기를 연주하거나 노래하는 인물상 등을 비롯하여 독특한 몸짓으로 감정을 나타내고 있는데 크기는 대략 10~20cm의 작은 토우들이 알려져 있다.

특히 남자나 여자상 가운데에는 성기를 과장해서 표현한 경우가 눈에 띄는데, 이는 고대인들의 풍요와 다산을 기원하는 주술적 신앙을 표현한 것으로 해석된다. 1968년에 발굴된 통일신라시대 돌방무덤(石室古墳)에서, 토우가 돌방 네 구석에 놓여진 상태에서 발견되어 〈그림 5〉 토우의 껴묻기 상태를 조금이나마 알 수 있게 하였다. 경주 시내 용강동과 황성동의 통일신라시대 돌방무덤에서 어른을 모시고 서 있거나 태껸의 자세를 취하고 있는 문관상(文官像), 병사상(兵士像), 여인상, 서역인상(西域人像)과 수레바퀴 등이 발견되어 당시의 인물상, 복식 연구, 동서 문화의 교류 연구에 중요한 자료를 제공하였다. 기물을 본뜬 상형토기는 무덤에서의 출토 상태를 볼 때 장례의식에 쓰인 것으로 해석되며 죽은 사람을 저 세상으로 편안히 보내거나 죽은 뒤의 생활을 보장해주기 위한 목적에서 만들어 무덤에 묻었던 것으로 해석된다.

〈그림 1〉 뱀의 머리 표현한 인물상

〈그림 2〉 임산부 모습

2 토용의 유래

토용은 중국에서는 순장자를 대신한 토용을 대량 제작하였다. 토용의 본격적인 제작은 춘추전국시대부터 한(漢), 당대(唐代)까지 이어졌다. 한(漢)이 쇠망한 이후 5호 16국 시기에는 장례(葬禮)는 혼란해지고 토용의 제작이 거의 없다가 진대(晉代)에 다시 제작되기 시작하였으며 이후 북조시대에 다시 중국의 도용(陶俑)과 같은 성격으로, 인물이나 동물을 본떴으나 상형토기와 같은 중공(中空)의 기형(器形)이 아니라 독립된 형식의 상들이다. 중국의 도용은 그 역사가 상당히 길어서 은주시대(殷周時代)부터 이미 그 예가 알려져 왔다. 춘추전국시대(春秋戰國時代)가 되면서 노예제가 봉건제로 바뀌고 순장을 비례(非禮)로 간주하여 폐지하자, 생산력이 증가함으로써 도용의 발달을 불러오기도 하였다. 진대(秦代)에 이르면 시황제(始皇帝)의 능묘(陵墓) 전방에서 나온 방대한 양의 병마용(兵馬俑)이 말해주듯이 사실감이 넘치는 인물상이나 말 등을 흙으로 제작하여 부장 하였다. 이들은 신체 각각의 부위와 발판을 따로 대강 만들어 접합하여 뼈대를 구성하고 외모를 다듬어 수염·눈·입·옷 등을 조각하고 틀에서 만들어 낸 뒤, 코를 붙인 뒤 말려서 구운 다음 가채(可採 가려내다)하는 것으로 인물·동물·건축물·생활용구 등 내용물이 풍부해지고 감정이나 생활을 실감나게 나타내고 있다. 토제·금속제·목제 등 소재도 풍부하여, 초(楚) 장사(長沙)의 한대 대후부인묘(軑後夫人墓)에서 출토된 162점에 이르는 채색목용(彩色木俑)이 유명해지면서 전한(前漢) 말기부터는 철·아연·동·코발트·망간 등을 배합한 유약(釉藥)을 바른 도용이 출현하는 것으로 알려지고 있다. 지금까지 알려진 신라의 토용은 이러한 중국의 발달과정과 무관하지 않다고 생각된다. 현재 우리가 알고 있는 것은 삼국시대 신라의 것이라고 하는 인물상과 동물상들이 있다. 10–20㎝ 내외의 크기에 소박하나 풍부한 얼굴의 표현 등에서 인간적인 면모를 느끼게 한다. 현재 경주 장산(獐山)의 훼손된 한 돌방무덤에서 토우가 출토되어 국립경주박물관에 소장된 것으로 토우총(土偶塚)이라 명명되었다. 〈그림 5〉 토용의 크기는 높이가 25㎝ 너비 13㎝ 옆 너비 8.5㎝ 무덤의 껴묻기용(副葬用)으로 만든 토제의 인물상(人物像)이다.

〈그림 3〉 원추형의 진대(晉代), 용(俑), 무인의 행렬, 낙타 위에 오른 쌍계머리를 한 여인

〈그림 4〉 악기연주

〈그림 5〉 토용: 껴묻기용(副葬用)

3 문헌 고찰로 본 복식 미

1) 가체로 본 역사

가체머리란 신라시대부터 존재한 조선시대 여인들의 머리모양으로 아름답게 치장하는 가발이다. 라고 알고 있지만 가체사용은 이미 고대부터 사용한 것으로 보아진다. 가까운 예로 국사 왕실의 가체사용을 살펴보면 크게 두 가지로 나타난다. 하나는 중국에 보내는 조공품과 사신에게 주는 선물과 같이 외교에 사용되는 것으로 중국에 가체를 받친 기록이 있다. 1425년 세종7년과 8년에 명나라 사신이 가체(加髢)를 구한다는 명을 각 도에 내릴 정도였다. 또 다른 하나는 혼례와 같은 왕실 행사 때 사용되는 것으로 연산군 8년(1502) 공주의 길례 때 쓰일 다리 1백 50개를 분정 하였고, 연산군 10년에는 명부들이 왕비에게 진하할 때 시중드는 의녀를 정하여 필요한 다리를 당일 안으로 사들이도록 하였다. 중종 이후에 왕실 혼례에 쓸 가체를 바치라는 명령은 없었지만, 가체 공납을 면하게 해 달라는 청이 중종16년(1521)과 명종 8년(1553)에 있었다. 가체를 기록하고 있는 점으로 보아 여전히 왕실 혼례에 가체를 사용했음을 알 수 있다. 그러나 1758년 정조12년 가체머리의 높이가 극에 달하자 영조 34년에 1차 가체금지령이 시행되었다. 그러나 당파싸움으로 인하여 벽파인 홍익한의 반대로 5년만에 실패하고 1788년 정조12년에 제2차 가체금지령이 내려지면서 높았던 가체머리는 쪽머리로 보급되어진다. 조선시대에 사대부 양반가 여인들이 즐기던 가체머리와 달리 트레머리는 신분상으로 천인(賤人)에 속하는 낮은 계급이었던 기생들에게 허용되었다. 직업상 자유로운 외출이 허용되었고, 유교 윤리관이상 제약을 받지 않았던 기생들에게는 각종 복식금제가 허용되어 비단옷과 가체를 허용한 트레머리는 화려하고 사치스러운 생활을 할 수 있게 하였다. 정조의 가체금지령 이후 많은 활동을 하였던 조선후기 풍속 화가였던 김홍도, 신윤복의 풍속화에 등장하는 기생들의 머리모양은 본인들의 용모를 화려하고 아름답게 꾸미고자 하는 욕구에 힘입어 복식문화를 더욱 발전하게 하였다. 문헌자료 중 가장 오래된 머리모양은 청동기에 새겨진 피발, 속발, 수발, 편발 등이 있다. 피발은 유물이나 기록에 의하면 한국여성의 최초로 했던 머리모양이다. 속발은 피발의 가장 단순한 형식으로 묶는 것으로 이마 쪽에서 묶었거나 뒤로 늘어뜨린 형식이다. 수발은 머리빗의 발명으로 인해 글자그대로 검고 아름다운 긴 머리카락을 정리하는 빗질의 효과를 보았다. 짐승의 뼈를 이용한 빗과 비녀는 속발시대에 여성의 머릿결을 더욱 아름답게 하는데 사용되었다면 변발은 수발, 피발, 속발의 시대를 더욱 세련미로 나타낸 형태였다. 변발은 땋을 변 글자 그대로 기교를 구사해서 뒤로 늘어뜨리거나 앞으로 땋아 내리는 꾸밈을 표현하기 시작 했다. 머리장식을 위해 가체머리 하나 올리는데 황소 한 마리 값과 맞먹는 값이 들어가는데 이는 기본적인 모양새로 하는 경우라는 견해이다. 돈의 액수는 칠팔만 금전이라 했는데 그것이 얼마만큼의 값어치를 하는 것인지는 잘 헤아릴 수 없지만 가체하나를 제대로 하기 위해 들어가는 금액에 대해서 어떤 기록에는 중인 열집의 재산을 넘는다 했고, 정조 때의 우의정이었던 체제공이 임금에게 아뢴 말에는 가난한 집이지라도 60–70 냥이 들어가고, 제대로 모양을 갖추려면 수백냥을 소비해야한다고 했다. 가체머리로 인해 이수광, 이익, 이규경, 윤봉구, 송흠문, 등의 학자들은 다음과 같은 글을 실감나게 표현하기도 하였다.

가체머리는 몽고에서 전래된 것인데 지금 부인들이 그 습속을 따르고 있으니
크고 높은 것만을 좋아해서는 아니 된다.

부유한 집에서는 칠팔만금전으로 소위 몽고의 광번측요작타마세(군마가
많은 기치와 치장에 눌리어 쓰러지는 형세)의 머리모양에 웅황판(동황색 천연 비소
화합물로 만든수식 용구),

법랑잠(구리에 초자를 입혀 만든 비녀), 진주수(비단에 진주를단 수식 용구) 등으로
장식하니 가산을 지탱할 수 없으되 가장으로서도 능히 금할 수 없는 바
부녀들은 더욱 크게 하기를 좋아한다.

근년에 13세 되는 부귀가의 어린 신부는 시아버지가 방에 들어오자 급히 일어나려다
가가체의 무게에 눌리어 목을 부러뜨린 일이 있다.

이와 같이 사치가 사람을 죽일 정도가 되니 어찌 슬프지 않겠는가.

▌고분벽화 분포도

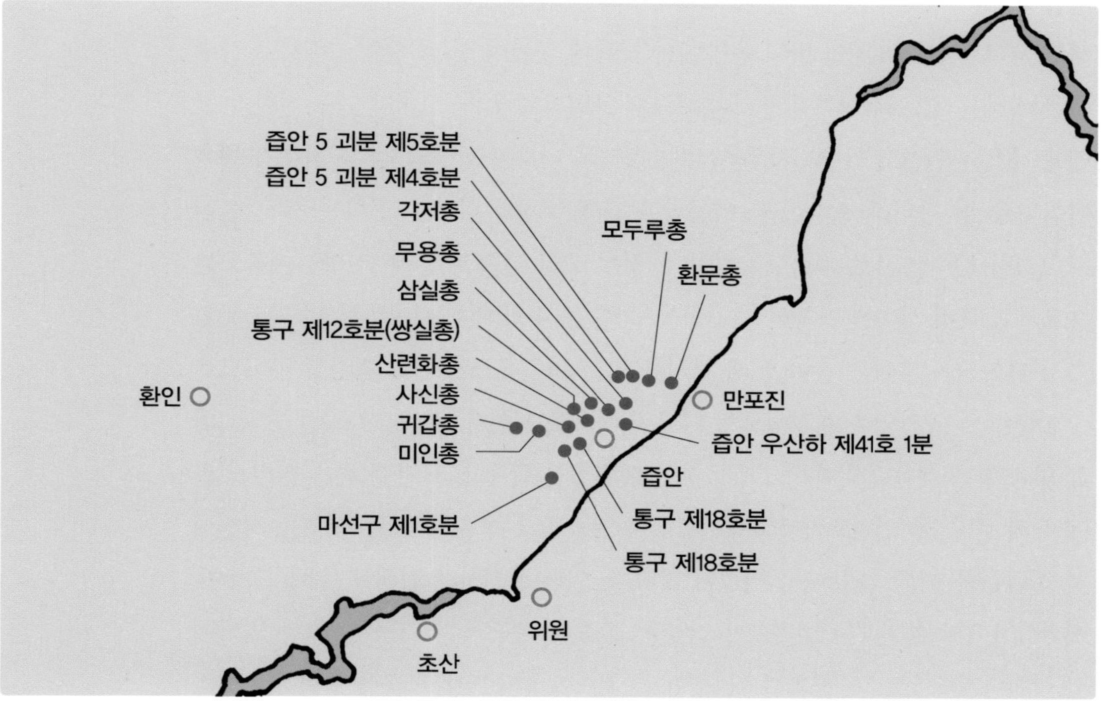

2) 평창 동계올림픽 개막식 인면조

인면조는 사람얼굴을 한 새를 의미하며, 평화를 상징한다. 삼국 중 고구려는 일찍부터 무덤 안을 그림으로 장식하여 죽은 자의 내세 삶을 기리는 장의 방식이 채택되었고, 3세기 말 이래 7세기 전반까지 나타났다 고분벽화가 지속적으로 만들어져 고구려를 포함한 동북아시아 국가뿐만 아니라 동아시아 주요 세력들은 3~7세기 역사와 문화를 이해하는데 중요한 자료라는 평가를 한다. 고분벽화는 주제가 된 만큼 무덤내부의 각 구역의 벽화 천정에 가득 차 있는 여러 종류 중 〈그림 6〉 행렬도는 다수의 사람을 소재로 한 벽화와 도구를 바탕으로 한 인물의 직업과 위치 등을 파악 할 수 있는 다량의 정보는 한국의 대표적인 것과 〈그림 7〉 동물을 표현하고 강서대교묘 현무도 등은 정보기록화로 유네스코 세계기록유산에 등재되어 기록문화의 우수성을 대변하기도 한다. 고구려 고분벽화 무용총 널방 천정고임에는 봉황을 연상시키는 몸이 길고 모자를 쓴듯한 〈그림 8〉의 인면조는 사람의 머리에 새가 표현되고 〈그림 9〉 덕흥리벽화분 앞방 천장고임 벽화: 만세은 사람의 얼굴형상을 하고 있는 기이한 모습이다. 그리스 신화에 등장하는 인면조가 불길하고, 부정적인 이미지인 반면 동양에선 극락에 깃들여 사는 신성한 존재로 장수를 상징하는 길조로 여겨지는 것이 다르게 표현되고 있다. 고대의 인도 신화와 불경에 나오는 인면조 가릉빈가(迦陵頻伽 불경에 나오는 상상의 새)는 자태가 매우 아름다울 뿐 아니라 소리 또한 아름답고 묘해 '부처의 말씀을 전하는 새'로 불린다. 〈그림 10〉 장천1호 예불도는 앞방 천장부 고임 안쪽 부분에 그려진 '예불도'는 불교가 고구려 사회에 안착하는 최전성기였음을 여과 없이 보여주는 것으로 문화가 보편화된 이후임을 감안할 때 부처가 있는 이곳은 성스럽고 청정한 곳이므로 수호해야 할 공간임을 불교식으로 나타낸 것으로 보인다. 2018.02 09일 밤 〈그림 11〉의 평창 동계올림픽 개회식에 등장한 인면조가 화제다. 모자를 쓴 남성의 얼굴에 새의 몸을 한 인면조가 고구려 시대 복장을 한 무용수들과 춤을 추는 장면에서 사람들은 깜짝 놀랐다는 이들이 많았다. 인터넷 실시간 검색어 1위에 오르며, 개회식의 '신스틸러'라는 별명까지 얻었다. 송승환 총감독은 "고구려 고분 벽화에서 아이디어를 얻었고, 평화를 다 같이 즐기는 한국의 고대 모습을 표현하고 싶었다"고 설명했다. 실제로 덕흥리, 삼실총, 무용총 등 여러 고구려 고분 벽화에서 인면조를 확인할 수 있다.

〈그림 6〉 안악3호분 행렬도

〈그림 7〉 강서대교묘 현무도

〈그림 8〉 고구려 무용총에 표현된 인면조

〈그림 9〉 덕흥리벽화분 앞방 천장고임 벽화: 만세

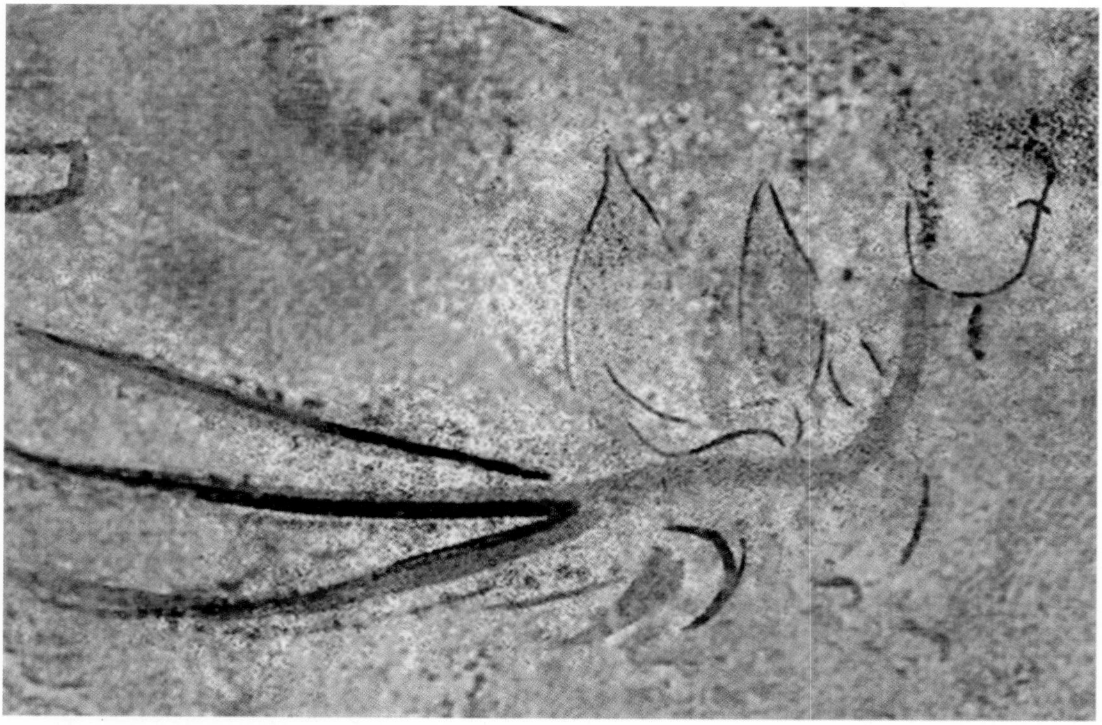

〈그림 9-1〉 덕흥리벽화분 앞방 천장고임 벽화: 천추

〈그림 10〉 장천1호 예불도

〈그림 11〉 평창동계올림픽 개막식 인면조

02 샤머니즘에 표현된 개념과 유래

토테미즘은 미개사회에서 자기 부족의 기원을 특정한 동식물과 연결시켜 그것을 숭배하는 것으로 숭배 대상의 특정 동식물은 씨족과 부족, 사회 집단과 동일시 된다. 토테미즘은 부족의 토템이 부족들을 방위하고 보호한다고 믿고, 상호존경 및 상호 보호관계에서 성립하는 하나의 종교 단체이다.

1 솟대신앙의 개념 및 발생

우주나무와 솟대 신앙 즉 우주 층의 교통로와 우주 층을 왕래하는 하늘 새로 보는 샤만의 정령(精靈 죽은자의 혼령)으로 보는 동북아시아 샤머니즘의 신조(神鳥 불가사이한 봉황)사상에 그 뿌리를 둔다. 〈그림 12〉의 솟대 신앙은 농경 사회가 본격화되고, 정치 및 종교이념으로 천신 신앙이 확립 보급되며, 국가를 성립시킨 지배계층이 스스로를 천자내지 천손으로 자처했던 청동기 시대에 성립과 전개가 활발히 일어났다. 근세 조선시대의 독특한 시정(市井)의 예사스러운 전경을 잘 표현하고 있다. 무무도의 복식에서 풍기는 강렬한 색채는 샤머니즘의 다양한 특성으로 나타나고 있다. 무속신앙에서 숭배되는 신령의 형상과 관련이 깊은 것을 확인 할 수 있다.

〈그림 12〉 의 솟대 신앙

1) 솟대신앙의 개념

솟대는 장승과 함께 음력정월대보름 동제(洞祭 사람과 신 연결) 모실 때에 마을의 안녕과 수호, 풍농을 위하여 마을 입구에 세우는 것으로 사람과 하늘과의 매개체 역할을 하는 마을의 신앙 대상물이다. 이처럼 솟대위에 새는 대게 오리라고 불리우며, 일부지방에서는 까마귀, 갈매기, 따오기, 까치라고 한다. 우리나라에서는 마을의 항시적인 신간으로서 마을 사람들의 신앙생활과 긴밀하고 지속적인 관계를 유지하며, 비록 솟대를 구성한 장대와 새가 상당부분 유실되고 쇠태 되기는 했지만 마을 공동체의 종교적인 성소로서 성격은 분명히 나타난다.

2) 솟대신앙의 발생

솟대신앙은 청동기시대까지 올라가는 시간성은 솟대가 고대로부터 북아시아 전 지역에 퍼져나간 보편적인 신앙요소임을 알려 준다. 발생은 샤니머즘의 문화파동이라는 맥락에서 이해 할 수 있다. 이른바 우주나무와 하늘 새의 결합에서 뚜렷한 것은 샤니머즘의 수직적 우주관과 식물의 생장력은 하늘꼭대기까지 뻗어 오르는 상징성으로 인하여 상, 중. 하 세 개의 수직적 우주 층을 연결하는 우주 축으로 적합한 것이다.

2 무신도(무무도)에 표현된 복식

한국의 민속신앙을 기반으로 전통에 대한 관심은 확대되고 있다. 우리의 민속신앙은 토속신앙으로 자연을 숭배하고 천신에게 다양한 방법으로 의지하는 무무도에 표현된 무신도는 일종의 생활종교에서 민간신앙과 그 뿌리를 무속 기원설화에 언급되고 있다. 단편적 상징으로 민간에 의해 전승된 풍습과 신앙 및 생활상의 감정들이 나타난 주술적인 상징성을 보유하고 있는 한국의 무신도는 가장 대중적이고 전통적인 회화 예술로서 원천적 가치를 지니고 있다. 한국전통문화의 범주에서 빼놓을 수 없는 귀중한 자료로 설화적 내용과 민요, 만담, 예술 및 정신문화를 포함한 무속신앙의 대표적인 무신도에 나타난 색채의 미를 담고 있는 무복은 무당이 굿을 할 때 신을 상징하기 위한 의례복으로 지역에 따라 신복, 입석, 신입석, 신령의대, 신령님 옷 등은. 인간의 소망을 간절하게 전달하고 싶은 상징적인 요소와 주술성을 표현하고 있다. 홍색 철릭을 입은 신무의 강렬한 채색에서 〈그림 13〉의 부드러운 현대 무복으로 인기를 끌고 있다. 무신도에 나타난 성수와 무신도에 나타난 창부는 전통복식과 정열, 애정을 상징하는 색채의 미와 흑립을 착용한 두식의 미를 연출한다. 따라서 복식에 표현된 한국의 샤머니즘에서 주술성, 상징성, 조형성을 찾아 볼 수 있다.

1) 주술성

가체를 올린 머리모양은 선녀들이 가지고 있는 의례성을 표현한 것은 이집트의 여신머리모양 형태나 조선시대 왕비의 머리에 꽂는 뱀 모양의 첩지와 마찬가지로 뱀 형상을 표현한 것은 병을 고치고, 예언을 하거나 연금술을 관장하는 신상으로 알려져 있다. 우리나라 무당들도 굿을 할 때 머리에 리본을 달거나 수건을 두르기도 한다. 현재 다양한 의례에서 볼 수 있듯이 혼인식을 거행할 때 새롭게 머리모양을 꾸미는 것 또한 새로운 변화를 맞이하기 위함으로 받아지듯이 무신들에서도 이러한 변화를 받아들이기 위하여 신령들의 복식에 나타난 장식과 머리모양을 통하여 주술성을 강하게 드러낸다.

2) 상징성

우주의 시간이 변화 되고 해가 바뀌는 새해 첫 빔으로 고유의 의상을 갈아입게 된다. 무신도에 드러나듯이 다양한 상징성의 의미는 머리모양과 상통하듯이 무복의 색채와 임금이 거처하는 궁궐이나 신이 거처하는 신당에서도 울긋불긋하고 화려한 색체로 세계와의 또 다른 세계를 나타내었다. 현 세계와 다른 샤머니즘 세계에서 무무복(무복)의 상징성은 현대 무복과 머리모양에 지대한 영향을 주었으며, 백장삼과 홍철릭, 남색과 함께 사용되었다. 특히 홍색 몽두리는 무당이 새를 연상케 하는 비상력을 발상하기 위함으로 영혼을 인도하는 역할자, 전달자의 역할을 새가 맡고 있다는 고대 동북아시아의 신조사상의 영향에 의해 형성된 표출로 판단된다.

3) 조형성

무신도는 형태와 의미가 결합하여 전달하는 핵심을 무신도가 가지고 있는 의미만을 사람들에게 전달해야 하기 때문에 형태와 무신도에 나타난 도상 및 색채상징은 무복에 많은 영향을 주었던 것이다. 화려하고 색채가 높은 오방색을 사용함으로서 시선을 집중시킬 뿐만 아니라 의례장소를 일상 공간과 구별하기도 한다.

4) 무신도에 나타난 성수와 부군

고구려 고분벽화 중 5~6세기 전반의 덕화리 2호분과 진파리 4호분 뿐 만 아니라 천정에 28수의 성수는 붉은 선으로 별자리를 표현하고 있는 것은 지금의 전통색인 적색과 청색 그리고 노란색으로 생명, 창조, 번영이 합쳐진 주조 색으로 색채상징을 표현한다. 신을 청배하기 위해 부채와 방울을 높이 들고 기원을 염원하기위해 장구와 제금으로 심명을 돋구는 조무들의 모습에서 나타난다. 〈그림 15〉 한국의 무신도 대부분의 성수에서 인간의 소망과 간절함이 전달된다. 〈그림 16〉 부군신의 복색은 매우 다양하다. 복색은 문무관의 관복과 융복인 철릭, 그리고 궁중이나 민중의 예복인 사모간대, 평복인 포, 군주를 상징하는 곤룡포, 장군복인 갑옷과 월도나 허리에 찬 칼 등은 제갈공명을 형상화한 복색으로 나라의 안녕을 위함으로 표현하기도 한다. 무무도에 표현된 대감굿은 가장 힘차고 율동적으로 뛰어난 굿으로서 대감신의 옷 무무복은 전복에 남전대를 띠고 안울림 벙거지나 철립모를 썼으며, 부채와 방울을 양손에 들고 풍악에 맞추어 재앙을 물리치는 춤을 추면서 복을 빌었다. 무신도에 나타난 부군에서 무신도 〈그림 15, 16〉의 기원은 이웃과 나라의 태평성대 무사함을 나타내는 희망차고 평화의 상징으로 미래를 향하는 강한 색채감은 오방색을 이용하여 곡선의 이미지와 음악의 선율이 아우러져 장식미를 돌출하고 내면의 마음을 치유하고자 표현한다. 창부는 무당의 남편으로 신이 내리지 않는 사람이 연주하는 것이다.

〈그림 13〉 연회복

〈그림 14〉 무신도

〈그림 15〉 무신도에 나타난 성수

〈그림 16〉 무신도에 표현된 밤섬부군

03 고구려시대로 보는 역사적 · 문화적 배경

1 고분벽화가 역사에 미친 영향

지금의 요동지역(중국의 랴오둥 반도)에서 고주몽에 의해서 건국된 신라의 시조(始祖) 박혁거세(朴赫居世) 21년 전에 국호(國號)를 고구려라 하고 주몽의 성을 고(高)라 하여 세워졌다고 기록 된 바에 의해 고구려는 기원전 37년 주몽이 이끄는 부여족의 한 갈래가 압록강 지류인 동가강(佟佳江) 유역에 건국함으로써 초기부터 한족(漢族)과 투쟁 과정을 통해 강대해졌다. 1세기 태조대왕 (AD 53~146)에 들어서 고구려는 중앙집권국가의 기틀을 마련하였다. 고국천왕(AD 179~197)은 왕위의 부자 상속제를 마련하면서 5부의 행정구역을 설정하는 등 체제정비를 단행하여 왕권이보다 강화되었고, 미천왕(AD 300~330)은 서안평을 확보하고, 낙랑군과 대방군을 정복하여 한반도에서 한사군의 세력을 완전히 몰아내 고조선의 옛 땅을 회복하였다.

고국원왕(AD 331~371) 때 백제와 전연의 공격으로 일시적인 국가적 위기를 겪었으나, 5세기 전성기를 맞이하게 되면서 소수림왕(AD 371~384)은 불교를 국가적으로 공인하였으며, 절대적인 왕권 중심으로 한 율령을 제정함으로써 중앙집권국가로 다시 나라를 정비하였다.

광개토왕(AD 391~412)은 백제의 수도인 한성(漢城)을 침공하는 등 정복활동을 통해 10개의 성을 차지하는 한편 요서지방과 만주 전지역, 임진강 이북의 한반도 북부에 이르는 광활한 영토를 확장시켰다. 그의 아들인 장수왕(AD 412~491)은 중국의 남북조와 통교하였고, 유연(柔然) 등 새외(塞外) 민족과도 통교하면서 외교관계를 확대하여 중국을 견제하였다. 475년 고구려는 백제의 한성을 침공하여 함락하고 개로왕을 죽여 고국원왕의 한을 풀고 남쪽의 아산만(牙山灣)까지 지배하였다. 6세기 중반에 들어서 내우외환에 시달리던 고구려는 국력이 크게 쇠약해졌다.

특히 연개소문 사후 지배층이 분열되어 정치 상황이 어지러웠고 민심이 혼란해면서 668년 나당연합군은 혼란해진 고구려를 공격하여 수도인 평양을 차지하고 고구려를 멸망시켰다. 문화적 배경을 살펴보면, 고구려는 강건, 동적미, 침착, 단순미, 여백미, 안정, 원만미등의 특징을 대표로 하였다. 고구려는 정치, 경제, 사회의 발달과 함께 기술적 발달을 거듭하면서 중국뿐만 아니라 중앙아시아와의 접촉으로 대외 관계를 중국일변도에서 벗어나 보다 능동적이고 탄력성 있게 전개해 나갈 수 있었다.

고구려인들은 국적과 자신감을 바탕으로 외부세력과 거리낌 없이 접촉해 문화적 다양성과 포용력을 갖추고 있었으며, 지역적으로 인접한 중국과 북방민족과의 교류를 통하여 융화되고 재창조되는 과정을 거쳐 고구려인 고유의 특성을 지닌 진취적이고 독자적인 문화를 이룩한 나라이다. 고구려 무덤 벽화를 통해 그 시대의 생활문화와 의식, 사상 등을 찾아 볼 수 있듯이 고구려 사회와 문화를 보여주는 것 중 하나가 고분벽화이다.

중국길림성 집안의 환인과 북한의 평양과 안악 일대에 주로 남아있는 고분벽화는 고구려인의 모습과 생활상을 구체적으로 알게 할 뿐만 아니라 관념세계와 미의식에 대한 이해도 가능하게 하는 것 중 첫째, 장례를 후하게 치르는 습속이 있었으며 둘째, 다양한 예술적 감각과 기교가 뛰어나 춤과 노래를 즐기는 유희놀이가 성행하였다. 셋째, 산행과 수렵을 즐기는 풍습과 종교적 사상이나 사회 생활풍속도를 통하여 다양한 습성이 나타나며 그것은 곧 한국적인 미(美)의 특성을 갖는다고 할 수 있다.

2 복식을 통한 문화적 이해

복식은 사람이 몸에 걸치는 의복과 장식품을 모두 일컫는 단어로 식생활과 주

생활을 함께 기층문화의 핵심으로 인간의 생활 문화에서 중요한 부분을 차지한다. 모자, 두건 등 머리에 착용하는 것에서 신발, 양발 등 발끝에서 착용하는 것까지 모든 것을 포함하며, 복식의 기본형 유(儒), 고(袴), 상(裳), 포(袍), 관모(冠帽), 대(帶), 이(履) 또는 화(靴), 버선(旋)을 착용 하고 시대에 따른 왕복, 왕비복, 백관복, 귀부인복, 서민복, 무복, 통과의례복식 등을 전통복식의 범주에 포함시키고 있다.

복식은 우리나라의 초기양식을 정착시켰고, 중국문화와 불교문화를 받아들여 고유복식과 외래복식의 이중구조를 시작하는 계기가 되었다. 또한 복식의 기본구조는 같으면서도 나름대로의 특징을 살려 변천과정에 발전을 거듭하였으며, 우리 복식의 기본형이 유(襦). 고(袴)였음은 벽화를 통하여서도 알 수 있다. 남자의 바지통이 넓은 대구고(大口袴)와 소매통이 넓은 (유)를 입었으며, 여자는 바지통이 좁은 궁고(窮袴)와 소매통이 좁은 유를 착용한 것이 다르다. 이는 신분의 차이를 보여 주는 것이라 할 수 있다.

높은 귀인들은 대구고를 입었으며, 신분이 낮은 백성들은 홀태바지인 궁고를 입었다. 곤(褌)이라고 하는 짧은 잠방이 형태의 바지가 있었는데 이것은 하급층의 작업복이며, 선은 옷의 바탕천 과 다른 색상이나 다른 천으로 덧댄 것으로 연(緣) 혹은 단이라고도 한다. 고대부터 동서양을 막론하고 이(履)를 신었으며 여자는 쪽진 머리를 하고 화(靴)를 신었다. 그 중에서도 폭이 넓어 주름이 많이 잡히고 길이가 긴치마를 군(裙)이라고 하였다. 장유는 유의 길이가 길어진 포류로서 방한용이나 의례용으로 착용하였다.

고구려 고분벽화의 인물들이 착용하고 있는 의복을 살펴보면 유, 상, 고, 포, 선과 문향 등에 나타난 색에는 백색, 황색, 갈색, 주황색, 주홍색, 빨강색, 분홍색, 청색, 연청색, 청록색, 녹색, 연청록색, 검정색 등으로 나타나지만 이러한 색상 중에서 가장 많이 보이는 색에는 흰색이다. 벽화에 나오는 인물 중 신분이 낮은 경우를 제외하고는 대부분 물색 옷을 입고, 무늬가 있는 옷을 입었으며, 원색과 간색을 사용하였다.

그리고 홍색계열에도 진홍빛, 자주빛 붉은빛의 구분이 있는 것으로 보아 다양한 색을 사용하였음을 알 수 있다. 머리모양의 변천은 복식사의 의복 변천과 따로 분리하여 생각 할 수는 없는 것으로 고구려의 복색을 정리하면 적, 청, 백, 흑, 황

TIP

▶ **북방기마 유목민족** : 몽골계 탁발족이 398년 황하 이북에 세운 나라(중국식 의복, 관습, 이름, 언어 사용)

▶ **호족(胡族)문화** : 여진, 거란과 같은 부류의 문화를 말한다.

▶ **발식(수식)** : 부녀자들이 머리모양을 내기 위하여 쓰이는 장식품(빗, 비녀, 뒷 꽂이)

색의 오방색 중심으로 홍, 자, 벽, 녹, 유황색의 간색을 즐겨 사용하였다. 머리모양은 청동기에 새겨진 부분도가 있으며, 상고시대의 역사적 유물로서 피발, 속발, 수발, 편발이 나타나 있다.

고구려는 삼국시대의 세 나라 중 가장 북방에 위치한 나라로 여름에는 습하고 겨울에는 건조한 대륙성 기후의 영향으로, 급변하는 기온에 적응하여 상의와 하의를 구분하고 앞으로 여미는 복식으로 발달하였다. 사회적으로는 북방계 민족의 이동에 따른 문화의 혼합, 신분계급의 형성에서 지배자의 권위의식의 표현, 경제적으로는 부를 축척한 계층의 부의 표현, 원시신앙의 가호를 받기 위한 주술적의미 등의 요인으로 다양한 양상을 띠고 있다. 고구려의 복식은 중국의 영향을 일부 받긴 했으나 귀족계급에서는 외래문화의 영향을 민감하게 표현하고 문화적, 정치적 영향성을 나타내었다.

1) 복식 미의 변화

고구려는 북방에 위치한 나라로 여름에는 습하고 겨울에는 건조한 대륙성 기후의 영향으로, 급변하는 기온에 적응하기 위해 상의와 하의를 구분하고 앞으로 여미는 복식으로 발달하였다. 사회적으로는 북방계 민족의 이동에 따른 문화의 혼합, 신분계급의 형성, 지배자의 권위의식의 표현, 원시신앙의 가호를 받기 위한 주술적 의미를 포함 하였다. 고구려의 복식은 중국의 영향을 일부 받긴 했으나 북방 기마유목 민족 특유의 복식양식으로 방한과 기마 등 기능적으로 뛰어난 상하 분할형의 옷에 비하여 중국의 복식은 상하가 연결된 포 형이라는 점에 있어서 계통이 전혀 다른 복식이다.

고구려의 귀족계급은 머리에 관모를 쓰고 초기에는 좁은 소매의 옷을 입었고 후기에는 중국에서 수입한 넓은 소매의 옷을 착용하여 자신을 미화하고 서민들에게 권위를 나타내려 하였다. 서민계급은 시대에 따른 변화 없이 지리적, 사회적 환경에 맞춰 형성된 고유복식의 전통을 고수하였다.

고구려에서 색은 신분을 나타내는 수단으로 왕과 대신은 오채(五彩)로 된 옷을 입고 흰색 백라관을 쓰고 흰색 가죽으로 된 백피소대(白皮小帶)를 착용하고 누런 가죽신을 신었다. 〈그림 17〉의 번 령 저고리는 뒤집어질 번(飜), 옷깃 령(領)으로 뒤집힌 옷깃이라는 의미를 갖는다. 〈그림 18〉 부월수 직령합임 저고리는 옷깃이 마주 합쳐졌다는 의미로 여밈선이 보이지 않는다.

〈그림 18〉 단령포를 입은 여인의 옷은 목선과 포 아랫단에 개폐선이 보이지 않는 전폐형이다. 〈그림 19〉 덕흥리 고분에서 치마 입은 시종의 옷에서 보여지는 것은 색동치마를 입고 있는데 홍, 자, 백, 유황색 등으로 화려하게 배색 되었다. 이러한 복식에 표현된 미는 형태, 면, 선, 색채, 문양, 소재 등을 통하여 미적 특성을 이해하고 이를 바탕으로 전통미, 자연미, 진취적 기상의 미로 정의해 본다.

〈그림 17〉 덕흥리고분(408년) 번령 저고리

〈그림 18〉 안악3호분(357년) 부월수 직령합임 저고리

〈그림 18-1〉 감신총, 5세기전 단령포를 입은 여인

〈표 1〉 전통복식에 사용된 장신구의 범주

번호	대분류	중분류	번호	대분류	중분류
1	관모	관, 립, 건. 모, 쓰개, 관식, 립식, 기타	4	신발	화, 혜, 이, 기타
2	의류	궁중복, 백관복, 평상복, 종교복, 의례복, 악무복, 부분품	5	장신구	신체장식, 의복장식, 기타
3	대 .구	대, 구, 기타	6	관.복함	관.복함
7	기타				
용어	관모: 머리를 보호하는 역할				

〈그림 19〉 덕흥리 고분(308년) 치마입은 시종

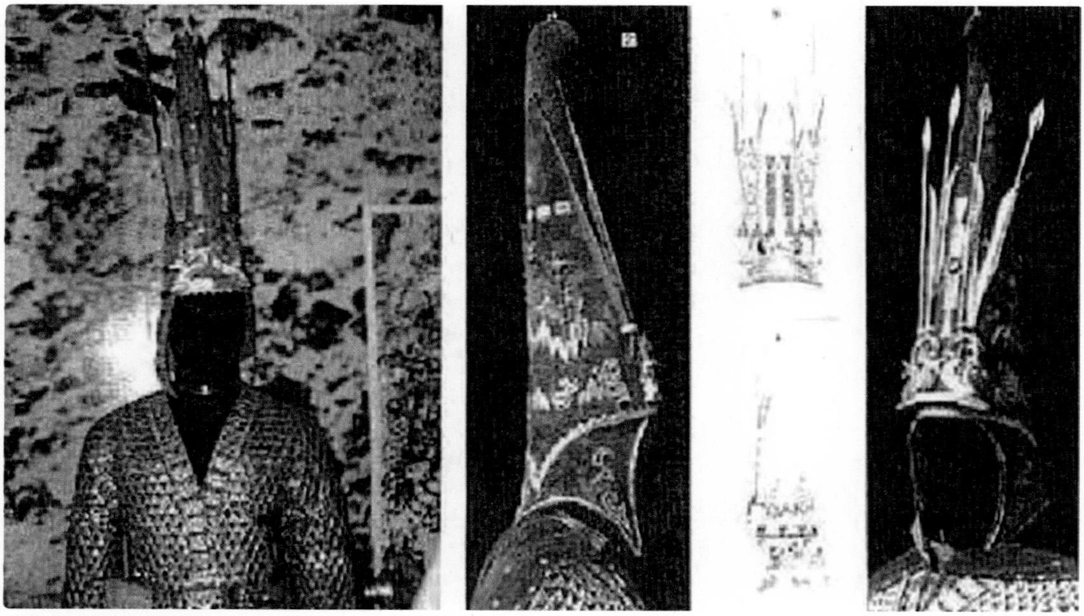

〈그림 20〉 황금인간의 관모

〈그림 21〉 무량사 인물상

〈그림 22〉 의례용 관모(덧관)

〈그림 23〉 책(幘머리띠형) 쓴 장하독

2) 신의 특징

귀족 및 대신들은 그리고 일반 남자들은 모두 누런 혁이(革履)를 신었다. 안악 3호분의 묘주 부인도의 부인 앞에 놓인 붉은이는 목이 없으며 코 등에서 발등까지 수평을 이루고 있어 무령왕릉에서 출토된 금동이와 비슷하다.

그 외 다른 신들은 검은 색이거나 흰색신발이며 〈그림 24〉의 못신은 통구12호분 북측실 참수하는 무사가 신고 있는 못 신의 실제 〈그림 25〉와 〈그림 26〉 대성산성 금동신발은 신발 바닥에 39개 정도의 못이 촘촘히 박혀 있다. 외형이 마치 넓은 배의 갑판을 연상시키는 신발의 바닥면은 금속으로 만들고, 위쪽에 작은 구멍이 2개씩 짝을 이루며 뚫려 있어 가죽이나 천으로 된 신발 윗부분에 부착했을 것으로 보아진다.

〈그림 24〉 무사가 신고 있는 못신

〈그림 25〉 익산 입점리에 1호분 출토품 못신

〈그림 26〉 대성리 금동신발 바닥부분

토용에서 보이듯이 원의 간섭을 받아들이면서도 머리모양은 몽골풍으로 변하였으나 한족여성들 사이에서 유행했던 머리모양에 흥미로운 일이다. 원과 당의 사람들은 고려의 쌍수계 머리모양에 매력을 느낄 정도로 고대사회에서 가체(加髢)를 이용하여 높게 올렸던 머리모양에서 내린 형태의 머리모양은 매우 세련되고 우아하다. 환이나 계를 늘어뜨린다거나 귀 아래나 목 아래로 내려 쌍계식(雙髻式 상투모양),나계(螺髻式 소라모양)으로 묶는 형식이 이에 포함된다. 안악3호 벽화에서는 고구려 특유의 머리모양과 달리 큰머리 형태의 고계(高髻)가 많이 보이고 있는 것은 외래양식의 영향을 받아 가발을 덧 붙이고 크고 화려한 모양이 많다. 힐자계는 동수부인의 머리모양이라 칭하고 시종으로 보이는 부인이 있는데 그 여인들 역시 요란하게 꾸민 틀을 얹고 있어 주인공 부인의 머리와 다르게 매우 독특한 분위기를 보여 주고 있다. 큰 머리는 안악3호 무덤에서는 (4세기 중엽, 357년)의 부엌의 벽화와 우물가의 평민의 머리에도 나타나 있다. 덕흥리 무덤(5세기초,408년)의 신선옥녀와 견우와 직녀, 기생의 그림에서도 나타나는데, 이는 큰머리가 고국원왕 시대에 왕비부터 평민에까지 유행하던 머리였으나, 점차 높은 신분의 머리 형태로 자리를 잡아 가는 것으로 해석 할 수 있다. 즉 안악3호분(4세기중엽)외의 고분벽화에서 평민의 머리가 나타나지 않았으나, 5세기부터는 이 머리형태가 왕비나 궁녀, 선녀, 기생들의 전유물이 되어 가고 있음을 알 수 있다.

1) 다양한 머리모양의 유형

머리모양에 관한 표현은 계(髻)나 발(髮)은 중국측 문헌과 한자용어를 바탕으로 사용되고 있지만 실록을 포함한 우리나라 문헌자료에서 머리모양을 말해 주는 대표적인 표현은 계(髻)이다. 높게 올렸다 해서 고계(高髻), 구름처럼 보인다 하여 운계(雲髻) 두 가닥으로 올렸다 해서 환계(鬟髻), 두 개로 상투를 쌍계(雙髻), 말에서 떨어진 모습처럼 보인 것을 추마계(墜馬髻), 새앙머리를 사양계(絲陽髻), 낭자머리를 낭자계(娘子髻)라 할 때의 '계'(髻)이다. 계(髻)는 우리나라에서 자전적(子典的)

인 풀이대로 하면 상투를 의미 한다. 여성들의 머리모양을 표현하는 용어에 계(髻)가 많이 보이는 것은 무덤 벽화에서 고구려 여자들의 머리모양이 매우 다양했음을 알 수 있다. 그 외에 얹은머리와 이마 가까운 곳에서 좌, 우로 상투를 틀어 올린 쌍상투 머리, 머리를 뒤통수에 낮게 트는 쪽진 머리, 묶은 머리, 고리 튼 머리를 뒤로 내린 채 머리, 좌, 우 뺨 곁으로 머리 일부를 늘어뜨린 푼기명 머리 등이 있다.

2) 장신구의 변화

고구려 장신구 문화는 4세기 때 이후 중국 진(晋)나라와 선비족(鮮卑族) 왕조인 북연(北燕), 후연(後燕)의 금속 문화를 수용했다. 삼연의 영향을 받았고 동진과 서진으로부터 완제품을 수입하기도 하였지만 고구려적인 특색을 나타내기도 하였다. 황금은 원래 북방 유목민족이 애용하던 것이며, 부여와 함께 고구려(高句麗)가 일찍이 수용한 듯하다. 고구려의 장식성에는 대부분 금동으로 만들었고 두텁게 도금한 것이 특징이지만, 세밀한 표현은 신라의 금속공예품보다 뒤 떨어진다. 하지만 5세기가 되면서 제작이 매우 활발해진 것 같다. 〈그림 27〉은 6세기 중엽의 금동관 양식을 보여주고 있는 작품이다. 형태나 제작기법에 변화가 생기게 되면서 관테의 너비가 넓어지고 나뭇가지의 수는 4단 이지만 세움장식의 높이는 높아지고 사슴뿔 장식은 사라진다. 농경문 청동기에 표현된 인물상으로 보아 청동기 시대에 이미 존재한 〈그림 28〉의 왕회도 조우관은 고구려, 신라, 백제가 공유한 관(冠)의 문화였던 것으로 보인다. 조우관은 입식(立飾) 가장자리에 우모형(羽毛形) 장식을 가미한 점이 특징이다. 관(冠)은 출토 예가 적지만 그중 평양의 청암리토성(淸岩里土城) 출토품은 금동판(金銅板)에 7개의 세움장식을 부가 하였는데 인동(忍冬)무늬, 불꽃(火焰)무늬, 당초(唐草)무늬가 표현되어 있으며 양쪽에 드림(垂下飾)을 한 줄씩 늘어뜨렸다. 관장식으로 추정되는 진파리(眞坡里) 1호무덤에서 출토된 금동판에는 구름무늬와 봉황무늬가 표현되어 있으며, 가운데에는 태양을 상징하는 세발까마귀(三足烏)를 장식하여 주목된다. 〈그림 29〉 금동관식. 귀걸이 꾸미개로 추정되는 것은 5세기를 전후하여 크게 유행한다. 그 형태는 다양하나 굵은고리 태환(太環)에 작은 고리를 여러 개 붙여 만든 샛장식(中間飾)과 추(錘) 모양 드림이 붙어 있는 점이 특징이다.

〈그림 27〉 세움장식 관

〈그림 28〉 고구려사신, 직령교임 저고리, 왕회도.

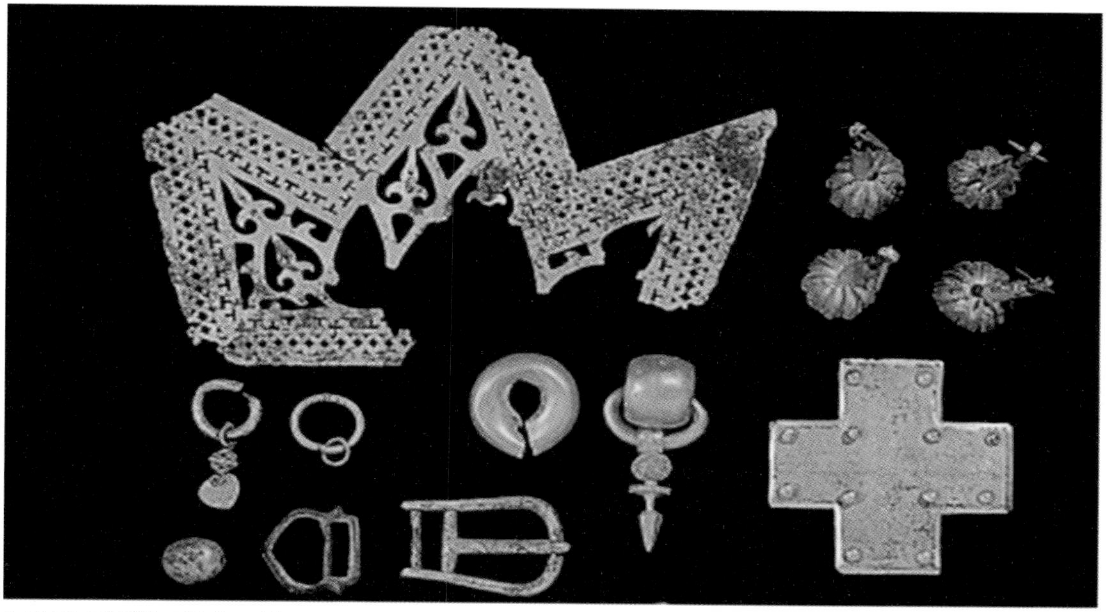

〈그림 29〉 금동관식. 귀걸이 꾸미개

04 문화 속에 연결된 복식

고구려의 문화를 이해하는데 복식은 매우 중요한 위치를 차지한다. 복식은 정치적 특성뿐 만 아니라 사회와 경제적 요소를 내포하며, 그 시대 사람들의 정신적인 요구와 가치 기준 까지도 함께 담겨 있다. 고구려는 매년 봄 3월3일에 왕과 신하 및 5부의 군사들이 모두 낙랑언덕에 모여 사냥하고, 잡은 돼지와 사슴으로 하늘과 산천의 신에게 제사를 지낸다. 라고 하였듯이 실제로 고분벽화 가운데는 당시의 사냥활동을 사실적으로 묘사한 수렵도가 많은데 이 같은 벽화의 내용으로부터 당시 일반적인 복식의 재료로 쓰인 동물의 다양한 종류와 그 양적인 풍부함은 짐승의 가죽을 충분히 공정하여 부드럽고 질기게 만든 것으로 진상하였다고 한다.

1 머리모양과 복식의 관계

고구려의 역사와 문화를 이해하는데 복식은 매우 중요한 위치를 차지한다. 복식에 있어 의복과 머리모양은 그 시대가 갖는 역사의 모든 것을 내포하고 있기 때문에 복식은 역사와 그 가운데 자리 잡고 있던 고구려인들의 의식이 만들어낸 것이라 하겠다. 여자의 머리모양은 다양한 얹은머리와 쪽진머리, 묶은머리로 나눌 수 있다. 〈그림 30〉 안악3호분 여주인공과 두 명의 여자는 조선시대 떠구지처럼 타원형의 머리묶음에 다시 머리카락을 양쪽에 늘이고 있다. 힐자계(纈子髻)는 떠구지 모양으로 계급이 더 높은 경우이며 환계(鬟髻)는 후궁으로 생각되는 옆의 두 여인의 머리모양은 형태가 조금 작으며 머리장식은 보이지 않는다. 복식에서 호화

스런 장막을 두르고 앉아있는 주인공은 검은 관을 쓰고 붉은 줄이 있는 화려한 갈색 옷을 입었고 부인은 머리를 얹어 붉은 리본을 매었으며 뺨에는 붉은 연지를 찍었을 것으로 본다.

1) 머리모양과 의복

씨족사회(氏族社會), 부족사회(部族社會)를 거치면서 여성들은 머리모양에 대한 관심이 높아지면서 스스로 머리카락을 다듬고 손질을 해 왔다. 그 중 제일 오래된 피발(披髮)은 우리여성들이 최초로 했던 머리모양에 대한 표현이므로 이후 머리모양과 복식의 변천과정은 떨어뜨려 생각 할 수 없다. 때론 복식에 의해 머리모양이 바뀌어졌고, 머리모양이 새로워지면서 복식의 모양이 바뀌기도 했기 때문에 머리모양과 복식은 불가분의 관계로 매우 중요하다. 고구려에서 입었던 웃옷과 겉옷은 크게 삼(衫 적삼), 유(襦 저고리), 포(袍 떡갈나무)는 남자의 의복이며, 여자는 유를 입었으며 포는 긴 길이와 넓은 소매를 특징으로 하는 겉으로 남자와 여자가 모두 입었다. 또한 포(袍)는 높은 신분의 귀족이나 왕실의 왕족이 입는 옷으로 의식용·의례용·방한용으로 착장한 복식으로 3호분 주인의 포이다. 지금의 마고자와 같은 형태로 앞에서 마주 여며지는 적색의 전개형(前開刑) 합임포(合袵袍)로서 포의 길이는 앉은 자세에서 하의를 전부 가릴 만큼 풍성하며, 소매는 비교적 좁은 착수(窄袖)형태의 삼통수(衫筒袖)로 흑색 대(帶)를 띠고 있고, 머리에는 백라관(白羅冠)을 쓰고 있다.

2) 신발에 표현된 유래와 문양

고구려의 신발은 크게 〈그림 30〉 피혁제의 계통인 화(靴)와 포백(布帛)이나 짚으로 만든 이(履) 계통으로 나눌 수 있다. 1945년 이후 것으로 보이는 화의 신발은 높이는 42㎝, 길이가 23㎝, 너비 9㎝가 되며, 피혁제의 화(靴)는 방습 ·방한에 알맞고 발에 밀착되기 때문에 행동에 편하다. 특히 기마용(騎馬用)으로 적절하여 북방 유목·기마 민족형이고, 포백(布帛)이나 짚으로 만든 이(履)는 남방 농경민족형

〈그림 30〉 피혁제의 화(靴)

이며, 삼국시대 이전부터 한반도의 지리적·풍토적 조건 때문에 화(靴)와 이(履)가 병용 되었다. 고구려에 있어서는 고유의 복장에 맞는 신발이기도 했다. 〈그림 31〉 피혁제의 화(靴)에도 발목부분이 높이가 21㎝, 길이27㎝, 너비8㎝인 단화(短靴) 모양이 있었는데 이들을 총칭하여 중국에서는 화(鞾)라고 한다. 중국의 문헌에서 신발을 의미하는 글자로서는 답(沓), 답(踏), 혜(鞋), 극(屐), 구(屨), 석(舃), 요(鞠), 화(靴), 화(鞾) 등이 있는데, 이(履)는 신발 전체를 총칭할 때 사용되는 경우가 많다. 고구려 고분벽화 중 매산리 사신총(四神塚) 현실 북쪽 벽의 벽화에서는 주인과 세 부인이 평상 위에 앉아 있고 그 앞에 화가 놓여 있는데 주인 앞에 놓인 화는 코끝이 위로 올라간 형태이며, 쌍영총(雙楹塚)의 조우관을 쓴 인물과 기마인물상이 신고 있는 것도 목이 긴 화(靴)로서 소위 호복식(胡服式)이다. 신발의 겉표면 전체에 화염문(火焰紋)과 비슷한 자수가 놓여져 있으며 흑(黑)·홍(紅)·다(茶)의 색실을 사용하여 자수를 놓고 있다.

〈그림 31〉 반장화 모양인 단화(短靴)

2 고구려 벽화에서 본 풍속과 생활모습

고구려의 초기는 B.C. 1세기에서 A.D. 3세기로 부체제가 형성되는 과도기였던 중기는 4세기부터 6세기 중반의 중앙집권적 영역구가 체제가 형성된 시기이다. 후기는 6세기 중반부터 668년까지 귀족연립 정권기로 나눈다. 대체로 초기에는 무덤 주인공의 초상화와 그의 생활도가 주를 이루었으며, 중기에는 주인공과 관련된 인물 풍속도와 후기에는 사신도가 그려지는 것이 상례였다. 고구려 고분벽화 중 생활풍속이 묘사된 벽화를 평양지역의 고분(371-475)과 통구지역의 고분(427-475)으로 분류하였다. 평양과 안악지역에서는 4세기 중엽을 전후하여 무덤주인 부부, 출행, 가무, 사신(四神), 연꽃 등 비교적 다양한 제재를 담은 고분벽화들이 잇따라 나타나는데 안악 3호분의 벽화가 대표적이다. 4세기 중엽에서 5세기 초에 걸쳐 조성되는 평양·안악지역의 무덤양식은 구조계통상 요양의 위진 시기와 관련이 있는 것으로 평가되며, 집안지역에서는 5세기에 이르러 새로운 제재와 구성의 고분벽화가 출현하면서 대표적인 것이 각저총이다.

1) 고분벽화의 역사적 의의

고분벽화는 고구려가 삼국시대 중 가장 먼저 4세기경부터 그림을 발전시킨 것으로 보고 있다. 비단에 족자처럼 그린 그림과 같이 다양한 그림을 다수 제작한 것으로 짐작하지만 현재 모두 소실되고 남아 있는 작품이 없어 구체적인 학술적 언급은 하지 않고 있으며 오직 무덤 내부의 벽화만 확인 가능하다. 따라서 한국의 고대사 시기의 역사적 사실은 현재까지 발굴·보존된 고구려 고분벽화를 통해 묘주의 생존 당시 생활상을 그대로 담은 사실적인 기록이 상대적으로 중요한 역사적 가치를 지닌다. 고구려 고분 벽화의 현황 축조시기에 따른 삼국 중에서 가장 먼저 그림을 발전시킨 고구려는 대부분 유산이 무덤의 벽화로 남아 있다. 뿐만 아니라 4~5세기에 축조된 전기, 5세기 후반~6세기 전반의 중기, 6세기 후반~7세기 전반의 후기로 나눌 수 있는데 시기별 벽화에 등장하는 주제가 곧 기록화의 구체적인 내용이다. 그 전기에서 중기에 축조된 고분벽화에는 묘주를 중심으로 당시의 생활상이나 구역, 행사 등의 기록과 정보가 그려져 있는 반면 후기는 대표적 무덤인 강서대묘 처럼 기록적이거나 설명적인 장면이 사라지고 사신도, 도교적 색채 등 종교적인 주제가 등장하여 기록화와는 거리가 멀어진다. 중기에 축조된 무덤은 기록과 사실성을 볼 때 과도기적 양상을 보인다.

2) 고분벽화에 표현된 미적 양식의 실제

동수부인 〈그림 32〉 여주인공과 두 명의 여자 시녀와 〈그림 33〉 귀족부부 모습과 시녀들, 〈그림 34〉 우물가의 생활상에서 엿볼 수 있은 것은 앞방 동쪽 옆방 북벽에 그려진 여인들의 여유로움, 〈그림 35〉 귀족 저택의 안채의 부엌과 고기창고에서 생생한 식생활상의 모습은 주인공들의 실생활을 보여주고 있다. 〈그림 36〉 5세기 중기 때의 손님맞이 벽화에 손님을 접대하는 격식 있는 장면은 귀족의 풍모가 보인다. 주인과 손님을 위해 시녀들은 과일과 술(혹은 물) 차림을 나르고 있는 장면은 귀족과 손님, 시녀들의 신분상에서 주인의 머리모양은 관(건괵)을 썼고, 손님은 얹은머리를 하고, 시녀들은 푼기명 머리를 하고 있다.

〈그림 37〉 견우와 직녀에서 귀족들의 사냥나들이, 〈그림 38〉은 덕흥리 벽화에서 보이는 선인옥녀도는 연꽃을 들고 나르고 있으며 그 뒤와 아래에 깃발을 든 신선옥녀와 소반을 든 모습이 담겨져 있다. 〈그림 39〉 우교차도(牛轎車圖) 옆으로 호위를 하고 있는 우측 4명의 시녀 중에서 나이가 든 2명은 자신의 머리카락을 정수리에 얹은머리 모양이다. 좌측의 4명 여인들은 머리카락을 2등분하여 정수리와 양옆에서 하나씩 묶었고 붉은 색 댕기로 묶어 고정시킨 후 나머지는 늘어뜨렸다.

무덤 〈그림 40〉 풍기명 머리를 한 시녀와 수산리 묘주와 묘주부인의 나들이에서 11명의 인물에서 어린 시녀는 뒤에서 묶고 끝이 약간 올라간 모양을 하고 있으며, 두 손을 모으고 양옆 머리를 애교스럽게 내리고 있는 시녀도 있다. 〈그림 41〉 무용총. 무용도 5세기 초 또는 중반의 것으로 동벽의 가무도에는 남녀가 대열을 짓고 노래에 맞추어 춤을 추고 있다. 연주하는 사람들과 무용하는 여자, 가수들의 모습은 얹은머리로 빗었고 한 여자는 뒤로 머리를 묶은 것 같이 옆머리를 애교스럽게 내리고 있다. 고분벽화에서 여인들의 여유로운 생활상은 그 시대를 대변해 주고 있다.

〈그림 32〉 고분 안악 3호분의 여주인공과 두 명의 여자의 머리모양

〈그림 32-1〉 고분 3호분재현의 동수부인재현

〈그림 33〉 고분 안악 3호분의 주인공 부부(현실 북벽, 좌측부분)

〈그림 34〉 고분 안악 3호분의 부엌 생활도

〈그림 34-1〉 고분 안악 3호분의 주인공 부부모습과 시녀들 재현

〈그림 35〉 고분 안악 3호분의 귀족 저택의 안채에는 부엌

〈그림 36〉 건귁을 한 각저총의 부인상

〈그림 36-1〉 손님맞이에서 표현된 머리모양 재현

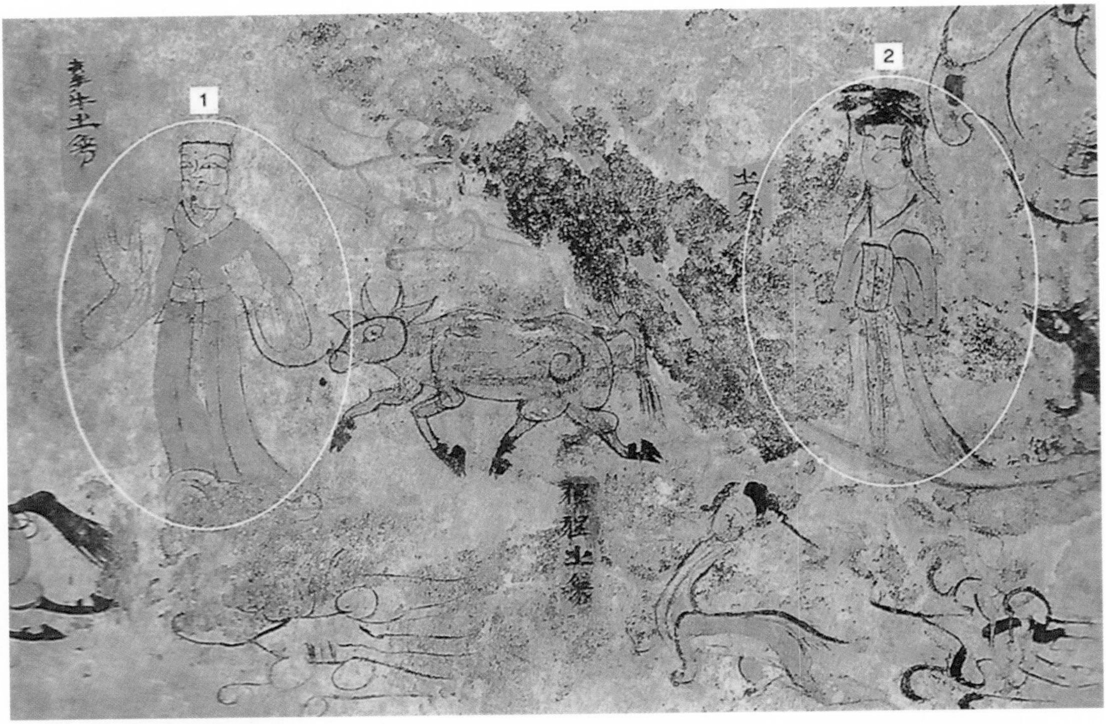

〈그림 37〉 덕흥리 고분의 견우와 직녀

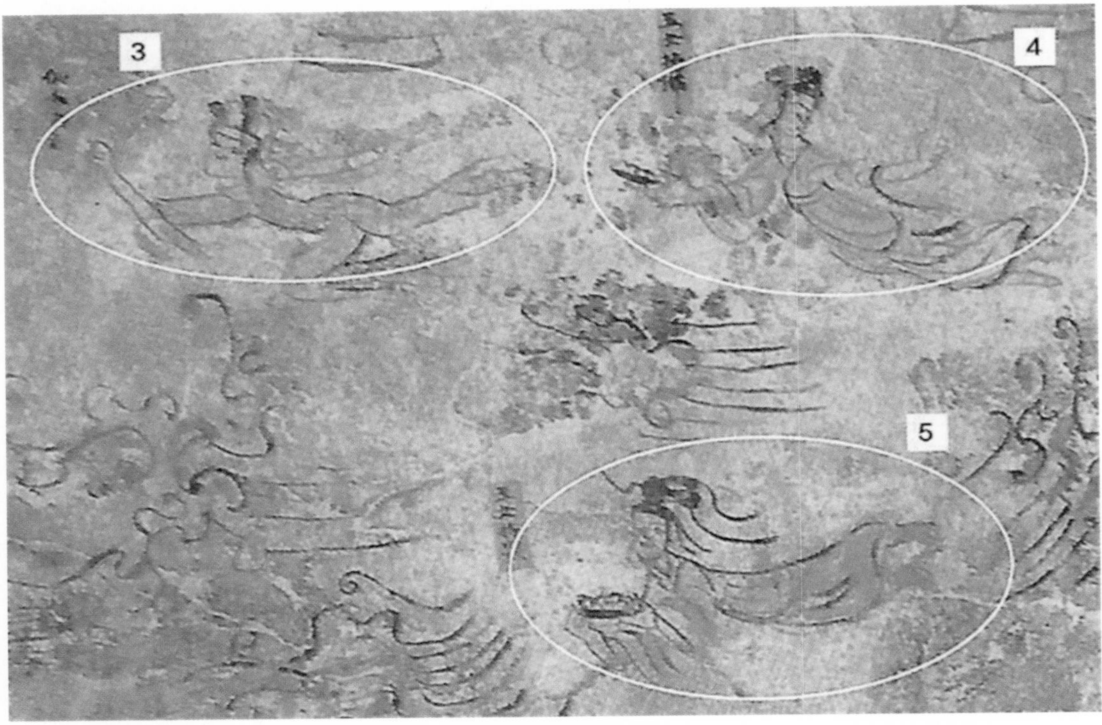

〈그림 38〉 덕흥리 벽화 무덤

〈그림 39〉 덕흥리 고분 우교차도(牛轎車圖)

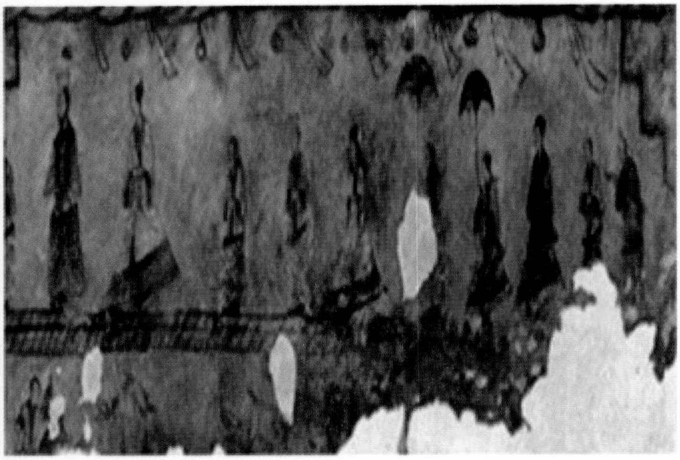

〈그림 40〉 삼실총 제1실 남벽 푼기명 머리를 한 시녀와 수산리 묘주와 묘주부인의 나들이

〈그림 40-1〉 푼기명 머리 재현

〈그림40-2〉 푼기명 머리를 실제 교육으로 재현

〈그림 41〉 무용총. 무용도

TIP

- **힐자계(纈子髻)** : 글자 그대로 무늬있는 붉은색 비단을 묶거나 좌우로 술을 늘여서 만든 형상을 뜻하는 것인데 가체로 된 머리를 높이 올린다음 고리처럼 생긴 틀을 가체 안으로 통과시켜 연결하고 여기에 각종 구슬과 보석, 장식 끈을 늘어뜨려 마무리한 형태
- **환계(鬟)髻)** : 쪽머리 형상, 고리모양의 머리로 큰머리와 같이 머리를 고리모양으로 만들어 위나 아래에 붙인 것인데, 큰머리가 고리를 위로 만든 신분이 높은 사람의 머리 형태
- **환계(擐髻)** : 고리의 크기가 다소작고 아래나 위로 다양하게 고리를 만든 시녀나 평민이 주로 하던 머리 형태라는 것
- **얹은머리, 둘레머리** : 머리털을 뇌후로(네이프)부터 머리 앞쪽으로 감아 돌려 끝을 앞머리 중앙에 감아 두르거나 얹어 놓은 머리를 다양하게 변화를 주어 머리를 풍성하게 보이게도 한다.
- **쪽진머리** : 앞머리 중간에 반듯하게 가르마를 타고 머리칼의 흩어짐이 없이 좌우로 곱게 빗어 뇌후에서 묶고 한 줄로 땋아서 끝은 댕기로 묶은 다음 두발을 뒤통수에 낮게 묶어 하나로 모아 머리 뒤에 쪽을 짓는 형태
- **푼기명 머리** : 미혼녀에게 많았는데 좌우 양 볼에 머리의 일부를 늘어뜨린 모양으로 머리를 셋으로 나누어 한 다발의 머리를 뒤로하고 두 다발 머리 체는 좌우의 볼 쪽에 각 각 늘어뜨린 형태
- **묶은 중발머리** : 짧은 두발을 머리 뒤에 묶은 형태로 머리카락이 자라지 않은 소년, 소녀의 과도기적 머리 모양으로 4~5세가량 될 때 채 자라지 않는 머리를 뒤로 살짝 묶은 형태
- **상투, 쌍상투, 삼상투,(쌍계식, 雙髻式)** : '미혼자는 머리를 뿔처럼 묶는다'이러한 것이 점차 남성의 전유물로 된 것이다. 쌍계란 머리 좌우의 윗부분에 두 개의 상투를 만든 형태
- **땋은머리, 변발(辮髮)** : 창천1호분의 야유도를 보면 마당에 나와 있는 백성들이 나오는데 이때 땋은 머리를 한 남자가 나온다. 미혼 남성이나 여성들도 땋아 기교를 부린 형태
- **채머리,피발 (鞁髮)** : 자라난 머리를 그대로 자연스럽게 내리는 것, 미혼녀의 성장하지 않은 머리 모양

1) 안악 3호분

고구려인들은 현세와 내세를 동일하게 보는 세계관을 지니고 있어서, 죽은 자를 위해 무덤에 진귀한 부장품을 풍부하게 넣고 벽화를 그려 정성스레 꾸몄다. 고구려 고분벽화는 4세기를 전후한 시기부터 7세기 전반기에 걸쳐 제작되었는데 압록강 북쪽과 대동강 이남, 만주 집안현 일대에 100여 기 정도가 남아 있다. 4세기~5세기 초 고분의 형태는 모두 무덤 윗부분을 흙으로 덮은 돌방무덤이 석실봉토분으로, 규모가 가장 커서 곁방(側室, 곁 측)이 붙어 있는 앞방(前室)과 시신을 안치하는 널방(玄室, 시체가 안치되어 있는 무덤 속의 방)으로 구성되어 있다. 벽화는 무덤 내부의 돌벽에 석회를 바르고 그 위에 그림을 그리는 프레스코 화였는데, 이는 중국 한과 위진(魏晉)의 벽화고분 전통을 이어받은 것이다. 제작 연대를 알 수 있는 가장 오래된 고분은 황해남도 안악군 오국리에 위치한 안악 3호분이다.

2) 백라관을 쓴 주인공

1948년 조사 중 무덤 내 앞방 서쪽 벽에서 70자의 묵서명이 발견되어, 연(燕)의 장수였으며 영화 13년(357년)에 고구려로 귀화한 동수(冬壽)의 묘임이 드러났다. 하지만 북한의 학자들은 묵서명에도 불구하고, 안악3호분이 미천왕(美川王 재위 330년~331년) 또는 고국원왕(故國原王 언덕 원, 재위 331년~371년)의 능이라고 주장하고 있다. 무덤 주인은 고구려 임금이 쓰던 백라관(白羅冠 벌일 라)을 쓰고 부채를 든 매우 위엄 있는 모습으로 그려졌으며 옆에는 왕을 상징하는 3단의 정절(旌節)이 장식되었다. 그 외에 행렬도, 생활장면, 부엌이나 우물, 방앗간, 마구간 등 무덤 주인의 높은 신분과 영화로운 삶을 보여주는 갖가지 모습들이 표현되어 있다. 천장 중앙에는 만개한 연꽃이 그려져 있어, 372년 불교를 공식적으로 수용하기 이전에 이미 고구려에 불교가 전래되었음을 보여준다. 1976년에 발견된 평남 남포시 덕흥리 고분(408년)도 삼국 시대 전기의 대표적인 고분이다. 묘주인 유주자사 진(鎭)은 광개토대왕 때인 영락 18년(408년) 사망한 인물이다.

3) 청라관을 쓴 주인공

묵서명에 따르면 무덤 주인은 유주자사를 지낸 진(鎭)으로, 영락(永樂,)이라는 광개토대왕의 연호를 쓴 것으로 보아 고구려에 망명한 중국인으로 보인다. 널방 북벽에 무덤 주인 초상화가 있는데 안악3호분과 달리 머리에 청라관(靑羅冠)을 쓴 모습이다. 실제 건축물처럼 구획된 공간 아래 유주 13군 태수의 하례를 받는 무덤 주인의 모습과 행렬 장면, 사냥 장면, 접견 장면 등 무덤 주인공의 영화로웠던 삶을 보여주는 내용들이 그려져 있다. 고구려의 국력이 가장 강성했던 5세기 중엽부터 6세기는 곁방이 사라진 앞방과 널방의 2실 형태로 변화했으며, 이는 '고구려'화된 과정으로 볼 수 있다. 5~6세기에는 중국에서 더 이상 고분벽화가 조영되지 않아 고구려의 고분 벽화의 미술사적 가치는 더욱 높다. 불교가 융성했던 이 시기에는 벽화도 불교 주제를 담고 있는 것이 많다. 쌍영총(雙楹塚 기둥 영, 무덤 총)은 평안남도 남포시 용강군 용강읍에 있는 고구려 중기의 고분이다.

〈그림 42〉 덕흥리 고분 무덤 주인 초상과 13태수 하례도, 고구려, 408년, 평안남도 남포시 강서구역 덕흥동

4) 쌍영총 행렬도, 무용총

널방의 북쪽 벽에는 화려한 장막 안에 무덤 주인 부부의 좌상이 함께 그려져 있으며, 동쪽 벽에는 부인이 승려를 따라 공양을 하러 가는 '행렬도'가 그려져 있다. 무덤 주인의 생활 장면이 벽화의 중심을 이루는 중기 고분의 특징을 보여준다.

무용총 무용도, 고구려 5세기, 중국 길림성 집안현에 춤추는 장면을 그린 벽화가 있는 각저총(角抵塚, 막을 저)과 각저총 옆에 무용총(舞踊塚)이 있다. 무용총의 벽면에는 열을 지어 춤추거나 구경하거나 음식을 나르는 시종들의 모습, 그리고 한가운데 말을 타고 있는 인물 등이 경쾌하게 표현되어 있다.

무덤 주인의 생활 장면이나 장례의식 절차를 그린 것이라고 생각되는데, '무용도'는 고구려를 상징하는 그림으로 오늘날 대중적으로도 가장 잘 알려지고 있다.

〈그림 43〉 쌍영총 행렬도(부분), 고구려 5세기 후반, 평안남도 남포시 용강군 용강읍

〈그림 44〉 무용총 무용도, 고구려 5세기, 중국 길림성 집안현

05 고구려 벽화에 표현된 인물상

고구려는 삼국 중 가장 적극적으로 벽화 무덤을 축조 하였으며 고구려의 수도였던 집안일대의 통구를 중심으로 한 압록강 유역과, 평양을 중심으로 한 대동강 유역에 대다수가 분포하고 있는데, 현존하는 무덤들은 대부분이 왕이나 귀족의 묘가 대부분이다. 안악3호분에서 볼 수 있는 동수 부인, 귀부인의 머리 모양 힐자계는 일본에서 환상계라고 불리 울 만큼 장식품도 매우 화려하고 아름답다고 고대 중국복식사에 기록되어 있다. 특히 안악3호 무덤 여주인공의 머리모양과 덕현리 무덤벽화에서 찾아 볼 수 있듯이 안악3호 무덤과 덕흥리 무덤 주인들의 신분계층이 달랐음을 알 수 있다.

〈그림 34〉 안악3호분 부엌 생활도에서 1개의 계와 5세기 감신총여인에서 2개의 계가 보이고 있으며, 안악3호분 〈그림 46〉 시녀의 머리모양에서 3개의 계와 〈그림 47〉 덕흥리 고분 견우와 직녀 여인머리모양에서 4개의 고리로 만든 환계(髻상투)가 보이고 있다. 그리하여 본 연구자는 삼국시대 비천계에서 보이는 낙신부도의 5개의 계를 환계를 모티브로 만들어 〈그림 45-2〉로 표현하였다. 〈그림 45-3〉은 웨딩스타일을 접목할 수 있도록 실용가능성에 근거를 두고 힐자계 변형을 고구려 궁여인이 평상시 착용 가능할 수 있는 머리장식 제작과 작품제작을 하였다,

■ 안악3호분에 표현된 머리모양과 복식

〈그림 45〉 고구려왕과 왕비

〈그림 45-1〉 낙신부도

〈그림 45-2〉 쌍환계재현 교육용 작품

〈그림 45-3〉 궁 여인의 현대화 교육작품

〈그림 46〉 안악3호분 시녀

〈그림 46-1〉 시녀머리모양 재해석

〈그림 47〉 덕흥리 직녀

〈그림 47-1〉 덕흥리 직녀상 복식재현

〈그림 47-2〉 현대화 재현

▌덕현리 무덤벽화에 표현된 복식

〈그림 48〉 덕흥리무덤벽화 견우

〈그림 48-1〉 견우 복식 재현

〈그림 48-2〉 현대적으로 재해석한 복식

1 안악3호분 주인공

고구려 시대 왕의 인물로 등장하는 동수와 동수부인에 대한 증거자료가 극소수이다. 설화로 나타나는 황해남도 안악군에 표석이 없는 커다란 고분에는 안악3호분이라 불리는 이 묘의 내부에 주인을 추측할만한 7행 68자의 묵서명이 있다. 이를 살펴보면 연구자들은『동수(冬壽)』가 무덤의 주인공이라고 한다. 그러나 주인공을 묘사한 인물도의 좌우에 주인공을 호위하는 인물도가 각각 있고 묵서명에는 좌측『장하독(帳下督)』이라는 인물 위에 쓰인 것이다. 그리고 대부분 지워졌지만 우측의 인물도 위에도 묵서명이 존재한다. 따라서 동수에 대한 묵서명은 좌측 장하독을 설명하는 것이지 가운데 그려져 있는 무덤 주인공을 설명하는 것이 아니다. 그러므로 동수가 무덤의 주인공이 될 수 없다는 설과 모용황의 모제였던『모용인』과 모용황이 다투었는데 문성(汶城)전투에서 무덤 주인공이 모용인에게 투항하여 모용인의 사마(司馬)가 〈모용황〉에게 굴복하자 멀리 고구려 동쪽 변방의 험지로 이동하여 만주나 한반도 중, 북부에 정착한 것이다. 그래서 이들이 전연(前燕)의 연호를 쓰지 않고 동진(東晉)의 연호를 사용한 것은 당연한 듯 보인다. 이러한 문헌자료를 통해 고구려 연혁을 살펴보면 동수라고 하는 인물은 북한학계는 고구려왕 설을 일관되게 지지하는 입장에 있다. 첫째. 동수는 고구려왕의 직접적인 지배하에 있으면서 고구려의 국익증진에 기여한 공으로 중국인으로서 장하독에 임명된 인물이다. 둘째, 주인공이 고구려왕이라는 데 초점을 두고 논지를 전개하며 무덤의 고구려적 요소를 집중적으로 부각시키는 입장이다. 동수 관직이 흑색의 평상책(平上幘) 위에다 무관을 쓸 수 있는 3품 장군(將軍)에 해당되므로, 동수가 안악 3호분 주인공의 관을 착용할 수 있는 신분에 부합된다. 셋째, 고구려왕 설의 경우처럼 주인공 시위인물의 관직도 3품장군 이하 군태수의 속관으로 보는 것이 타당하다고 주장하는 것이다. 주인공을 문밖에서 지켜주는 장하독이 3품장군 및 군태수의 속관으로도 존재한다는것에 설득력 있어 보인다. 결국 동수 관직이 일반적인 군태수 보다 고위관직임을 고려하면, 중국 망명객 동수가 될 수 있다. 묵서명문과 벽화제재 및 고분의 형식 등을 중국과 연관시켜 해석한 결과를 위주로 학계에 소개되었다. 고구려가 국가형성기부터 중국에서 조복과 의책을 받아온 것으로 알려진다. 삼국지(三國志), 위서(魏書), 신당서(新唐書)에 이르는 고구려 복식관련 사료를 근거로 동수의 관과 유사한 형태가 중국 한대 화상석(漢代 畵像石)에서 다수 발견되었으며 다른 등장인물이 착용한 관모 역시 중국과 상호연관성이 있고 당시 전연의 벽화고분에도 동수의 관과 유사한 모습이 확인된것을 근거로 제시하면서 안악 3호분 벽화의 주인공의 관모가 중국전통을 계승하였다고 주장하였다. 그러면서 동수가 흑책(黑幘) 위에 백색 망상(網狀)의 관인, 무관(武冠) 즉 혜문관(惠文冠 은혜를 베푼사람에게 문서로 내리는 관직)을 착용한 것으로 판명하였다.

또한 주인공이 착용한 합임(合袵)의 자색 활수포(紫色 闊袖袍)에 대해 백제왕이 대수자포(大袖紫袍)를 착용하였음을 근거로, 자색을 고구려왕의 색조로 파악하였다.

고구려의 관모제 관련기록에 의하여, 주인공이 당대 왕이 착용하던 묵서명문은 육안으로도 확인가능한데, 동수의 묘지적 성격(墓誌的 性格)이 두드러진다. 동수는 자치통감(資治通鑑 재물을 관리하고, 보급, 살피는 역할)에 등장하는 통수(佟壽)와 동일한 인물로서, 요서지방의 전연 모용씨 휘하에서 고위관직 사마[司馬]에 있던 부하였으나, 내란에 의하여 336년 한반도내 고구려로 도망 온 인물로 묵서명문

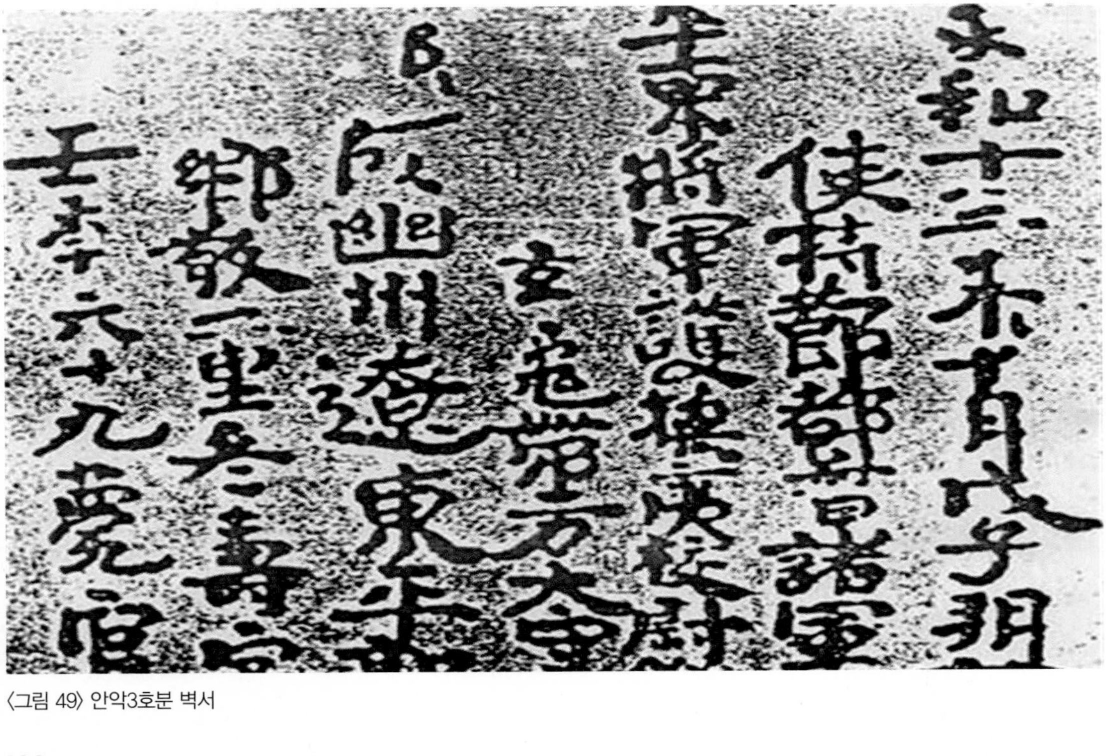

〈그림 49〉 안악3호분 벽서

상에 "幽州 遼東 平郭 都鄉 敬上里 유주 요동 평곽 도향(도성밖의 곳) 경상리"라고 하여 중국지역 출신임을 명시하고 있다.

2 복식과 머리모양 재해석

안악3호분에서 볼 수 있는 동수 부인, 귀부인의 머리 모양이다. 일본에서는 환상계라고 불리 울 만큼 장식품도 매우 화려하고 아름답다고 고대 중국복식사에 기록되어 있다. 안악3호분 주인공 왕은 검은 내관 위에 왕만이 쓸 수 있는 백라관 사용 하였어며, 왕비는 힐자계 큰 머리를 하였다. 의상은 당초무늬로 수놓은 긴 저고리를 입고 있다. 수산리 무덤벽화주인공도 검은 관을 쓰고, 부인도 큰머리를 하였다. 의복은 옷깃, 도련, 소매 끝에 단을 달고 그 밑에 색동 치마를 입고 있다. 견우직녀의 벽화는 5세기 이전의 전설로 알려져 있는 견우는 흰 관을 쓰고 직녀는 쌍계머리모양을 하고 있음을 알 수 있다.

■ 힐자계 머리모양 현대적 재해석

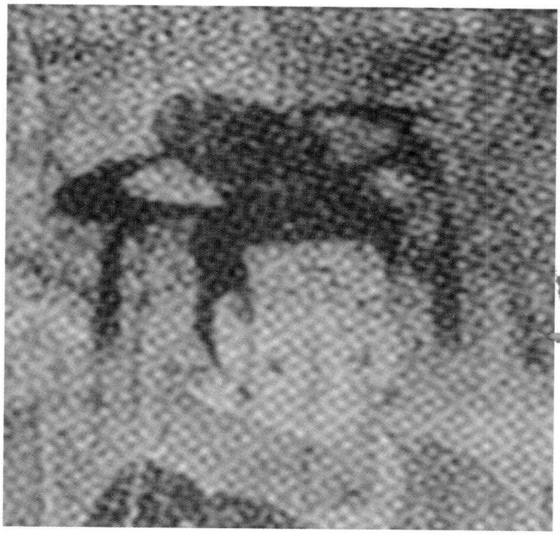

〈그림 50〉 안악3호주인공의 부인상.

〈그림 50-1〉 가체를 활용한 현대적 재현

06 역사와 함께한 쪽 이야기

1 쪽머리의 역사적 배경

쪽머리는 우리나라의 기본적인 머리모양인 동시에 가장 오래된 전통 머리이다 별칭으로 '낭자머리라고도 하며 일반적으로 기혼녀의 머리라 알려져 있으나 혼인여부와 관계없이 여성들의 일상적인 머리모양으로 사용되기도 했다. 쪽머리의 명칭들이 1947년『조선복식고』가 출간 되면서 사용되기 시작하였음을 알 수 있다. '쪽'이라는 말은 원래 북방민족의 언어에서 비롯된 것으로 몽골이나 위구르 지역에서 비슷하게 발음 된다 그 뜻은 "함께하다. 다같이"라는 의미를 지니고 있다. 그리고 모양과 관련된 의미로서 '작게 묶다, '감싸다', '모으다'등을 확인 할 수 있다. 조선왕조실록에 "순조(純祖)중엽 후 전국 부녀(婦女)가 체(體)로 머리 얹는 법을 없애고 본인의 머리만 뇌후(腦後)에 가로로 쪽을 지은 후 작은 비녀를 꽂아 사용하였으며, 순조(1800~1834) 중엽인 19세기 초반에는 가체를 사용하지 않은 쪽진 머리가 일반화 되었다.

1) 대표적인 쪽머리 유래

쪽머리는 한국여인의 대표적인 고전머리 형태이며, 결혼한 일반 부녀자들의 머리모양 형태로 나타나고 있다. 쪽의 유래는 원래 북방민족의 언어로 몽골이나 위구르에서는 비슷한 발음으로 "함께하다", "다 같이"라는 의미를 지니고 있다. 고려 이

전에는 낮고 작으며 비녀가 보이지 않았지만 조선으로 넘어 오면서 명부는 물론 서민층에서도 비녀와 함께 쪽머리가 널리 퍼지게 되었다. 남편이 있는 부녀자는 자주색 댕기를 드렸고, 과부는 검정색 댕기, 상을 당한 여인은 흰색 댕기를 하였다. 쪽머리 역사는 삼국시대부터 내려오던 것으로 고구려, 백제, 신라에서 모두 행하여 왔던 것으로 정조의 가체금지령 이후에 가장 권장하던 머리 형태이다. 가체령 금지가 되면서 첩지로 대신하게 되었고 궁중여인이나 반가의 여인들은 내명부의 품계에 따라 쪽진머리에 비녀를 꽂아 고정시키고 앞쪽 위에 첩지나 금, 은봉 등으로 왕비를 비롯하여 왕자 비, 왕손비가 사용하였다. 정경부인은 도금개구리 첩지, 정부인은 머리와 꼬리만을 도금한 개구리첩지, 상궁은 은 개구리첩지를 하였다.

2) 쪽의 유형과 변화

초기에는 뇌후에 달려 있던 것이 점점 내려와서 말기에는 저고리위에 있게 되었다. 그 이후 개화기에는 다시 올라와 있었고, 궁중이나 양반가 상류층 부녀자들은 각종보석과 진주로 된 뒤꽂이를 꽂아 화려하고 아름답게 꾸몄다. 특히 비녀 이외에도 장식의 실용적 용도로 뒤꽂이, 빗치개, 귀이개 등을 국화, 연꽃 봉우리, 매화, 나비, 천도, 봉 등 모양으로 산호, 비취, 보석에 장식하였다. 궁중에서는 민머리라 하여 국상 때에 한하여 행하였으며, 평소에는 사외해서 할 수가 없었다. 처녀들은 혼례를 치룬 직후에 행하였고 혼인전날에 쪽을 지게 되어 기혼의 상징이 된 것이다. 쪽머리는 정조 신해년 이후 가체를 금한 뒤에 일명 북계. 후계. 낭자머리 등으로 불리며 최근까지 신세대에서 노년층에 이르기까지 다양한 용도로 활용되고 있다. 쪽머리의 양식은 앞머리 중간에 반듯하게 가르마를 타고 머리칼의 흩어짐이 없이 좌우로 곱게 빗어 네이프에 묶고 한 줄로 땋아 끝은 댕기로 묶는다. 땋은 머리는 왼손에다 둥글게 말고 나머지는 닿기 시작한 머리끝에 댕기를 감는다. 그 다음 손에 부녀자들의 일반적인 머리 형태로 두발을 뒤통수에 낮게 형태를 모아 머리 뒤에 쪽을 짓은 다음 의상에 맞는 뒷꽂이와 비녀를 사용하여 마무리 한다. 족두리는 족 관이라고 불리우며, 혼례. 상례. 제례 같은 대례(大禮)가 꼭 아니더라도 궁중에서 일반적으로 간단하게 예의를 갖추기 위해서 당의(唐衣)와 함께 사용되거나 잔칫날 반가 부녀자들의 성장용(盛粧)用)으로 착용하기도 하였다.

3) 얹은머리의 다양한 유형

쪽진머리와 더불어 혼인한 부녀자의 대표적인 머리모양인 얹은머리는 두 가지 방법이 있다. 하나는 그대로 틀어 올려 머리에 두려는 방법과 땋아서 올려 두르는 방법으로 덕흥리 무덤시녀에서 얹은머리를 하고 모습과 무용총의 시녀 얹은머리는 머리털 다발을 뒤통수로부터 머리 앞쪽으로 감아 돌려 끝을 앞머리 중앙에 감아 지는 것을 볼 수 있다.혼인한 부녀자의 머리모양인 얹은머리는 서민층의 머리 형태다. 덕흥리무덤 두발(頭髮)을 뒤에서 땋아 정수리 앞부분에서 둥그렇게 말아 고정시키는 머리형으로 고대 사회부터 성행하였다. 무용도에 표현된 얹은머리는 〈그림 58〉의 작품에서 표현될 수 있는 다양한 모습의 미적 표현으로 〈그림 59. 60〉과 같이 재현 할 수 있다.

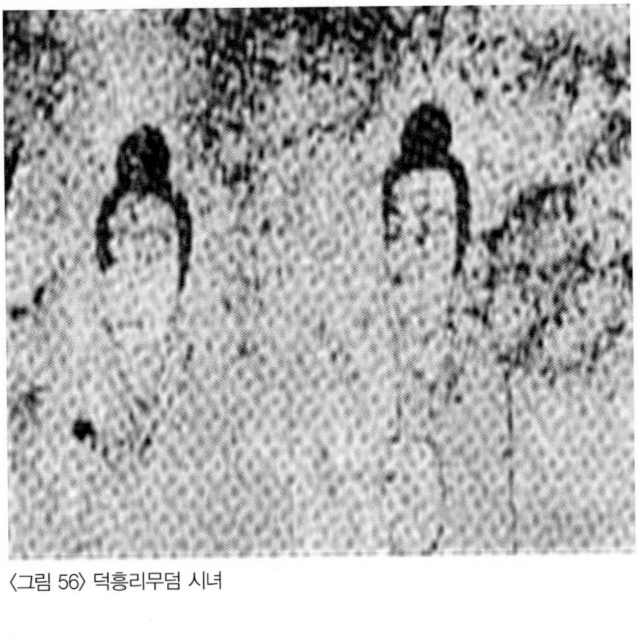
〈그림 56〉 덕흥리무덤 시녀

〈그림 57〉 무용총 시녀

4) 얹은머리

혼인한 부녀자의 머리모양인 얹은머리는 서민층의 머리 형태다. 덕흥리무덤 두발(頭髮)을 뒤에서 땋아 정수리 앞부분에서 둥그렇게 말아 고정시키는 머리형으로 고대사회부터 성행하였다. 무용도에 표현된 얹은머리는 〈그림 75〉의 작품에서 표현될 수 있는 다양한 모습의 미적 표현으로〈그림 71〉과 재현 할 수 있다.

〈그림 58〉 무용도에 표현된 얹은머리

〈그림 59〉 교육용 얹은머리 작품 재현

〈그림 60〉 서민여인의 얹은머리 교육용작품 재현

전통머리 실습도구에 쓰이는 기본재료 : 달비, 꼬리빗, 브러쉬 빗, 장신구, 핀(대, 중, 소) 동백오일, 검정고무줄, 왁스, 기본댕기, 도투락댕기 등이다.

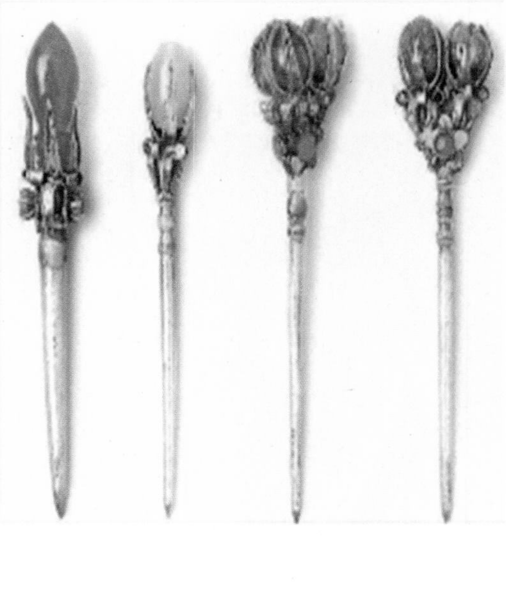

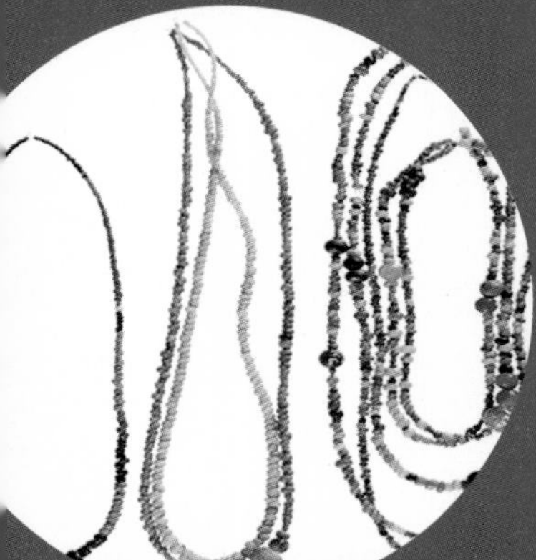
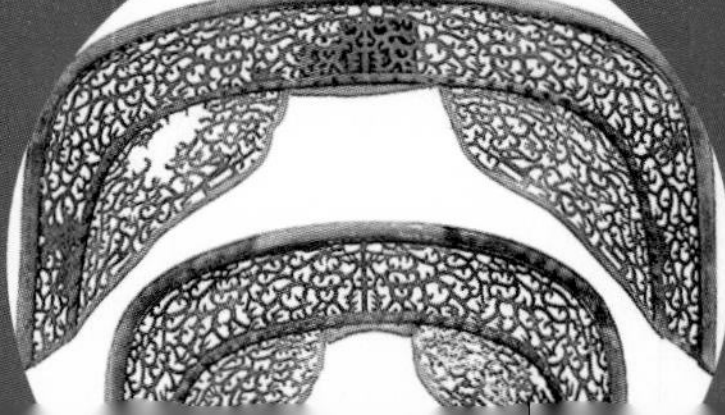

03

백제시대

백제시대 연대표

백제	황제/년대(代)	약사
1代	온조왕 (B.C.18–A.D.28)	위례성에 나라를 정하고 나라이름을 백제라 함.
2代	다루왕(28–77)	농사를 장려하여 백성 생활을 안정 시켰음.37년 후한의 낙랑군을 멸망시킴.
3代	기루왕(77–128)	기상이변 등에 대한 간략한 기록이 대부분이다.
4代	개루왕(128–166)	132년에 북한산성을 쌓음.
5代	초고왕(166–214)	210년에 적현성, 사도성을 축조함.
6代	구수왕(214–234)	132년에 북한산성을 쌓음.
7代	사반왕(234–234) 구수왕의 맏아들	나이가 어려 정사를 감당하지 못하여 곧 폐위됨.
8代	고이왕(234–286)	중앙 집권 체제를 정비하여 고대 국가의 기틀을 마련함.
9代	책계왕(286–298)	낭랑 침입 시 전사.
10代	분서왕(298–304)	낙랑의 태수가 보낸 자객에게 살해됨.
11代	비류왕(304–344)	민간의 형편을 잘 알아 선정을 베품.
12代	계왕(344–346)	고이왕계의 마지막 백제왕.
13代	근초고왕(346–375)	369년에 마한과 대방을 병합함. 고구려 평양성을 점령하고 고국원왕을 전사 시킴.
14代	근구수왕(375–384)	일본과 국교를 맺어 문물을 보급시키는데 공이 많음.
15代	침류왕(384–385)	불교를 수용하여 백성의 사상을 통합하고 왕권을 강화함.
16代	진사왕(385–392)	광개토대왕이 이끄는 고구려군에 패하여 많은 영토를 잃음.
17代	아신왕(392–405)	광개토대왕이 이끄는 고구려군에 크게 패함.

백제	황제/년대(代)	약사
18대	전지왕(405–420)	상좌평(백제의 최고 관직)을 처음 설치함.
19代	구이신왕(420–427)	중국 송나라와 외교관계를 맺음.
20代	비유왕(427–455)	고구려를 견제하기 위해 신라, 왜, 중국 송나라 등과 우호관계를 형성함.
21代	개로왕(455–475)	장수왕에게 한강유역 일대를 빼앗기고 목숨을 잃음.
22代	문주왕(475–477)	병관좌평 해구에 의해 목숨을 잃음.
23代	삼근왕(477–479)	13세의 어린 나이에 즉위, 15세에 죽음.
24代	동성왕(479–501) 삼근왕의 동생	신진 세력 등용. 고구려와 싸움.
25代	무령왕(501–524)	지방에 22담로를 설치하고 왕족을 파견하는 등 중앙집권체제를 강화함.
26代	성왕(523–554)	554년 신라 진흥왕과의 격전에서 전사함. 이로써 나제동맹관계는 결렬됨.
27代	위덕왕(554–598) 성왕의 맏아들	고구려의 침공을 막고 중국과 외교관계를 수립함 성왕의 둘째 아들. 즉위하고 이듬해에 죽음.
28代	혜왕(598–599)	백제, 위덕왕이 세상을 떠난 후 즉위함.
29代	법왕(599–600)	불교를 숭상하고 살생을 금함.
30代	무왕(600–641)	무왕과 관련된 서동설화가 전해짐.
31代	의자왕(641–660)	사치와 방탕으로 나당연합군에게 패하여 당나라에 압송되어 병사함. 백제의 마지막 의자왕.

01 백제의 건국

백제는 주몽과 졸본부여 왕의 둘째 딸 소서노 사이에서 비류, 온조 형제가 태어났다. 그 이후 장자인 유리가 갑자기 찾아와 태자로 책봉되면서 비류, 온조 형제는 한반도 북쪽으로 부터 남하하여 형인 비류는 미추홀 즉 지금의 인천에 정착하였고, 아우인 온조는 위례성 즉 지금의 서울지역에 정착하여 각각 나라를 세우게 되었다는 설이 전해지고 있다. 백제(百濟)는 서기전 18년 전에 부여족(夫餘族) 계통의 고구려 유이민(流移民)이 한강유역에서 세운 나라이다. 이후 백제는 한(漢)에 의한 중국의 질서 재편 과정에서 발생한 집단을 중심으로 한반도 중심부에서 커다란 세력으로 성장하여 고대국가의 기틀을 마련하였다. 초기에는 지방호족의 다툼과 외척의 움직임으로 나라가 혼란했으나 곧 수도를 정비하고 신라와 동맹을 맺는 한편 중국과 교류하여 면모를 새로이 하는 한편 백제는 538년 국가의 부흥을 위해 자연요새인 사비(泗沘)로 천도하여 나라이름을 남부여(南夫餘)라 했다. 성왕(聖王 16년, 538 A.D.). 성왕은 백제 중흥의 영주로서 불교를 장려하여 국민을 정신적으로 단결시키고 관제를 정비하는 등 왕권을 강화시켰다. 온조는 십제국 위례의 한강유역에 비옥한 토지를 이용하여 높은 농업 생산력을 기반으로 나라가 더 강성해졌다. 비류가 죽고 난 후 그 백성을 통합하여 백제가 건국되었고 3세기 중엽부터 4세기 근초왕에 이르러 한강유역을 차지하면서 중심세력으로 확장시켜 나가기 시작했다. 대규모의 물자를 중국으로 이동시키기 쉬운 강이나 바다를 이용하는 내륙의 수로와 해상 항로를 장악하기 위해 국가 간(백제, 고구려, 신라)의 충돌이 빈번하기도 하였음을 알 수 있다. 무령왕(武寧王) 501년~523년 백제는 고구려에게 한강 유역을 빼앗긴 뒤 매우 큰 혼란에 빠져 있었으며, 전염병이 창궐하는 등 백성들의 삶도 피폐해져 있었다. 무령왕은 고구려 남하에 맞서 국방 체제를 정

■ 삼국시대 지도 표2

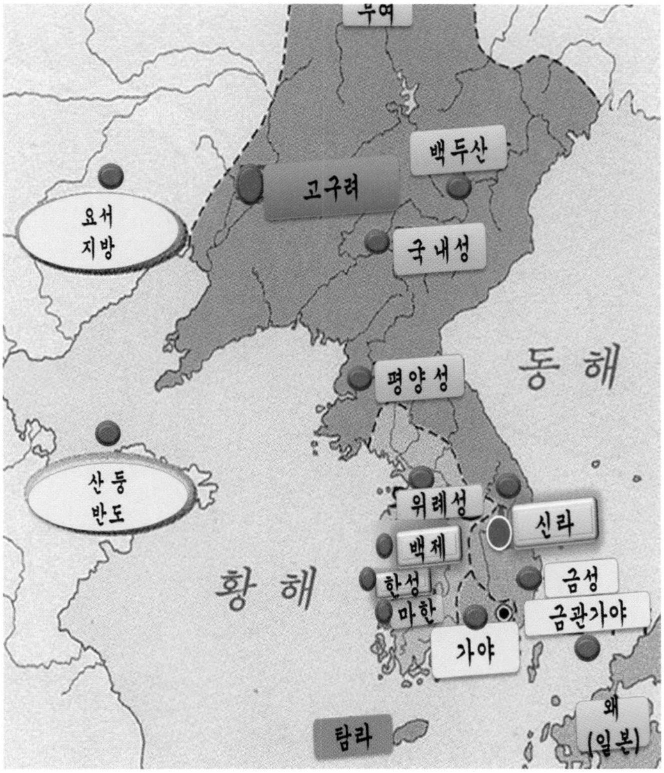

비하는 한편 백성들의 삶을 보살피려 노력하였다. 678년 동안 존속한 백제 역사의 전개과정을 수도 변천을 중심으로 보면 〈그림 1〉 서울송파 석촌동에 있는 1호 적석총 내부는 크기가 가로 16.4cm, 세로 12.0cm이다. 〈그림 2〉 사적 제243호 석촌동 백제 초기 적석총 제1호분의 크기는 가로 16.4cm, 세로 11.9cm, 소장품번호는 건판20355이다. 〈그림 3〉 충남부여 능산리 동고분군 4호분 현실의 서벽과 천장은 크기가 가로 11.9cm, 세로 16.4cm이다. 백제를 구성한 주민들의 계통을 보면 선주토착민은 한인(韓人)이었고, 여기에 예인(濊人)들이 섞였다. 한성 도읍기에 지배층은 부여족 계통이 주류를 이루었다. 4세기 이후 삼국간의 접촉과 중국 및 왜(倭)나라와의 접촉이 본격화되면서 신라인·고구려인·왜인·중국계통의 사람들도 지배세력으로 흡수되기도 하였다. 세 차례의 천도를 하면서 개성 있는 문화를 형성하기도 하였다. 한성시대에는 서울시 송파구 석촌동에 위치한 백제초기의 대규모인 적석총(積石塚)에서 보듯이 초기의 옛무덤이 1만7천여 평의 대지위에 층 계단을

좁혀가며 쌓아올린 모양의 고분은 이곳에서만 볼 수 있는 것으로 기원전 후 부터 나타나는 대표적인 무덤 형식으로 본다.

1) 백제의 건국

백제의 시조 온조왕은 위례성 즉 지금의 서울지역에 정착하여 각각 나라를 세우게 되었다. 그리하여 백제(百濟)는 서기전 18년에 하남 위례성에 도읍을 정하고 이름을 십제라 하였다. 소서노는 비류와 온조의 어머니에 대한 이야기 거리는 주몽과의 결혼 한 후 주몽과 함께 고구려를 세웠고, 다시 아들들과 남쪽으로 내려와 백제를 세웠다. 여성 한 사람이 두 나라를 세우는 데에 중요한 일을 한 경우는 세계 역사에서도 드물다.

계백장군은 660년 신라의 김유신과 당나라 소정방이 거느린 나·당연합군이 백제의 요충지인 탄현(炭峴: 지금의 대전 동쪽 마도령)과 백강으로 진격해오자 결사대 5,000을 거느리고 황산벌(지금의 충남 연산)에 나가 5만여 신라군을 맞이하였다. 그는 전장에 나아가기에 앞서 "내 처자가 잡혀 노비가 될지도 모르니 살아서 욕보는 것이 흔쾌히 죽어 버리는 것만 같지 못하다." 하고는 처자를 모두 죽이고 나라를 위하여 목숨을 버릴 것을 각오하였다. 또한 병사들에게도 "옛날 월왕 구천은 5,000명으로 오왕 부차의 70만 대군을 무찔렀다. 신라군과 맞서 목숨을 버릴 것을 맹세한 백제 결사대의 용맹은 신라의 대군을 압도하여 네 번에 걸친 싸움에서 모두 승리를 하였으나 사기가 오른 신라군이 총공격을 감행하였고 이에 대적하기에는 백제군의 수가 너무나 적어 결국 백제군은 패하고 계백은 장렬한 최후를 마쳤다.

복신장군은(의자왕 20) 좌평으로 있을 때 사비성(泗沘城)이 나·당 연합군에 함락되자 흑치상지(黑齒常之) 등과 임존성(任存城)에서 항전하였다. 정세가 불리하여 임존성(任存城)으로 퇴진 "당과 신라가 백제 사람들을 다 죽이고 땅을 신라에 주기로 약속한 것이니 어차피 죽을 몸 싸우기나 하자"는 격문을 내걸고 일반의 호응 아래 여러 차례 나·당군을 격파하였다. 그러나 도침과 뜻이 맞지 않아 그를 죽여서 없앤 후 자기의 세력을 믿고 장차 왕자 풍까지 없애고 집권하려는 기미가 보이자 풍은 먼저 사람을 시켜 그를 죽였다. 또 일본 원군도 백촌강(白村江)에서 패하고 주류성이 함락되어 전후 4년 만에 백제는 재흥이 좌절되고 풍은 고구려로 망명하고 말았다.

2) 문화적 배경(기원전 18년~660년)

백제는 일찍부터 중국과 교류하면서 선진 문화를 수용하였으며 시대별로 한성, 웅진, 사비의 세 분류로 다양한 백제유물이 출토되었다. 사회의 구성원으로는 왕족인 부여씨와 그 내부에서 지배층은 독특하게 발생한 8성의 귀족으로 이루어져 정치를 주도 하였으며 일반 백성은 대부분 농민이었고 그 밖에 천민과 노비도 다수 존재하였다. 백제는 고구려와 민족적인 배경이 같은 뿌리의 문화특성을 갖고 발전한 나라로서 초기에는 문화특성이 유사 하였으나 5세기 말에서 7세기 초 사이에 황금기를 이루었다. 백제의 문화는 부여에 도읍지를 정하고 있을 때 전성기를 이루었으며 성왕때에는 불교가 크게 성행되어 신라와 일본에까지 불상 등을 보내며 동방 문화의 선구적인 역할을 하였다. 삼국 중에 가장 비옥한 곡창지대로 넓은 영토를 가지고 있는 농경문화가 높은 수준으로 발달하여 풍요로운 생활을 영위하면서 풍류를 즐기는 여유 있는 경제생활이 백제인들의 느긋한 심성을 갖도록 만들기도 하였다.

해상이 일찍부터 개방되었다는 특징을 가졌던 것은 지리적인 특별한 조건에 힘입어 일찍부터 여러 지역의 다양한 문화를 흡수할 수 있었다. 해상교통의 발달이라는 조건은 중국과의 문물교류에서 문화적 수용력을 높이는데 큰 공헌을 했기 때문에 문화가 꽃피는데 있어 매우 큰 자산이 되었다. 백제는 고구려와 민족적인 배경이 같은 뿌리의 문화특성을 갖고 발전한 나라로서 초기에는 문화특성이 거의 유사 하지만 고구려 보다 훨씬 남방에 위치했던 백제는 중국 남조 문화를 수용하여 섬세하고 이지적인 아름다운 예술문화의 특징을 나타내었다.

3) 백제문화를 부흥시킨 4인(仁)

문화적인 면에서는 불교문화를 많이 받아들였던 이 시기에 꽃 핀 아스카 문화는 문명의 연장이라고 할 만큼 한반도로부터 많은 문물을 수입하여 이를 일본에 정착시켰다. 건축과 조각, 회화 등이 한국에서 건너간 승려, 학자들의 영향으로 발전 하였다. 불교뿐만 아니라 유교도 이 때 한국학자들에 의해 일본에 전해졌다. 근초고왕은 4세기 중반에 백제를 크게 발전시켰으며, 아직기(阿直岐), 왕인(王仁)을 일본에 파견해서 학문을 전파하는 등 외교적 수완도 발휘하였다. 6세기경에 백제에서 건너간 왕인과 아직기 등이 일본에 초기 유교를 전했다면 7세기 들어서면서 좀 더 차원 높은 유교 학문에 대한 욕구에 맞추어 지식인 학자와 승려들이 대거 일본으로 초빙되어 건너갔던 것으로 보인다. 또한 일본에 초빙 되어 아스카 문화를 꽃피우는데 기여한 사람 중에 담징도 있었다.

(1) 근초고왕(近肖古王. 346~375)

백제의 제13대 초고왕(肖古王)은 비류왕(比流王)의 둘째아들로 태어났으며 4세기 중반에 백제를 크게 발전시킨 왕이다. 369년경 마한(馬韓)과 대방(帶方)을 병합했으며, 371년 고구려 군사를 대동강에서 무찌르고 평양성을 점령하여 고국원왕(故國原王)을 전사시켰다. 이로써 백제는 지금의 경기·충청·전라도의 전부와 강원·황해도의 일부를 차지하는 강력한 고대국가의 기반을 마련하게 되었다. 그리고 수도를 한산(漢山: 서울)으로 옮기고 중국 동진(東晋)에 조공을 바치며, 남조(南朝) 문화를 수입하여 일본에 전하였다. 아직기·왕인을 일본에 파견해서 학문을 전파하는 등 외교적 수완도 발휘하였으며 박사(博士) 고흥(高興)에게 백제의 국사 《서기(書記)》를 쓰게 하였다. 근초고왕 때 백제는 강력한 군사력과 경제력을 바탕으로 중국의 요서지방과 산둥지방은 일본의 규슈지방까지 진출하였다. 이를 계기로 백제의 왕권은 점차 전제화 되었는데 그 결과 부족연맹의 세력을 누르고 부자 상속에 의한 왕위계승이 시작되었다.

(2) 담징

그는 초기 생애에 대해서는 그다지 알려진 바는 없다. 그가 서른을 넘기고 579(평원왕 21)~631(영류왕 14) 고구려 출신으로 일본에 건너가 활약한 승려화가로서 7세기 전반 일본의 쇼토쿠 태자는 아스카 시대라는 새로운 시대를 열었다. 이 시대에 쇼토쿠 태자는 발전된 문화를 가진 한반도로부터 많은 사람들을 초빙, 영입하여 일본 최초의 불교문화인 아스카 문화를 꽃피운다. 이 아스카 문화에 많은 영향을 미친 나라는 백제였다. 그중 세계에서 가장 오래된 목조건물이 남아 있는 것으로 유명하다. 아스카문화를 대표하는 절은 호류사(法隆寺)의 금당에 1949년까지 있었던 벽화를 그린 사람으로 전해지는 승려 담징(579~631)은 백제문화를 부흥시킨 인물이다. 초기 일본에 전해진 유교를 한 차원 더 끌어 올릴 수 있는 5경(五經)에 달통한 학자로서 일본의 학문 발전에 영향을 미쳤고 더불어 자신의 회화 재능으로 일본 미술사의 발전을 앞당겼던 인물이다. 그가 전해준 종이와 먹 제조법이 일본의 학문과 회화사에 일조한 것은 틀림없는 사실일 것이다. 담징은 오늘날까지 일본에 먹과 종이제조법을 가르쳐준 사람으로 존경받고 있다. 일본에 건너간 담징은 당시 주도적으로 일본의 아스카 문화를 성장시키고 있던 쇼토쿠 태자의 초대를 받게 되고 잠시 그의 집에 머물다가 인근의 절, 호류사에서 기거하면서 수도와 정진을 하는 한편 5경(五經)을 가르치고 그림을 그렸던 것으로 전해지는데 오늘날에는 호류사의 금당에 벽화를 그렸다고 전한다. 석가·아미타·미륵·약사 등으로 구성된 사불 정토 도인 금당벽화는 경주의 석굴암은 중국의 윈강 석불과 함께 동양의 3대 미술품으로 유명했으나 1949년에 불타 버리고 말았다. 현재 호류사 금당에 있는 그림은 불타버린 그림을 복원한 것이다.

(3) 아직기 (阿直岐. ~??)

백제의 학자이자 사신으로 응신(應神) 15년(284년)에 일본에 건너간 아직기사(阿直岐史)의 시조이다. 왕인(王仁)을 추천한 사람으로 아지길사(阿知吉師)로도 불리었다. 그는 근초고왕에서 아신왕대 사이에 왕명으로 좋은 말 두 필을 가지고 일본으로 가서 왜왕에게 선물하고 말 기르는 일과 승마술을 전하였다. 이 말을 들은 왜왕은 백제에 사신을 파견해서 왕인을 데려간 이 후 백제의 문화와 학술이 일본에 전수되어 일본 고대문화의 발판을 이룩하였다. 고대 한국이 일본 문화에 끼친 영향은 문학, 철기문화, 복식 및 농업 발전과 함께 일본의 신앙인 신도에 지대한 영향을 끼쳤다. 일본에서는 일본 왕실 최초의 신도(神道) 발상의 뿌리가 다름 아닌 단군신앙을 바탕으로 이루어졌다는 발자취가 확실히 규명되었다. 즉 "신라의 천일창(天日槍)왕자가 신라로부터 일본으로 가지고 온 것은 '곰신단'(熊の神籬) 제구(祭具) 일체 이였다, 또한 훗날 일본 왕실의 삼신기(三神器)가 되는 해 거울(日鏡, 구리거울)과 옥(玉)과 쌍날 창 등 모두 일곱 가지 물건들을 가지고 왔다"

⑷ 왕인박사

왕인은 백제 제13대 근초고왕(서기346-375년)때에 전남 영암군 군서면 동구림리 18번지에서 태어났다. 1937년 왕인을 기리기 위해 일본 우에노 공원에 '박사 왕인비'를 세웠다. 박사 왕인은 공자가 죽은지 760년후 한국에서 태어나 일본 황실의 태자들에게 충신효제의 도를 가르쳐 널리 일본국내에 전수하여 1653년간 계승시켜 오고 있다. "천고에 빛나는 박사 왕인의 위덕은 실로 유구 유대 함이 그지없어라."라고 적었다. 그의 생가 앞에는 맑은 성천(聖천川)이 흐르고 그 건너편으로는 월출산의 지맥이 자리 잡고 있었다. 8세 때 월출산 주지봉 기슭에 있는 문산재에 입문하면서 왕인은 그곳에서 유학과 경전을 수학하였다. 학문이 깊고 문장이 뛰어나 18세에 오경박사에 등용 되었다. 왕인은 근초고왕(近肖古王) 때 왕명으로 32세에 일본에 건너가 일본 왕에게 말 2필을 선사한 후 말 기르는 일을 맡아 보았다. 일본으로 건너갈 때 《논어》 10권과 《천자문》 1권을 가져갔다. 그가 경서(經書)에 능통한 것을 보고 왜 왕은 태자(太子)의 스승으로 삼았으며, 왕의 요청에 의해 군신들에게 경서와 역사를 가르쳤다. 그의 자손들은 대대로 일본 가와치에 살면서 기록을 맡은 역사가가 되었으며 일본 조정에 봉사하여 일본 고대문화 발전에 크게 기여하였다. 또한 왕인과 함께 갔던 많은 재봉녀와 직공, 도공, 화원 등 기술자들이 백제의 문화를 전파해 일본이 아스카 문화를 발달시키는 계기가 되었다.

4) 남조문화(南朝文化)

중국의 남조란 송(宋, 420~479) 제(齊, 479~502), 양(梁, 502~557) 진(陳, 557~588)의 양쯔강(揚子江) 하류지역을 점거하고 건강(建康: 현재의 남경(南京))에 도읍했던 4대 170년에 걸친 왕조를 총칭한다. 백제에서는 구이신왕 1년에서 위덕왕 35년에 이르는 시기이다. 백제는 초기부터 위만조선에서 낙랑, 대방으로 이어져 온 문화와 물자의 교류창구 역할을 대행은 동진(東晋)과 5호16국의 성립은 환황해권의 국제교역을 담당 하여 백제의 해양을 통한 선진문물과 문화의 전달자 역할은 동아시아 사회에서 백제 성장의 밑거름으로 작용하였다. 동아시아 사회에서 백제 중심의 해상교역과 더불어 백제의 성장은 고구려에 실질적인 위협으로 다가왔으며, 결국 광개토왕, 장수왕 대의 대대적인 남진으로 백제는 수도인 한성(漢城)을 잃고 웅진(熊津)으로 천도하기에 이르렀다. 한편 외교적으로 반고구려 전선을 형성하여 고구려에 대응함으로써 무령왕 대에 이르러 해양강국의 지위를 다시 회복하였다. 웅진시대로 부터 사비시대에 이르는 동안 남조와의 교류는 건축·공예에 이르기까지 지속적이고 광범위하게 이루어지는데 무령왕릉과 그 출토유물이 대표적인 사례이다. 중국 남조문화에 대한 이해는 백제의 웅진·사비기의 문화와 백제의 아시아 문화교류의 담당자 역할을 이해하는 중요한 요소이다. 이러한 남조와의 교류는 중국의 통일왕조의 성립과 함께 백제의 해양을 통한 교류는 백제의 멸망시까지 지속적으로 이루어진다.

TIP

▶ **아스카문화** : 7세기 전반 스이코 천황(推古天皇) 때, 아스카(飛鳥) 지역(현재의 나라(奈良) 지역)에서 발달한 문화를 말한다. 쇼토쿠태자(聖德太子)가 중앙집권체제 강화를 위하여 불교를 국가적으로 보호하는 과정에서 일본 사회에 널리 침투한 최초의 불교문화였다. 고구려, 백제, 신라와 중국 남북조 등의 영향을 다양하게 받으며, 유교와 도교 등 외래 학문과 사상이 다양하게 나타나 국제성이 풍부한 문화였다.

▶ **남조문화(南朝文化)** : 중국의 남조란 송(宋, 420~479) 제(齊, 479~502), 양(梁, 502~557) 진(陳, 557~588)의 양쯔강(揚子江) 하류지역을 점거하고 건강(建康:현재의 南京)에 도읍했던 4대 170년에 걸친 왕조를 총칭한다. 백제에서는 구이신왕 1년에서 위덕왕 35년에 이르는 시기이다. 백제는 초기부터 위만조선에서 낙랑, 대방으로 이어져 온 문화와 물자의 교류창구 역할을 대행은 동진(東晋)과 5호16국의 성립은 환황해권의 국제교역을 담당 하여 백제의 해양을 통한 선진문물과 문화의 전달자 역할은 동아시아 사회에서 백제 성장의 밑거름으로 작용하였다. 동아시아 사회에서 백제 중심의 해상교역과 더불어 백제의 성장은 고구려에 실질적인 위협으로 다가왔으며, 결국 광개토왕·장수왕 대의 대대적인 남진으로 백제는 수도인 한성(漢城)을 잃고 웅진(熊津)으로 천도하기에 이르렀다. 한편 외교적으로 반고구려 전선을 형성하여 고구려에 대응함으로써 무령왕 대에 이르러 해양강국의 지위를 다시 회복하였다. 웅진시대로 부터 사비시대에 이르는 동안 남조와의 교류는 건축.공예에서 사상에 이르기까지 지속적이고 광범위하게 이루어지는데 무령왕릉과 그 출토유물이 대표적인 사례이다. 중국 남조문화에 대한 이해는 백제의 웅진.사비기의 문화와 백제의 아시아 문화교류의 담당자 역할을 이해하는 중요한 요소이다. 이러한 남조와의 교류는 중국의 통일왕조의 성립과 함께 수·당으로 그 대상은 바뀌지만 백제의 해양을 통한 교류는 백제의 멸망시까지 지속적으로 이루어진다.

▶ **곰신단이란** : 단군의 모친 웅녀신(熊女神)의 제단이며, 일본 역사의 개국신화에서 보면 신무천황이 동정(東征)길에 하늘에서 천신이 보내준 세 발 까마귀 삼족오를 만난 터전이라는 지역과 '곰의 터전'으로 이름난 일본 중부지방 구마노(熊野)지역이다. 와카야마현 동남부로부터 미에현 남부에 걸치는 광대한 고장으로서 지금까지도 '신이 다니시는 길'로서 자랑 넘친다. 이곳은 '곰의 들판'으로 호칭하며, 이른바 구마노삼사(熊野三社)로 부르는 세 곳의 큰 사당이 예부터 소문난 곰신(熊神)의 성지다. 곰신(熊神)은 일본 고대사에 밝혀져 있듯이 신라의 천일창(天日槍)왕자가 일본에 최초로 조선천신 신주를 모신 '곰신단'(熊の神籬)을 가지고 신라로부터 건너와 고조선 단군왕검 조상신의 사당을 세운 최초의 역사다(고사기, 일본서기). 천일창(天日槍)왕자의 '곰신단'은 단군의 모친 웅녀신(熊女神)의 제단이다. 이 대목은 뒤에 상세히 논하겠거니와 오늘도 이 고장 삼족오의 깃발이 나부끼는 곰의 들판 구마노본궁대사(熊野本宮大社 와카야마현 히가시무로군 미야모토초)의 발자취가 우연이 아니라는 것을 이제부터 우리가 새롭게 인식할 일이 아닌가 한다.

〈그림 1〉 고분군 사적 243호. 서울 송파구 석촌동 제1호 적석총 내부

〈그림 2〉 석촌동 백제 초기, 제1호분

〈그림 3〉 충남부여 능산리 동고분군 4호분 현실 서벽과 천장

1 건국과 백제의 성장

『삼국사기(三國史記)』에 의하면 백제는 기원전 18년에 온조 집단이 고구려에서 남하하여 한강 유역의 위례성(慰禮城)에 자리를 잡고 나라를 세운 것이다. 『삼국지』동이전에는 3세기 중엽 무렵까지 경기·충청·전라도 지역에 마한(馬韓) 54국이 자리하고 있었으며 백제는 그 중의 하나인 백제국(伯濟國)으로 볼 수 있다. 반면에 『삼국사기』백제본기에는 서기전 1세기 초에 백제 온조 왕(溫祚王)이 전라북도 고부(古阜)까지 영역으로 확보한 후 점차적으로 영토를 넓혀 세력을 확장하였다. 이 후 그의 뒤를 이어 2대 다루 왕, 3대 기루 왕, 4대 개루 왕, 5대 초고 왕, 6대 구수 왕, 8대 고이 왕 부터 나라의 기틀을 갖추기 시작 하였다. 백제국은 마한 연맹체의 일원이었다는 동이전의 내용을 토대로 백제본기의 초기기록에는 영역 확대의 기사가 관청에 모아 둔 삼국사기, 백제본기에 두 가지의 건국설화(建國說話)로 남아 있다.

백제의 성장에는 청동기시대 이래 발달한 한강유역의 청동기 및 초기철기문화(初期鐵器文化) 기반과 농업생산력의 증대 및 내륙 지방은 물론 서해안과 잘 통할 수 있는 이점을 지닌 한강의 지정학적인 조건 등이 작용하였다. 이후 백제의 성장은 크게 두 방향으로 전개되었다. 하나는 연맹 내의 세력들에 대한 지배력을 강화하는 것이었다. 또 다른 하나는 외부의 압력에 대항하면서 영역을 확대하는 것이었다. 이때의 외부 세력은 백제의 성장을 저지하려는 중국 군현(郡縣)과 약탈적인 침략을 해오는 말갈(靺鞨)로 표현되는 예(濊)세력과 백제가 공방을 치루면서 성장해 나갔지만 3세기 중반에 부터 한반도에서는 큰 정치적 변화가 일어나기 시작 하였다.

이후 246년에 진한(辰韓)의 8국을 분할하는 문제로 마한과 낙랑·대방군(樂浪·帶方郡) 사이에 전쟁이 시작되었다. 마한은 대방태수(帶方太守)를 전사시키는 전과를 올렸지만 결국 패배하였고 이로 말미암아 목지국(目支國)의 위상이 약화되었다. 이러한 상황을 이용하여 백제는 목지국을 제압하고 새로이 마한의 맹주국이 된다. 그 시기가 고이왕(古爾王) 8대이다. 이로써 백제는 고대국가로서의 토대를 갖추게 되면서 13대 근초고왕은 346-375년에 동진(東晋)에 사신을 파견하고 동진으로부터 '진동장군영 낙랑태수(鎭東將軍領 樂浪太守)'의 작호(爵號)를 받음으로써 본격적으로 진행되었다.

1) 한성시대(지금의 송파) 475년 장식대도

백제의 중국에 대한 외교는 지리관계상 주로 남조를 중심으로 이루어졌지만 때로는 고구려를 견제하기 위해 북조(北朝)와의 교섭도 추구하였다. 백제와 왜 나라의 관계는 근초고왕대에 본격적으로 이루어지게 된다. 도는 전장에 따라 대도(大刀), 중도중(中刀), 소도(小刀), 도자(刀子) 등으로 구분되어지는데 "도"라 함은 60㎝ 이상을 말 한다. 삼국시대의 장식대도는 병두 형태에 따라 환두대도, 원두대도, 방두대도, 규두대도 등으로 분류한다. 그 중 장식대도 중 가장 비중을 많이 차지하는 것이 환두대도이다. 〈그림 4〉 원두대도는 측변부와 정부를 구별하는 능선이 존재하지 않으며, 백제 웅진기를 중심으로 유행했던 대도이다. 〈그림 5〉 규두대도의 경우는 측변부와 정부를 구별하는 능선이 구별된다. 백제지역에서는 나주 복암리 3호분 5, 7호 석실묘에서 각 한 자루씩 출토되었다. 〈그림 6〉 귀면문 삼환두대도 〈그림 7〉 철제파상문금상감대도 또는 〈그림 8〉 용봉무늬고리장식 칼 세부는 5세기로 길이(長) 83.0㎝, 합천 옥전 M3호무덤 출토, 국립김해박물관 소장, 〈그림 9〉 칠지도(七支刀)는 상감 기법으로 글자를 넣은 강철을 100번씩이나 열처리를 하여 단조한 특수강이며, 상감기술은 그 당대에 있어서 가장 뛰어난 첨단기술이자 선진기술이었다.

▌유물 장식대도

〈그림 4〉 원두대도

〈그림 5〉 규두대도

〈그림 6〉 귀면문 삼환두대도

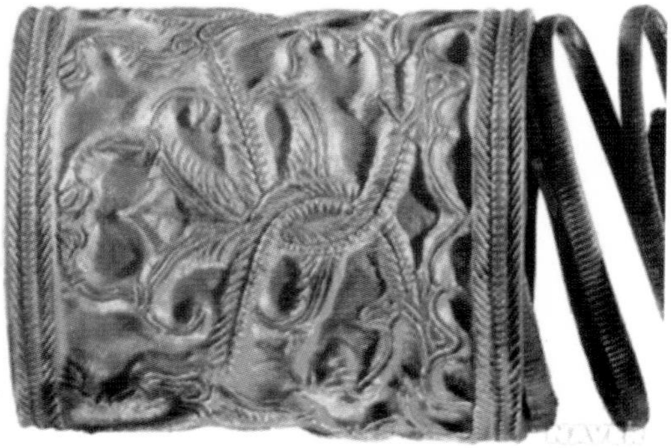

〈그림 7〉 철제파상문금상감대도(환두대도)

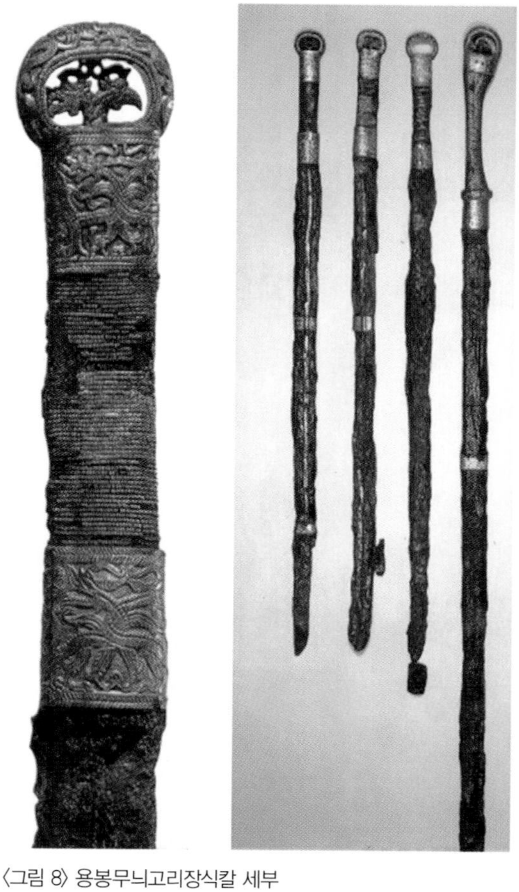

〈그림 8〉 용봉무늬고리장식칼 세부

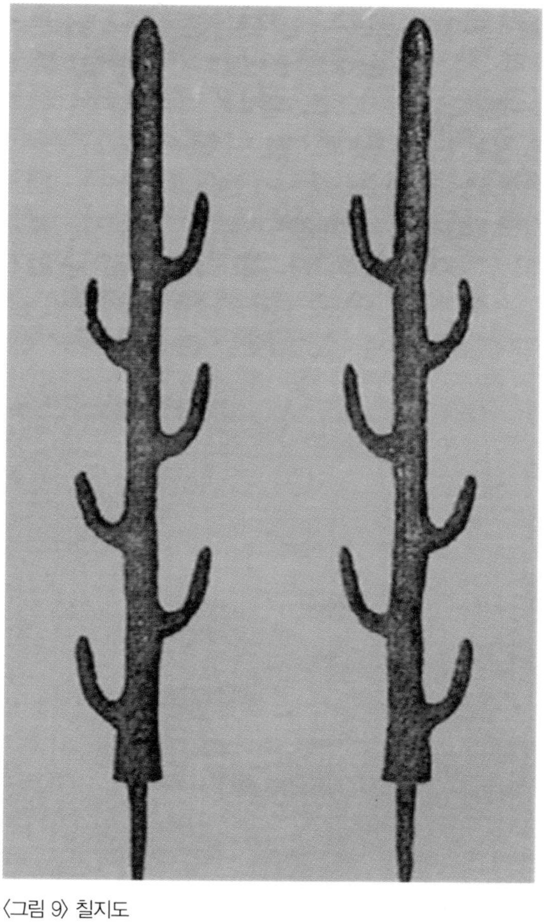

〈그림 9〉 칠지도

TIP

▶ **금속 상감이란** 철·구리 등으로 만든 기물 본체에 금·은·동 등의 금속을 박아 넣는 기법을 말한다. 삼국 시대에는 칼 등의 무기류에, 통일 신라 시대에는 철로 만든 항아리·등자(鐙子 : 말 탈 때 발걸이)에 사용. 고려 시대에는 향로(香爐)·정병(淨瓶)·거울걸이 등에 사용. 조선 시대에는 향로·장도·병·촛대·담배합·해시계 등에 많이 쓰였다.

▶ **철제파상문금상감대도** : 상감에 사용한 재질은 금, 은, 동과 그 합금을 사용한 것으로 특히 금과 은을 합금한 현재의 14K(karat)와 같은 함량으로 상감에 사용한 호암 미술관 소장 되어 있는 (鐵製波狀文金象嵌大刀)는 오늘날 금속 상감에 종사하는 이들조차 그 기술을 이해하기 어렵다고 할 만큼 당시 매우 뛰어난 합금 기술이 있었음을 의미하는 것으로 주목된다.

▶ **용봉무늬고리장식칼** : 합천 옥전 고분군 M3호무덤에서 출토된 용봉무늬고리장식칼(龍鳳文環頭大刀)은 큰칼로서 손잡에 고리는 용과 봉황무늬가 장식된 최고 신분자의 것이다. 옥전 고분군에서는 수장급 무덤에서 여러 자루의 고리장식칼이 출토. 대도의 길이는 83.0㎝이고 용을 사실적으로 표현한 손잡이의 위아래 부분과 고리와 칼집의 표현들은 무기에 나타난 가야 수장의 위세를 상징하는 것으로 평가된다.

▶ **칠지도** : 몸체의 앞면에는 "태화 4년 9월 16일 병오 정양일에 백련강철로 칠지도를 만들었다. "제작함"이라는 글과 뒷면에는 "선세 이래로 아직 이 칼이 없었던바 백제의 왕세자 기생성음이 왜왕 지를 위하여 만들었으니 후세에 전하라"고 금상감명문이 새겨져 있다. 백제 근초고왕 때인 369년에 만들어 일본에 전한 것으로 보인다. 그러나 해독이 어려울 정도로 마멸된 글자들이 있고 판독되는 글자의 뜻에 관해서도 백제와 일본을 주종관계로 보는 시각에서부터 백제가 일본에 공물로 바쳤다는 시각에 이르기까지 아직 이견이 많다. 일본 나라 이소노카미신궁에 소장된 칠지도, 길이 74.9㎝로 손잡이를 뺀 칼날 부분은 66.5㎝이며 양면에 71자의 글자가 새겨 있으며 1953년 일본 국보로 지정됐다.

2) 웅진시대(475~538 지금의 공주)

백제는 13대 근초고왕(346-375재위기간)에 고구려와 계속적인 정치, 군사적 대립상황에 놓여 있었다. 개로왕455-475년에 고구려 장수왕에게 한강유역 일대를 빼앗기고 목숨을 잃은 후 22대 문주(文周475년)는 목협만치(木劦滿致)·조미걸취(祖彌桀取)의 보필을 받아 즉위한 후 웅진으로 천도하였다. 이는 결국 양국의 대립에서 백제가 패했음을 의미한다. 웅진시대는 공주 수촌리 4호 무덤 출토 금동관에는 연꽃과 도깨비 문양이 새겨진 금동 신발과 장식대도 등의 귀중한 유물이 출토되었다.

당나라 때 사용한 가죽신발이 금동신발과 비슷한 모습으로 나타나며, 당시 국제적인 문화의 중심지였던 중앙아시아 투루판 아스타나에서 출토된 짚신과 〈그림 10〉 중앙아시아 종이신 그리고 〈그림 11〉 가죽장화는 매우 건조한 그 지역의 기후 조건을 대변하기도 한다. 특히 종이로 만들어진 신발은 그 지역의 특성상 나무재료가 귀하여 관청에서 폐기한 문서를 받아서 장례용품 관이나 피장자의 신발로 사용한 예로 삼국시대 금동신발 또는 당시 실생활에서 사용되었던 가죽신이나 비단신을 모방하여 금동신발을 제작한 것으로 생각 된다. 〈그림 12〉 무령왕릉출토 왕관식은 충남공주(忠南公州) 무령왕릉 출토 왕의 금제관식(金製冠飾)은 6세기초반의 것으로 추정되며 금판(金板)위에 문양, 윤곽을 선각(線刻)한 다음 예리한 조각도로 도려내어 화염형식의 인동당초문을 투각하여 만개한 화형(花形)을 만들었는데 화염은 태양을 의미하여 무령왕의 권위를 나타내고 있는 것으로 생각된다. 무령왕릉출토 왕관식은 왕의 관 꾸미개(국보 154호)는 얇은 금판에 인동당초무늬와 불꽃무늬를 기본 문양으로 맞 새김 하였다. 인동당초무늬는 중앙으로 모아져 올라가고 타오르는 불꽃의 모습을 이루는 관 꾸미개의 전면에는 둥근 모양의 작은 달개가 금실에 매달려 있어 장식성이 강하고 화려하였음을 알 수 있다.

〈그림 13〉 왕비관식 화염문 모양의 초호화형 관장식으로 무령왕릉에서 출토 되었다. 왕비의 관 꾸미개(국보 155호) 역시 인동당초무늬와 불꽃무늬 장식을 맞새김 하였다. 좌우 대칭구도로 되어 있다는 점과 둥근 달개가 매달려 있지 않다는 점에서는 차이를 보인다. 출토된 관 꾸미개는 문헌기록이나 출토위치 등으로 미루어 검은 비단으로 만든 관모에 꽂았던 장식품으로 파악되고 왕비의 금제관식은 제작기법이나 문양은 왕의 관식과 비슷하나 왕의 관식과 다른 점은 크기가 작고 인동당초를 좌우 대칭되게 하였다.

〈그림 14〉 나주 반남면 신촌리 9호 무덤에서 발견된 금동관으로, 내관과 외관으로 구성되었다. 내관은 반원형의 동판 2장을 맞붙여 만들었는데, 겉면에는 인동문(忍冬文)을 테두리로 구획하고 그 안에 여러 개의 꽃을 장식해 놓았다. 외관은 관테의 앞면과 좌우 옆면에 하트형의 끝장식이 있는 풀꽃 모양의 세움 장식이 못으로 고정되었다. 관테의 윗면과 솟은 장식의 앞면에는 달개가 달려있어 신라의 관과 유사하지만, 머리띠에 꽂은 장식이 신라 관의 '山'자 모양과는 다른 복잡한 풀꽃 모양을 하고 있어 차이가 있다. 주연대를 복륜으로 감싸고 있는 좌우 측판은 높이18.5㎝, 아랫변은 19㎝, 외부의 관은 3㎝정도이며 너비의 금동판은 구부려 타원형 관테를 만들었다. 전면과 좌우에 높이 23.5㎝와 너비 14.5㎝의 투각 초화문 입식을 세움하였고, 〈그림 15〉 연꽃과 도깨비 문양이 새겨진 금동신발의 크기는 길이 32㎝, 높이 9㎝, 너비 9.5㎝이다.

발등 부분에는 용 모양의 장식이 있고 발목 부분에는 금동판으로 된 덮개가 부착되어 있다. 특히, 신발 바닥에는 연꽃과 도깨비 문양을 투조(透彫)와 선각(線刻)으로 꾸며 화려하게 장식하였다.

〈그림 16〉 장식대도 3호분의 길이는 84cm이다. 국립문화재연구소 소장되어 있으며 나주 복암리 영산강 유역에서 발견된 유일한 대형 복합묘제 고분에서 발굴된 칼로 다양한 장식문양을 볼 수 있다. 장식대도의 칼자루 부분에는 3엽(葉) 모양의 고리 속에 괴수의 얼굴을 표현하고 있는데 입을 크게 벌려 이빨을 드러내고 있다. 입이 3엽(葉)의 고리와 연결되어 괴물의 얼굴과 고리가 일체를 이루고 있다. 눈과 코의 모양이 선명하며 조형적 수준이 높다. 손잡이의 앞면과 뒷면에는 은으로 겉을 채색하였으며 용 무늬를 새겨 넣었다.

〈그림 10〉 중앙아시아 종이신

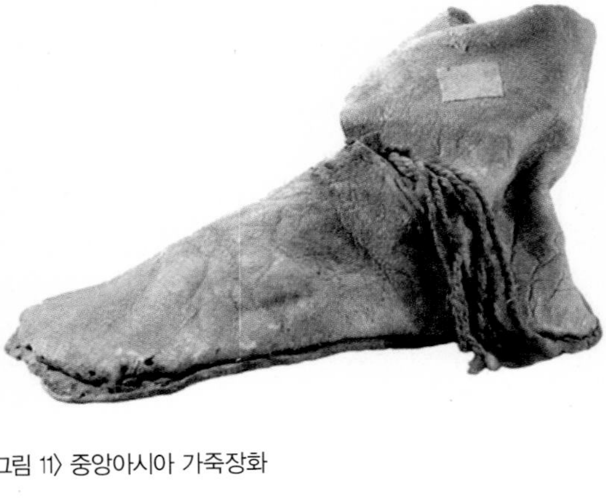

〈그림 11〉 중앙아시아 가죽장화

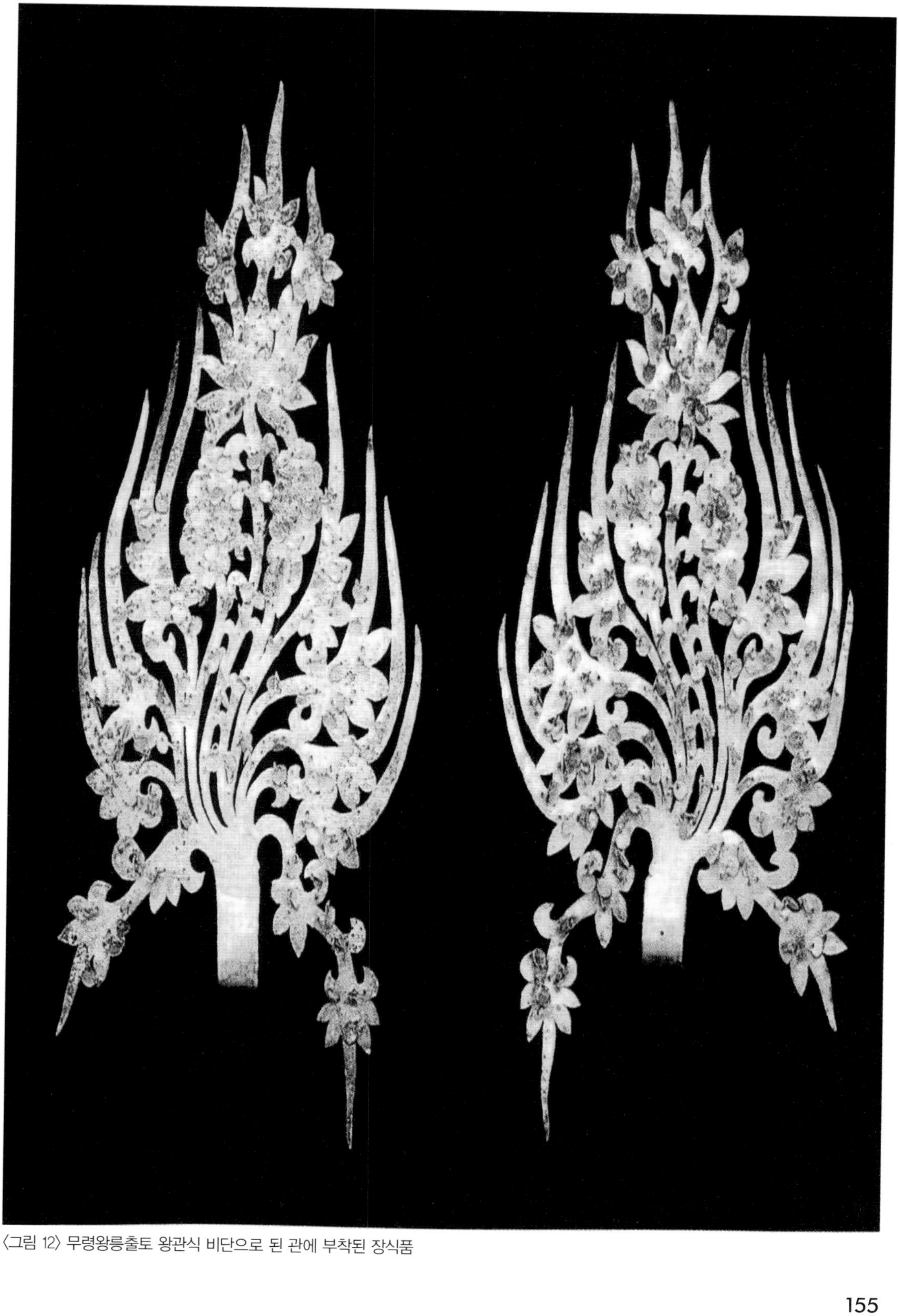
〈그림 12〉 무령왕릉출토 왕관식 비단으로 된 관에 부착된 장식품

〈그림 13〉 무령왕릉출토 꾸미개

〈그림 14〉 신촌리 9호분 금관관모 을관.

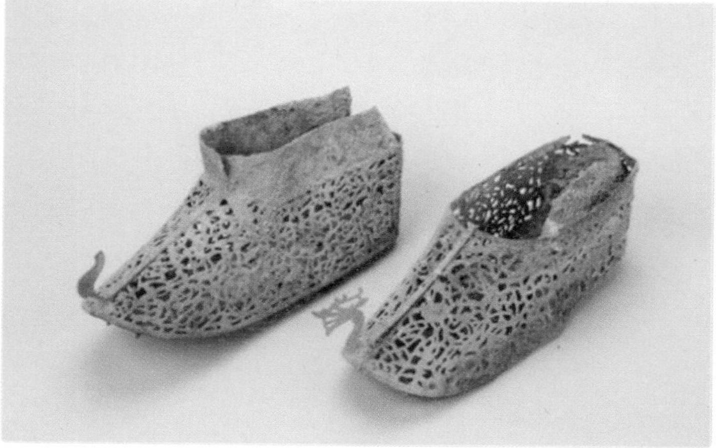

〈그림 15〉 연꽃과 도깨비 문양이 새겨진 금동 신발 출토

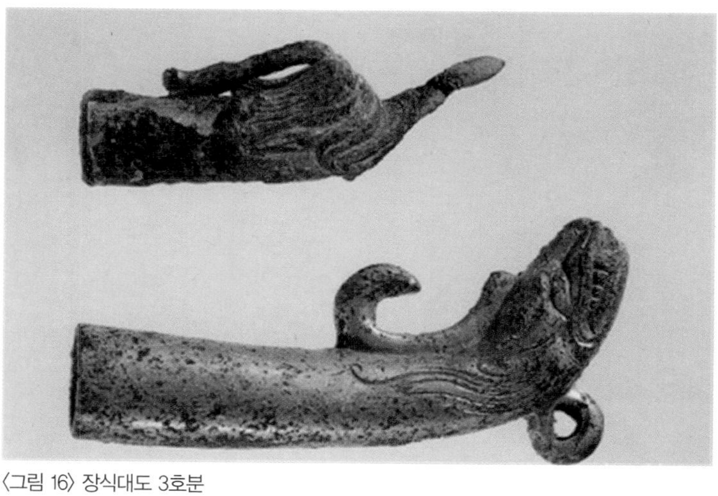

〈그림 16〉 장식대도 3호분

3) 사비시대(538~660 지금의 부여)

26대 성왕(聖王)은 무령 왕대에 이루어진 안정 기반을 바탕으로 백제의 중흥과 왕권강화를 이루기 위해 사비로의 천도를 단행하였다. 사비 지역은 금강이 감돌아 방어에 유리하고 또 넓은 평야가 펼쳐져 있어 경제적인 측면에서도 유리한 곳이었다. 백제 역사 유적지구가 유네스코 세계유산으로 등재된 고분군은 충남 공주시 금성동 송산리에 있는 웅진시대의 백제왕실의 능묘군이다. 공산성 금서루는 백제가 웅진에 수도를 두었던 475년부터 부여로 천도하는 538년까지 약 63년간 왕성은 웅진성이라 불리었는데 지금의 공산성은 공주시 금성동, 산성동에 걸쳐 있는 약 20만㎡ 규모의 거대한 고분은 유네스코 세계유산으로 등재 결정되었다.

〈그림 17〉 '대성팔족(大姓八族)'으로 표현되는 가문들이 실권을 장악하고 이 실권귀족들은 좌평의 정원을 5명에서 6명으로 확대하여 6좌평회의체(六佐平會議體)를 최고 귀족회의체로 만든 후 정치운영을 주도해나갔다. 대성팔족에 새겨진 불비상 명문에는 불 비상을 세운 이를 진모씨(眞牟氏)라는 사람으로 대성팔족의 출자(出自)는 크게 3가지로 나눌 수 있다.

부여계(扶餘系)와 한계(韓系) 및 예계(濊系)가 바로 그 것이다. 부여계는 북방에서 이주해 오면서 백제 건국에 기여한 북방계 이주 세력들이었으며, 한(韓)계는 본래 마한과 진한, 변한 등 삼한 계통의 남방계 토착 세력들이었다고 볼 수 있다.

4) 부소산성, 삼충사, 제석사 유래

1957년에 지은 〈그림 18〉 부소산성사당은 1981년 다시 지어 현재의 모습을 하고 있다. 백제의 충신이었던 성충·흥수·계백을 기리기 위해 지은 사당이다. 성충은 백제 의자왕(재위 641~660) 때 충신으로 좌평으로 있으면서 잘못된 정치를 바로잡기 위해 애쓰다 옥중에서 단식을 하다 죽었다. 흥수는 백제 의자왕 20년(660) 나·당연합군이 공격해 오자 탄현을 지키다 대신들의 반대로 지키지 못하고 결국은 멸망하였다.

계백은 나·당연합군이 공격해 오자 결사대 5,000여명을 뽑아 지금의 연산인 황산에서 싸우다 전사하였다. 해마다 10월 백제문화재 때 삼충제를 지내고 있는

〈그림 17〉 대성팔족에 새겨진 불 비상

〈그림 19〉 삼충사 1984년 5월 17일 충청남도문화재자료 제115호로 지정 부여의 진산인 부소산에는 수많은 백제 여인들이 꽃잎처럼 떨어져 죽음으로 절개를 지킨 낙화암, 백화정, 사자루, 반월루, 궁녀사, 고란사, 부소산성(사적 제5호)가 있다. 백제 궁궐의 후원이자 유사시 왕궁을 방어하는 최후의 성곽으로 2천495m 길이의 부소

TIP

▶ **백제의 대성 8족이란**

중국역사는 『수서(隋書)』, 『북사(北史)』, 『신당서(新唐書)』, 『통전(通典)』, 그리고 「괄지지(括地志)」를 인용한 『한원(翰苑)』이 있다. 그런데 8개 성씨에 대한 내용이 저마다 조금씩 다르다. 『수서』와 『신당서』에는 사씨(沙氏)·연씨(燕氏)·협씨(劦氏)·해씨(解氏)·정씨(貞氏)·국씨(國氏)·목씨(木氏)·백씨(苩氏)라고 적혀 있으며, 『북사』에는 사씨(沙氏)·연씨(燕氏)·협씨(劦氏)·해씨(解氏)·진씨(眞氏)·국씨(國氏)·목씨(木氏)·묘씨(苗氏)로 나온다. 또한, 『통전』에는 사씨(沙氏)·연씨(燕氏)·협씨(劦氏)·해씨(解氏)·진씨(眞氏)·국씨(國氏)·목씨(木氏)·백씨(苩氏)라고 적혀 있으며, 『한원』에 인용된 「괄지지」에는 사씨(沙氏)·연씨(燕氏)·협씨(劦氏)·해씨(解氏)·진씨(眞氏)·목씨(木氏)·수씨(首氏)로 나온다.

『삼국사기』 등의 국내기록에는 정씨(貞氏)·묘씨(苗氏)·수씨(首氏)가 전혀 보이지 않으며, 대신 진씨(眞氏)와 백씨(苩氏)가 자주 나온다. 이에 중국기록 가운데 『통전』이 가장 정확한 것으로 인정되고 있다.

〈그림 18〉 백제 문화의 부소산성

〈그림 19〉 삼충사
1984년 5월 17일 충청남도문화재자료 제115호로 지정
충남 부여군 부여읍 쌍북리 40-1번지

〈그림 20〉 제석사

산성은 백제의 충신인 성충, 흥수, 계백장군의 위패와 영정을 모신 삼충사와 삼천 궁녀를 기리는 궁녀사 사당이 두 개 더 있다.

삼국유사의 백제고기(百濟古記)에 따르면 서기 660년(백제 의자왕 20) 백제가 나·당연합군의 침공으로 함락되자 당시 궁녀 3천여명이 화를 면치 못할 것을 알고 이곳 절벽 낙화암에서 떨어져 죽음을 맞이하였다. 1984년 5월 17일 충청남도문화재자료 제98호로 지정되었다. 〈그림 20〉 제석사는 약 4천년 전 한 농부가 밭갈이를 하던 중 불상과 탑신이 발견되어 이곳에 절을 짓게 되었다. 라는 유래와 『자인읍지(慈仁邑誌)』에 따르면 "9세기 전후 신라시대에 왜구들이 도천산(到天山)에 성을 쌓고 주민들을 괴롭히자 한 장군이 그의 누이와 함께 버들못(柳堤)에서 여원무(女圓舞)와 배우잡희(俳優雜戲)의 놀이판을 벌여 이들을 유인, 섬멸하였다."라고 하였다.

이후 한 장군은 자인태수가 되었으며 그가 죽은 후에 주민들은 그의 충의를 추앙하여 여러 곳에 사당을 세우고 단오에 추모제를 지낸다.

5) 금동대향로(국보 제287호)

금동대향로 〈그림 21〉은 1993년 12월 12일 부여읍 능산리 백제왕 무덤으로 알려져 있는 능산리사지(사적 제434호)를 발굴 조사 중 발견된 유물이다. 향로는 고대 동양의 인도, 중국 등 여러 나라에서 냄의 제거, 종교의식, 구도자의 수양정진을 위하여 향을 피웠던 도구로 중국에서는 훈로(薰爐)라고 했다.

백제 6~7세기의 금동대향로는 높이 61.8 cm, 국보 287호이다. 용 한 마리가 연꽃 봉오리를 물고 있는 모습을 형상화한 백제금동대향로는 충남 부여 능산리 절터에서 향로의 뚜껑은 중첩된 형태의 산악으로 묘사 되어있고, 그 위에는 날개를 활짝 편 채 정면을 응시하고 있는 한 마리의 봉황이 보주 위에 서있다. 봉황 바로 아래 즉 뚜껑의 제일 위쪽에는 5명의 악사가 각각 금, 완함, 동고, 종적, 소 등의 5가지 악기를 연주하고 있는데, 소발로 깎은 머리는 오른쪽으로 묶여져 있으며 통견의 도포자락과 악기마다의 독특한 자세를 취한 체, 연주하는 모습이 실감나게 표현된 5 봉우리에는 그 상단마다 1마리씩 5마리의 새가 얼굴을 들어 정상부에 있는 봉황을 올려 보고 있으며 그 아래 향로의 뚜껑에 장식된 박산은 중국의 동쪽

〈그림 21〉 백제금동대향로

〈그림 22〉 인천강화 전등사 대웅전 본존불상

바다 가운데에 불로장생의 신선들이 살고 있다고 하는 삼신산(봉래 방장 영주산)을 상징적으로 표현한 것으로서 여기에는 신선을 상징하는 듯한 각종 인물, 동물 산수 등이 다양하게 묘사되어 있다.

〈그림 22〉 인천강화 전등사 대웅전 본존불상크기는 높이 90cm이며, 소장품번호 건판 124 전등사 대웅전 본존불상. 인천시 강화군 길상면 온수리에 자리하고 있다. 위덕왕 10년(567)에 성왕의 명복을 빌기 위해 능사(陵寺)를 창건하고 여기에 사용할 도구의 하나로 금동대향로(金銅大香爐)를 만들었다.

6) 공예품의 발달

관모·귀걸이·목걸이·팔찌·허리띠·신발·청동거울·청동그릇·숟가락과 젓가락·동탁은잔·다리미·각종 구슬 등은 백제시대에 대표적인 공예품으로 무령왕릉 출토품이다. 부여 능산리 사지에서 출토된 〈그림 23〉 유물번호 부여(扶餘)-004627호 능산리 절터에서 발견된 유리구슬로 목걸이는 구슬은 뼈, 나무, 열매, 천연석, 수정, 옥, 마노, 유리, 천하석 등 다양한 재료로 만들어졌으나 그 중에서 유리는 공예적인 측면에서 특히 주목되는데 유리구슬은 일찍이 선사 시대부터 제작되어 왔으며 청색, 남색, 황색, 녹색, 적황색 등의 다양한 색깔을 내는 유색 구슬 뿐 만 아니라 금박을 입히거나 연리문 등 무늬가 있는 장식 유리구슬은 다른 어느 지역의 구슬보다 다채롭고 영롱하여 화사하다.

백제의 유리 가공 기술이 고도로 세련되었음을 알려준다. 〈그림 24〉 대롱옥은 원통형으로 만든 다음 길이 방향으로 구멍을 뚫은 것이다. 청동기시대 무덤에서 주로 출토되고 있으며 주인공의 권위와 위세를 상징하는 장식품 중 하나이다. 부여 지역에서는 송국리, 연화리, 합정리 등지에서 발견되었다. 유물번호 부여(扶餘)-002138호, 크기와 길이 0.9-3.0 지름으로 출토지는 부여군 초촌면 송국리이다. 〈그림 25〉 말모양 허리띠 고리는 앞쪽에 부착되어 허리띠를 연결해주는 일종의 버클장식을 말한다. 주로 무덤 유적에서 출토되기 때문에 당시 매우 제한된 계층이나 집단만이 소유한 것으로 보아 피장자의 사회적 권위 또는 직위와 성격을 알 수 있는 유물로 여겨진다. 금강유역에서 발견된 허리띠 고리는 천안 청당동 유적 출토품이 대표적이며, 안성·천안·청주·공주·세종 등의 마한 지역에서 출토된 말모양 허리띠고리는 3세기 대에 성행하다가 4세기 후반 백제의 영역화와 맞물려 점차 소멸하였다. 〈그림 26〉 평양 석암리 금제 허리띠 고리는 재질이 금으로 되어 있으며 크기는 길이 9.4cm이며, 국보 89호이다.

소장품번호 본관 4740 순금제 버클로 낙랑유물 중 최고의 수작으로써 타출된 금판 위에 미세한 금 알갱이와 가는 금사를 누금기법으로 붙이고 그 위에 푸른 옥을 박아 화려한 장식을 더하였다. 문양은 가운데에 큰 용이 1마리 있고, 그 주위에 6마리의 작은 용이 배치되어 있는데 각 용들의 중심 윤곽은 비교적 큰 금 알갱이로 나타냈다. 모두 41개의 청록색 터키석을 감입하였으나 현재는 7개만 남아 있다. 왼편에 뚫린 호형의 구멍을 가로지르는 순금제 교침은 움직일 수 있도록 되어 있다.

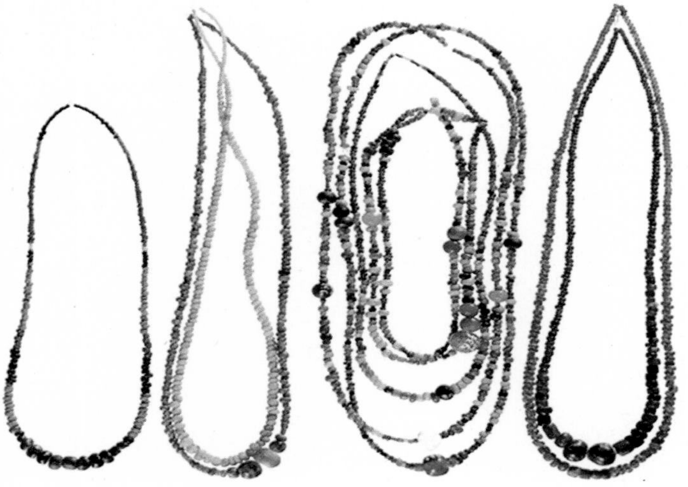

〈그림 23〉 유리구슬

〈그림 24〉 대롱옥

〈그림 25〉 말모양 허리띠고리

〈그림 26〉 평양 석암리 금제 띠고리

2 궁의 금동신발

백제 금동신발의 변화추이를 잘 반영해 주는 것은 문양을 들 수 있는데, 제일 먼저 등장하는 것이 투조기법과 용문이다. 원주 법천리 고분의 축조 시기는 대략 5세기 중엽쯤으로 바닥에는 용 문양이 투각되어 있으며, 신발의 측판은 T자형의 문양이 문양투(文様透)로 시문되어 있다. 나주 신촌리 9호문 출토품 역시 투조 기법은 사용되지 않고 능형문에 4엽 화문이 장식되어 있다.

나주 복암리 출토품은 육각문이 처음 등장하고 그 안에 4, 5엽 화문이 시문되고 물고기형 장식이 신발의 바닥과 측판에 장식되어 있다. 무령왕릉의 왕과 왕비의 각각 은판과 동판 위에 다시 투조로 장식된 금동판을 덧씌운 형태로 가장 화려하고 세밀한 금속공예 기법을 보여주는데 둘 다 육각문 내부에 6엽화문이 장식되어 있다.

〈그림 27〉이 금동신발은 1917년 발굴조사된 전남 나주 신촌리 9호분 을관에서 출토되었다. 신촌리 9호분은 영산강유역 최대의 방대형 고분으로 분구 안에는 12기의 옹관이 매장되어 있는데, 이 중 을관이 가장 대형이다. 금동신발은 바닥판 1매와 옆판 2매를 결합하여 만들었다. 옆판은 발등과 발뒤꿈치에서 겹쳐 고정하고, 옆판의 아랫부분을 접어 바닥판과 결합시킨 후 못을 박아 고정시켰다. 바닥을 포

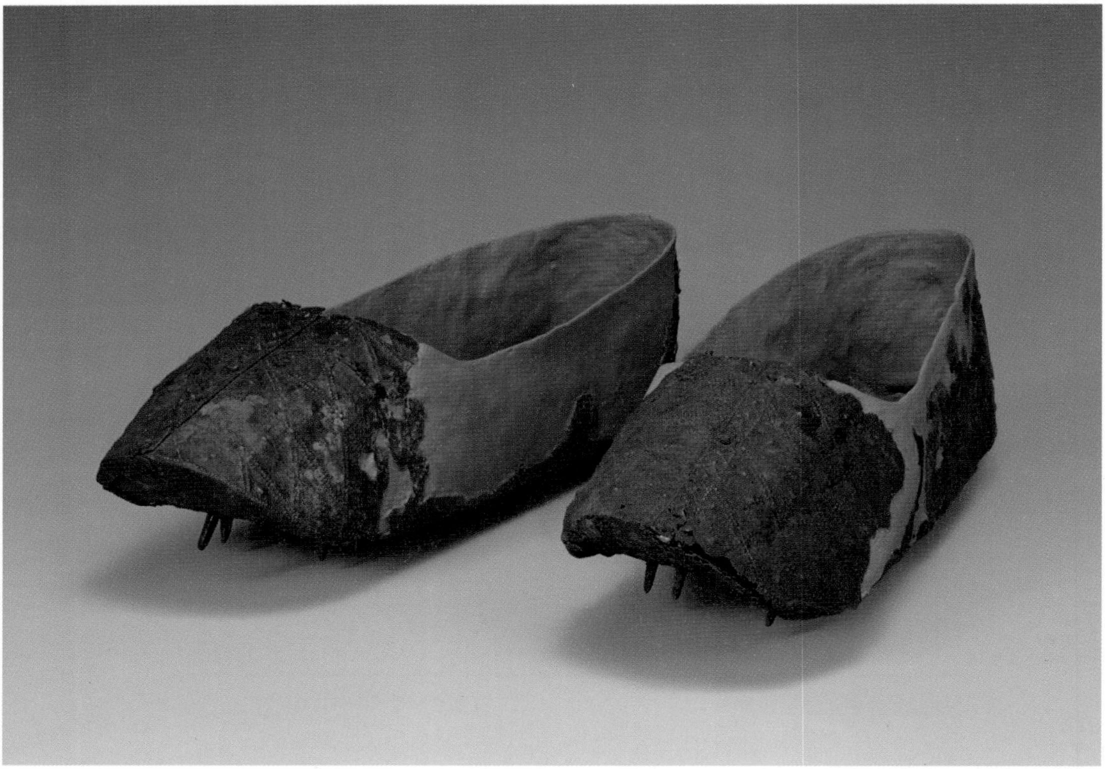

〈그림 27〉 전남 나주 신촌리 9호분 옹관에서 출토

함한 바깥 면 전체에는 2줄로 타출(打出)시킨 능형문(菱形文)이 장식되어 있으며, 능형문의 중앙부와 교차점에는 원점문이 타출되어 있다. 바닥의 능형문 중심에는 네 잎의 꽃잎을 타출시켜 장식하였으며, 앞·뒤쪽에는 스파이크처럼 단면 방형의 못을 박았던 구멍이 9개 뚫려 있다. 앞부분에는 길이 1.5cm 크기의 못이 박힌 채 남아 있다. 신발의 앞부분이 들려있고 옆판을 좌·우 2매의 판으로 결합하는 형태는 백제 신발의 전형적인 특징으로 공주 무령왕릉, 익산 입점리 고분 출토 금동신발에서도 공통적으로 보인다.

다양한 유물들이 공헌된 토기는 고구려·신라의 토기와 뚜렷이 구별되는 부드러운 곡선과 정교한 문양, 그리고 때로는 회백색의 기표(器表)·색조(色調)에서 오는 온건한 조형이 특징인 것으로 초기에는 흑도(黑陶) 같은 토기가 생산되기도 하

〈그림 28〉 시유도기옹

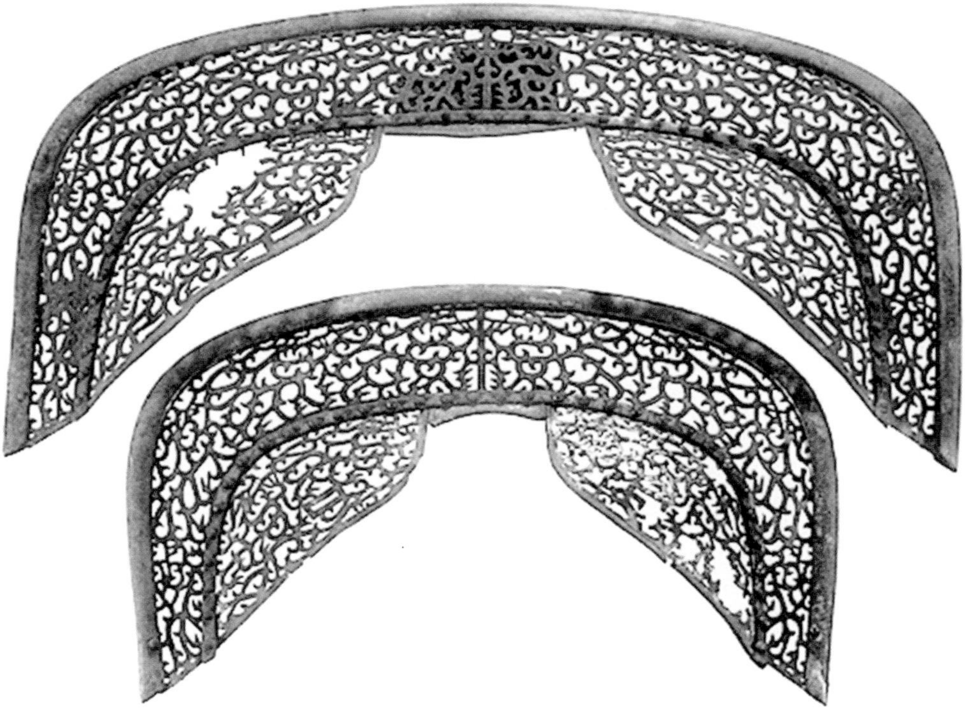

〈그림 29〉 금동 말안장 가리개

였으며 중기 이후에는 삼족기(三足器)가 만들어졌다. 후기에는 청록색 또는 황갈색의 유약을 바른 〈그림 28〉 시유토기(施釉土器)가 제작되었다. 서울특별시 송파구 풍납동 경당지구 196호 창고건물지에서 출토된 시유도기옹의 크기는 높이가 55.9 ㎝, 입지름 43.9 ㎝의 결실된 구연부와 동체부 일부를 합성수지로 원형에 가깝게 복원하였다. 시유도기의 용도는 저장용으로 사용되었음을 알 수 있다. 〈그림 28〉 경북 안동지역에서 출토 되었으며 교통수단인 말의 안장가리개로 사용 되었다. 크기는 가로 40cm, 세로 25cm, 가로 56.5cm, 세로 30cm이다.

1) 백제의 멸망

무왕이 죽은 후 왕위에 오른 의자왕(義慈王)은 '해동증자(海東曾子)'로 불릴 정도로 유교이념에 투철하였지만 친위정변을 일으켜 자신의 즉위에 반대하였던 내좌평(內佐平) 기미(岐味) 등 유력 귀족 40여명을 추방하게 된다.

그리고 미후성을 친히 공격하면서 군사권을 장악하여 귀족세력을 약화시키고 왕권중심의 정치운영체제를 확립한 의자왕은 대외적으로 고구려, 왜와 화친관계를 수립하고 신라에 대해서는 윤충(允忠)으로 하여금 대야성(大耶城)을 공격하게 하는 등 압박을 강화하였다. 의자왕은 15년 이후에 궁정의 측근세력들에게 둘러싸이기 시작하면서 왕의 총애를 받았던 왕비 은고(恩古) 세력의 작동과 의자왕의 병환이 원인이 되었다. 의자왕의 탐락과 황음(荒淫) 및 그에 따른 궁중 내부에서의 부패와 정권의 천단은 백제의 지배질서를 더욱 문란하게 하였다.

백제의 군사적 압박은 신라로 하여금 당나라와의 결합을 가속화시켰고, 그 결과 신라김춘추(金春秋)는 당나라에 들어가 당태종(太宗)과 나·당군사동맹(羅唐軍事同盟)을 맺은 후 나·당연합군의 결성은 백제를 더욱 더 어려운 상황으로 몰아넣었다. 당나라 소정방(蘇定方)이 이끄는 13만 명의 군대와 김유신(金庾信)이 이끄는 5만의 신라군은 백제에 대한 공격에 나섰으나 당군은 신라군과 합세하여 사비성(泗沘城)으로 진군하였다. 의자왕은 태자와 더불어 웅진성(熊津城)으로 피난을 갔지만 사비성이 함락되자 백제는 멸망하고 말았다.

02 백제의 복식

왕과 왕비의 복식을 문헌에서 살펴보면 백제왕은 소매가 넓은 자색포에 청색 비단바지를 입고 흰색 가죽대를 둘렀다고 쓰여져 있는 점으로 보아 고구려왕의 복식과 흡사했음을 알 수 있다. 머리에는 금동관이나 오라관을 썼고 신발은 금동실리 또는 오피리를 신었다. 왕비의 복식 또한 고구려 복식과 비슷하며 장신구는 금관과 금으로 장식한 과대, 귀걸이, 팔찌, 가락지 등을 착용 하였으며 금동식리를 신었다. 우리나라고대의 의복 구성은 대체로 유(襦), 고(袴), 포(袍)가 중심이 되며 여기에 관모(冠帽), 대(帶), 이(履)가 첨부된 것이 일반적인 형태이다.

백제복식 또한 이와는 크게 다르지 않은 구성을 이루며, 지배계층과 일반백성 사이에서 큰 차이가 없다. 백제복식에 관한기록은『양서梁書)』,『위서魏書)』,『주서周書)』,『수서隋書)』,『남사南史)』,『북사北史)』,『신당서新唐書)』에서 볼 수 있다. "백제인들은 키가 크고 의복이 청결하며 문신을 하는 자가 있었다"라고 기록 되어 있다. 복식에 관한 기록으로는 "모자를 '관(冠)'이라 하고 저고리를 '복삼 (複衫)'이라 하며 바지를 '곤(褌)'이라 하였으며 언어와 복장이 대략 고구려와 같다"고 기록되어 있다고 하였다.

"백제복식도 그 형태가 상대복식의 기본형상의에는 유(襦)를 하의에는 고(袴)를 의례용으로 포(袍)나 상(裳)을 착용하였으며 그 윤곽은 고구려의 것을 통해 짐작할 수 있고 금동대향로의 발굴을 통해 그 실체를 증명 할 수 있게 되었다"고 하였다 백자 철화 인물 모양 명기(明器)는 죽은 사람의 영혼이 내세에서도 복락을 누리기를 기원하는 마음에 무덤에 함께 묻는 그릇을 말한다. 〈그림 30〉의 명기는 양손을 가지런히 모아 합장하는 시종의 모습이 표현되어 있다. 얼굴 표정이 제각각 다르고 눈, 코, 입, 머리에 철화 안료로 채색하여 사실적인 느낌을 강조했다. 백제의 사신 〈그림 31〉, 〈그림 32〉에서의 양직공도와 왕회도는 왼발을 약간 앞으로 내 밀고 있고 단아한 모습에 천으로 만든 듯 한 관을 쓰고 좌임(左衽 옷깃을 왼쪽으로 여밈)의 대수포를 무릎으로 약간 덮을 정도로 착용하고 그 아래는 바지를 입었으며, 검은 신을 신고 있다.

양직공도의 머리위에는 꽃송이 한 떨기가 관에 부착된 것 같다. 〈그림 33〉 나무빗의 크기 중 길이는 길이 10cm, 너비 7cm, 길이 7cm, 너비 5cm이며 소장품번호는 본관 3927으로 동심원무늬가 그려져 있다. 〈그림 34〉 나무신발의 크기는 높이 7.5cm, 길이 28cm, 너비 10cm이며 소장품번호는 본관 4122 이다. 나무로 신

〈그림 30〉 백자 철화 인물 모양 명기

발을 만들고 안에 마(麻) 또는 면(棉)을 붙이고 칠을 입혔다. 신발 아랫 부분에도 칠을 입힌 흔적이 남아 있다. 투루판에서 출토된 것으로 추정된다. 투루판에서 발견된 당대(唐代) 칠기는 대부분이 외부에서 제작된 것이지만 이 경우에는 신장에서 생산된 것으로 추정된다. 당시 칠(漆)의 유통을 살펴 볼 수 있는 중요한 자료다. 〈그림 35〉 종이신발의 크기는 길이 25cm가 된다. 소장품 번호는 본관 3984 투루판 아스타나 고분군에서 출토된 것이다. 여덟겹의 종이를 이용하여 만들었으며, 내부 먹의 흔적이 있는 것으로 보아 폐문서를 사용한 것으로 보인다.

〈그림 31〉 양직공도

〈그림 32〉 왕회도

〈그림 33〉 나무빗

〈그림 34〉 나무신발

〈그림 35〉 종이신발

1 관모의 의미

관모는 머리카락의 흐트러짐을 방지하고 방한(防寒)과 방서(防暑) 등 머리의 보호를 위하여 착용하게 된 것이다. 백제는 서산 부장리 5호분 출토 금동제 변형모가 있는데 청동에 금동한 것으로 반원형의 내관을 중심으로 전면과 후면에 장식판을 붙이고 하단에 테를 두른 형태인데 관모 안에는 백화수피제가 남아 있었다고 한다. 관모는 실용성 보다는 장식적인 요소로 사용하게 되지만 사회발전과 더불어 풍속, 예절을 나타내고 위계질서(位階秩序)를 표시하는 목적으로 사용하기도 하였다. 고대국가의 형성 발전과 더불어 지배층의 의표(儀表)로서 사회적 지휘를 나타내는 신분의 표상이나 미관의 목적으로 변화 하였다.

1) 관모의 품계

삼국시대 기록들을 살펴보면 첫째, 고구려 관모의 기록에 의하면 책(幘), 조우삽관(鳥羽插冠), 변(弁), 절풍(折風), 소골(蘇骨)등의 관제(冠制)가 있다고 한다. 둘째, 백제의 관모에 대한 기록을 보면 위서(魏書),신당서(新唐書),주서(周書), 수서(隋書), 북사(北史),삼국사기(三國史記)그리고 양서(梁書)등의 기록에 의하면 품계에 따라 금화와 은화로 관을 장식하였고 복장도 각기 계급에 따라 종류의 차이가 있음을 알 수 있다. 〈그림 36〉 사신이 쓴 절풍은 소가나 일반 서민이 널리 쓰던 것으로 사인들은 새털을 꽂아서 그 귀천(貴賤)을 표시하였다. 소골은 귀한 신분의 사람들이 착용한 것으로, 자라(紫羅)를 사용하여 만들고 금과 은으로 장식하였는데 관품(官品)이 있는 자는 새 깃털을 두 개 꽂았다.

「신당서」에서는 왕은 검은 비단관(烏羅冠)에 금화(金花)로 장식하고 군신(群臣)의 관은 은화(銀花)로 장식하고 있다. 관모를 살펴보면 고구려 왕족들이 백라관을 쓴다고 기록되어 있는데 평양지역의 안악 3호분에 많이 남아있는 고분벽화에서 실제로 확인 되고 있다.

〈그림 37〉 기마인이 쓴 수렵도 절풍은 얇은 섬유로 만든 고깔처럼 생긴 것으로 신분에 따라 새 깃털을 꼭대기나 좌 .우로 꽂았고 새 깃 모양의 금동제 관식을 달았는데 색상과 함께 신분의 차이를 구분하기 위함이었다. 무용도(舞踊圖) 에서 보이는 것처럼 새 깃을 꽂은 경우 와 꽂지 않은 경우가 있는데 2개 혹은 여러 개를 꽂은 것을 볼 수 있다. 이와 같이 새 깃을 묘사한 경우를 '조우관' 혹은 '깃털형관'이라 한다.

소형 금판에는 금 1만을 시주한 내용이 새겨져 있다. 은제관식은 좌평에서 나솔에 이르기까지 고위 관료들이 착용한 관모에 장식한 장식의 형태는 줄기, 가지, 꽃봉오리, 꽃을 대, 꼭대기의 꽃 등으로 정형화되었다.

2) 관과 관모의 유래

5세기 전반대로 편년되는 복천동 금동관는 부산 동래 복천동 10,11호분에서 출토된 것으로 400년 고구려 광계토대왕의 남정 이후 고구려, 신라의 영향을 받아

〈그림 36〉 사신이 쓴 절풍

〈그림 37〉 기마인이 쓴 절풍

신라의 금관이 出자형태의 세움 장식으로 나뭇가지 모양을 하고 있다. 백제사신의 모습을 살펴보면 머리를 하나로 묶어 흑색의 관모를 착용했는데 끈이 달려있어 턱에 묶은 모습을 볼 수 있으며 관모의 뒤쪽이 약간 늘어진 모습으로 보아 직물이나 가죽으로 만들어 졌음을 짐작 할 수 있다.

〈그림 38〉 나주 반남면 신촌리(羅州 潘南面 新村里) 9호분 출토의 금동관은 대형옹관(甕棺)에서 발견된 백제의 관류 가운데 유일하게 남아 있는 가장 완전한 형태의 금동관으로 관의 외면에만 도금되어 있다. 〈그림 39〉 익산 입점리 출토 금동관모(金銅冠帽)는 5세기말~6세기 초의 것으로 추정되며 현재 내관만 남아 있고, 정면에서 보면 폭이 좁고 아래가 넓으며 위가 좁은 고깔모양의 변(弁)형태이다.

〈그림 40〉의 일본 구마모도현(態本懸) 에다후나야마고분(江田船山古墳)은 6세기초에서 출토된 금동관모는 형태적인 문양제작기법이 유사한 점으로 보아 금동관의 제작에 큰 영향을 준 것으로 보이고 백제와 일본의 정치적, 문화적 교섭관계를 짐작 할 수 있다.

〈그림 41〉무덤에서 발견된 인형 무덤에 부장된 인형으로 복두를 쓰고 단령을 착용하였다. 당대 문관의 복장으로 이를 통해 인형의 제작 연대 및 망자의

〈표 1〉

관의 종류	용어해설
의표(儀表)	예의, 풍속에 따른 신분표시를 나타내는 것
책(幘)	건, 머리띠 모양으로 신분을 나타낸다.
조우삽관(鳥羽揷冠)	고구려시대 여성의 건귁과 같은 것으로 남성은 복두에 가까운 모자
변(弁)	고깔모양의 관
절풍(折風)	고구려인들이 쓴 관모(위로 높게 솟아있고, 아래는 넓은 삼각형 모양)
소골(蘇骨)	고구려시대 남자의 관모 (일반남자의 관, 자색의 비단, 두 개의 깃틀상징)
사인(士人)	관직을 가지고 일처리를 할 수 있는 능력을 가진 선비
자라(紫羅)	자주색 그물로 만든 비단
절자옥(切子玉)	옥같이 귀한 사물을 지칭한다.

〈그림 38〉 나주반남면신촌리9호분출토 금동관

〈그림38-1〉 전남나주 신촌리 고분군 9호분 금동관 내관

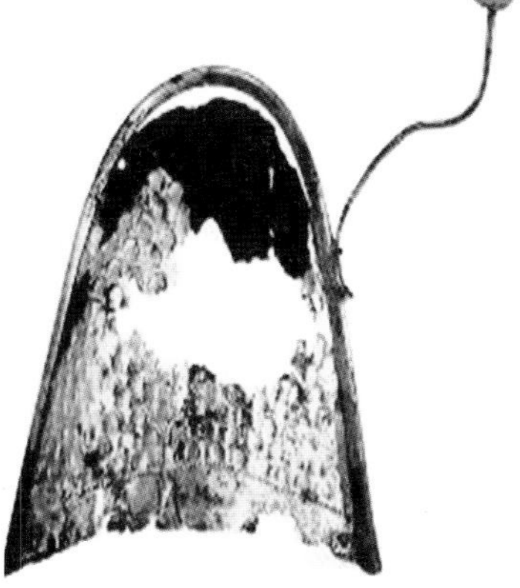

〈그림 39〉 익산입점리출토 금동관모

〈그림 40〉 에다후나야마고분출토 금동관모

〈그림 41〉 무덤에서 발견된 인형

신분 등을 가늠해 볼 수 있다. 뼈대를 길게 만들고 아래를 뾰족하게 깎아 묘실 바닥이나 시상(屍牀)에 꽂아 세울 수 있도록 하였다.

3) 복식과 장신구

백제의 의복은 고구려와 비슷하다. 왕은 소매가 큰 자주색 두루마기와 푸른 비단 바지를 입고, 검은 비단 관은 금꽃으로 장식하고 검은 가죽신을 신는다. 관리는 모두 다홍색으로 옷을 입고 은꽃으로 관을 장식하며 서민은 자주색이나 다홍색 옷을 입지 못 하게 하였다. 이미 북방에서 중국문화의 영향을 짙게 받아온 이주 집단으로 가장 세련된 귀족문화를 성립시키면서 백제왕은 지방 세력을 흡수하고 통제하는 과정에서 금동관모, 금동신발, 귀걸이, 허리띠 외 장식 큰칼 등을 중국산 도자기와 함께 지방 유력자들에게 내려 주었다.

이후 이런 유기물들이 화성, 천안, 서산, 공주, 익산, 고창, 나주, 고흥 등지에서출토 되었고, 선물로 전해진 일본열도에서 발견된 칠지도가 대표적인 사례이다. 삼국은 기본복식에 있어 대동소이 하다고 하였으니 제7대 고이왕 27년(260) 품관의 복색을 정한 바가 있었다. 관식(冠飾)과 의대 색(衣帶色)으로 상하의 등위를 구별해 놓은 관모는 일품관(一品官)에서 육품관(六品官)까지는 은화를 장식하고 7품에서 16품까지는 장식이 없었다. 의복인 왕복은 대수자포(大袖紫袍)에

■ 무열왕대의 복식

〈그림 42〉 왕과 왕비

청금고(青錦袴)를 입고 소피대(素皮帶)를 띠었으며 오혁리(烏革履)를 신었고 금화(金花)를 장식한 오라관(烏羅冠)을 착용하였다고 했다. 평민에게는 왕복의 자색과 관복의 비색을 금하였다.

1971년 7월 공주에서 제25대 무령왕릉이 발견된 고분에서 왕과 왕비의 금제 관식, 금제 귀고리, 목걸이, 팔찌, 왕의 금제 뒤꽂이, 은제 과대와 패식(佩飾) 그리고 금동 ·은제의 식리(飾履) 두 켤레 등 총 52종 3,496점이 출토되었다. 이로써 당시 호화스러움을 짐작하게 한다. 왕과 왕비의 의복은 삼국의 복식 중에서 가장먼저 관제를 정한 복식으로 저고리, 바지, 치마, 포로 정착 시켰으며, 신분과 직위, 품계에 따라 조복, 상복, 공복, 편복, 제복에 따르는 장신구 착용이 각각 달랐다.

백제의 신하인 〈그림 31〉 양직공도와 〈그림 32〉 왕회도는 선 장식이 둘러진 장유(長襦)와 대구고를 입고 허리에 대를 착용하고 머리는 관모, 신발은 검은 화(靴 가죽신)를 신고 있는 모습을 볼 수 있다.

백제는 고구려보다 한층 다양한 장신구를 발견 할 수 있었던 것은 무령왕릉에서 출토된 왕과 왕비의 것으로 보이는 금장식은 백제 문화가 얼마나 우아하고 화려한지를 보여 주었고 문양과 세공기술에 있어서 신라의 장신구류와 견주어도 손색이 없을 정도의 예술품으로 부드럽고 아름다운 곡선미를 추구 하였다.

장신구는 이미 구석기 시대 이전 사냥이나 채집을 통해 획득한 동물의 이빨, 뼈, 조개 등으로 목걸이의 장식을 만들어 주술적인 의미로도 사용되어 왔음을 알 수 있다. 따라서 다양한 품목의 장신구들이 개발되면서 장식의 기능을 강화하여 삼국시대에 이르러서 귀고리, 반지, 팔찌, 목걸이 같은 장신구의 발달은 제작과 착용에 있어 신분계급에 따른 철저한 규제가 되기도 하였다. 공주 무령왕릉에서 출토된 장신구류는 왕과 왕비의 금제장식, 금제목걸이, 왕의 머리뒤꽂이, 왕비의 은제 팔찌, 마디 있는 목걸이 등 모두가 화려한 작품으로 AD, 6세기 초반의 뛰어난 금속공공예술을 보여준다.

금동관모 및 은제관 존재 의미와 장식에 있어서 금동관모와 은제 관식의 출토지가 서로 다르게 나타난 것이 특성적으로 보여지는데 공간적 분포양상과 형태적 분석으로 편년과 분기설정의 세부적인 것은 우선 공간적 분포로 아산만에서 금강, 영산강 유역, 남해안까지 아우르고 있는 것으로 모두 교통의 요지 혹은 거점지역을 두었다. 머리양식은「북사열전」에서 '여자는 머리를 땋아 뒤로 늘이되 출가하게 되면 두 갈래로 나누어 머리 위에 얹는다.'라는 기록과 「주서」에 '미혼녀는 땋아서 머리 위에 둥그렇게 얹고 한 갈래로 내려 수식(修飾)하며, 기혼녀는 두 갈래로 나누었다는 기록이 있는데 이것으로 보아 백제 여인의 머리모양은 길고 아름답게 가꾼 머리로 생활하는데 편리하게 땋거나 묶어서 두상의 어느 한 점에 고정시켰고 또 반올림머리로 옆머리, 앞머리는 올려서 얹고 뒷머리는 길게 늘어뜨려 멋을 창출했다는 것을 짐작할 수 있다. 백제 여인의 머리형태로 남아 있는 그림은 삼천 궁녀의 이야기를 상상으로 그린 그림인 쌍환계가 있다.

(1) 금동관모 출토지 특성

전통묘제인 토광묘와 분구묘는 석관묘에서 출토되었으며, 일부 횡혈식석실 묘에서 확인되기도 하였다. 석실묘는 중앙의 묘제를 지방에서 모방하여 만든 것으로 초기적 속성을 지니고 있으며 본 묘제들은 한성기인 4세기 후반에서 5세기로 편년되어 모든 묘제가 도읍지가 아닌 지방에서 일정한 권역을 가지고 출토되었다.

금동관모는 고깔형태의 내관으로 기본적인 형식으로 되어 있고 문양과 판금기법은 4세기 후반에서 5세기 중반의 시기로 용, 봉문, 이엽, 삼엽문과 투조기법으로 5세기 중. 후반에 새롭게 등장하는 연화문과 타출기법으로 획기적인 변화를 이루어 냈다. 〈그림 43〉 전라북도 익산시 팔봉면 석왕리 쌍릉 돌방(石室) 내에 안치되어 있던 목판에 사용된 장식금구와 형태가 거의 같은 것이 부여 능산리에서 출토되었는데 연꽃무늬를 새겨 장식하고 있다.

능산리의 출토품은 테두리에 음각선을 돌렸고, 아랫부분의 목관에 삽입되는 부분에는 둥근 구멍이 있는 직사각형 금구가 달려 있다. 이로 보아 이 장식은 원래 능산리 고분에서 출토된 것과 같을 것으로 추정된다. 〈그림 44〉 출자형 금동관으로 부식이 심하여 표면의 금박이 많이 벗겨져있다. 대륜위에 4단의 출자형 입식이 3개 있고, 출자형 입식 양측에 수지형 입식이 각각 1개씩. 대륜 아래의 2개의 수식. 중공식의 태환식고리 아래로 철사로 감은 철심3개가 연결된 장식부에는 달개와 곡옥이 달려 있고, 장식부 끝은 긴 하트형의 달개로 되어있다.

⑵ 은제관식의 이해

은제관식은 중앙묘제로 판단되는 정형화된 횡혈식석실 묘에서 출토되었고, 묘제들은 사비기인 6세기 중반에서 7세기에 이르는 편년이 확인 되었다. 도읍지인 부여뿐만 아니라 지방을 포함한 밀집지역에서 출토되었던 양상을 띠고 있는 은제관식의 형태적 분석을 살펴보면 제작방법 및 형태, 문양 등이 모두 동일한 점이 특징이다. 다만 제작방법에 따라 정교함과 은판의 두께, 길이 등이 모두 동일하지 않고 다른 양상을 보여주기도 한다. 은제관식에서 표현된 꽃봉오리의 의미는 무엇일까? 정확히는 알 수 없지만 왕의 금화(金花)가 실물에서 당초문좌에 연화문 꽃봉오리를 형상화 한 것으로 이해 하고자 한다.

⑶ 장신구의 특징

수정, 마노, 비취, 호박, 유리 등으로 만든 구슬류가 대부분인 수정은 절자옥(切子玉), 비취와 호박은 곡옥(曲玉), 마노는 관옥(管玉), 유리는 환옥(丸玉)이 많다 이 구슬들은 대부분 목걸이로 사용 되었다. 귀걸이와 목걸이 중에서 가야의 귀걸이는 주로 금이나 금동으로 만든것은 고리에 연결된 긴 사슬의 끝에 공 모양의 드리개를 매단 것이 대표적이나 끝부분 장식이 3개달려 있다는 것이 특징이며 형태는 하트모양 원추형 잎사귀 모양 등 다양한 열매모양이 많다. 〈그림 45〉 금 귀고리 한 쌍의 길이는 6.3cm 이다. 호화로운 장식이 달려있다. 굵은 고리를 중심으로 2가닥의 장식을 길게 늘어뜨렸다. 원통형의 중간 장식 끝에 금판으로 된 커다란 나뭇잎 모양과 무늬가 없어 간소하지만 앞·뒷면에 타원형의 작은 잎을 하나씩 붙여 변화를 주었다. 원통형의 중간 장식에는 금선과 금구슬을 이용해 서로 마주보게 연결하였다. 〈그림 46〉 무령왕릉에서는 곱은옥에 금장식을 씌워 장신구에 사용한 것들이 여러 점 나왔다. 모자형 장식은 얇은 금판을 모자형, 탄환형, 관형(管形)으로 만들고, 표면에는 기하문(幾何文), 능형문(菱形文), 원형문(圓形文) 등이 누금으로 장식되어 있다 길이 6cm, 너비 2cm, 길이 3cm, 너비 1.5cm이다.

〈그림 47〉 하나의 귀걸이는 부여 능안골 고분군 32호분, 시굴조사에서 34기의 고분은 보존상태가 좋은 횡혈묘(고분3호 묘)와 무덤방 및 배수로를 갖춘 13.5㎝의 대형(석실 묘 14호) 등이 새롭게 발견된 것이 있다. 〈그림 48〉 무령왕릉에서 발견된 청동거울로 청동신수경, 의자손수대경, 수대경의 청동신수경은 '방격규구문경'이라는 중국 후한의 거울을 모방하여 만든 것으로 거울 내부에는 반나체 인물상과 글이 새겨져 있는 문양은 한나라의 거울에서 흔히 볼 수 있는 것이다. 의자손수대경은 중국 한대의 수대경을 본떠 만든 복제품으로 거울 중앙의 꼭지를 중심으로 9개의 돌기가 있고 안에는 크고 작은 원과 7개의 돌기가 솟아있다. 수대경 역시 한나라 때 동물 문양을 새겨 넣은 수대경을 본받아 만들어진 것. 그러나 한나라 거울에 비해 선이 굵고 무늬가 정교하지 못하다. 〈그림 49〉 공주의당 금동 관음보살 입상은 금동불중 가장 아름다운 백제 불상 가운데 하나이다. 미소를 띤 통통한 얼굴과 늘씬한 신체, 두 갈래로 땋아 양쪽 어깨까지 자연스럽게 늘어뜨린 머리(보발(寶髮))를 살짝 구부려 움직임을 표현한 왼쪽 무릎과 경계가 뚜렷한 면으로 이루어진 층 단식 옷주름을 시원스럽게 흘러내려 교차하는 천의자락, 도깨비 장식판을 중심으로 두 가닥으로 갈라지는 영락(瓔珞)띠와 낮지만 안정감이 있는 연꽃대좌 등이 매끄러운 표면 질감과 어우러져 아름다운 형태미를 발산한다.

몸 앞에서 교차하는 천의는 어깨 뒤로 넘어가 U자 모양으로 길게 드리워져 있는데 이는 백제에만 있는 보주를 받든 관음보살상에 흔히 나타나는 특징이며 백제 7세기 전반, 국보 247호 높이 25㎝이다. 〈그림 50〉 연꽃에서 태어나는 보살은 호탄에서 출토되었다. 연꽃에서 사람이 나오는 모습을 묘사한 것으로 연화화생상(蓮花化生像)이라 한다. 망자의 혼이 극락에서 환생하는 모습을 나타낸 것이다. 일반적으로 석고상인데 반하여 도기로 제작한 드문 예다.

〈그림 43〉 목판에 사용된 금동장식

〈그림 44〉 출자형 금동관

〈그림 45〉 금제세환이식, 금가는고리귀걸이

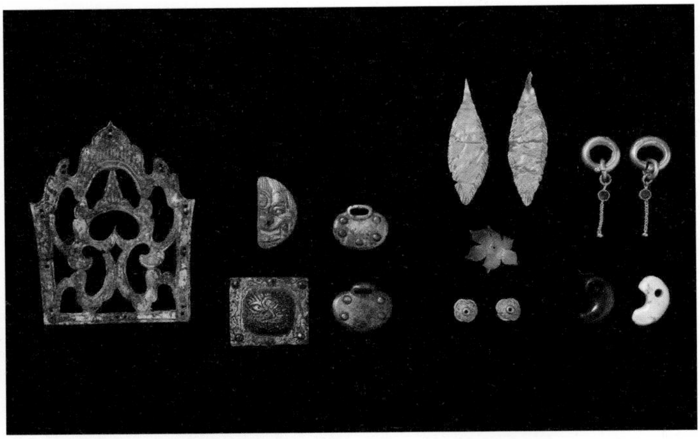

〈그림 46〉 금동 산모양 꾸미개, 금귀걸이

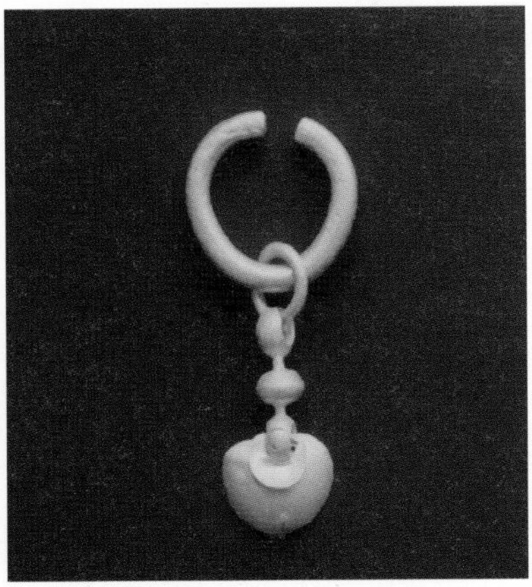

〈그림 47〉 귀걸이

〈그림 48〉 무령왕릉에서 발견된 청동거울로 청동신수경, 의자손수대경, 수대경

〈그림 49〉 공주의당 금동관음보살입상

〈그림 50〉 연꽃에서 태어나는 보살

백제 사회의 여인으로 머리 모양에 관하여는 고구려와 같이 고분으로 발굴된 자료가 적기 때문에 중국 문헌에서 그 단편적인 모습을 찾을 수 있다. 《북사(北史)》의 〈백제전〉에 의하면 "백제 여인들은 머리를 땋아 뒤로 드리우고 시집을 가면 나누어 두 가닥으로 만들어 머리 위에 서렸다고 한다.

처녀의 땋은머리와 기혼녀의 얹은머리를 설명한 것으로 볼 수 있다. 《주서(周書)》의 〈이역전(異域傳) 백제조〉에는 "미혼일 경우에는 머리를 땋아 머리 뒤쪽으로 얹어 한 가닥으로 늘어뜨려 장식을 하였으며, 결혼한 다음에는 바로 두 갈래로 한다. 또한 기혼의 경우 머리를 둘로 나누어 머리에 얹은 형태이며 미혼녀는 머리를 땋아서 뒤로 늘이거나 땋은머리를 둥그렇게 얹은 후 한 가닥을 뒤로 내려뜨려 기혼녀와 구별이 되었음을 알 수 있다.

1) 쌍계머리

백제조에 따르면 "부인들은 분대를 바르지 않고 여자는 변발을 뒤로 늘어뜨리는데 출가하면 양쪽으로 나누어 머리 위에서 둥글게 튼다."고 하였다. 이것은 쌍계 형태를 의미하는 것으로서 국립부여박물관에 소장된 백제의 인물상을 보면 쌍계 형태의 남녀인물상을 볼 수 있다. 쌍계의 머리형은 또 머리 양쪽 양귓가에 모발을 묶어서 내리는 쌍수계식도 포함한다.

고구려 고분벽화의 여인과 감신총 벽화에 나타난 형태는 상부에 2개의 상투로 보이며 조선 정조12년(1788년) 10월 신묘조에 비변사에서 올린 가체신금절목에 쌍계는 시집가기 전 낭자들이 한다고 하였는데 이는 귀밑에서 양쪽으로 묶어 아래로 늘어뜨린 형태라고 생각된다. 인조때 예조의 계에서는 "왕세손 책례 때는 쌍동계, 쌍옥도, 공정책을 한다."고 하여 책례 때 남자가 쌍계를 틀었음을 알 수 있다.

변발수후라는 것에 있어서 우선 변발이라는 것은 퉁구스족, 몽고족, 터키족의 공통된 풍속으로 두발을 땋아서 머리 뒤에 늘어뜨리는 극히 자연스러운 수발법으로서 미가녀(未家女)가 변발수후라 한다. 아울러 출가하면 이를 두 줄로 갈라 머리

위에 서려 얹었다. 백제의 혼례에 대해서는 고구려의 사례를 통하여서도 일정 부분은 추정할 수 있다. 곧 유교적인 혼례 원리와 상치되는 자유혼의 허용이나 고구려의 서옥제(壻屋制)와 같은 토착적 관행 습속은 기층민들 사이에서 전승되었을 것이다.

또한 〈수서(隋書)〉에는 고구려에서는 혼인이 이루어지면 남자 집에서 돼지고기와 술만을 보내며, 재물을 보내는 것은 수치로 여긴다고 하였다. 한국의 전통 혼례의 관행으로서 이를 백제의 혼례에 한정하여 논의할 수는 없을 것이다. 다만 백제와 관련된 특징으로 지적할 수 있는 것은 전남지역의 경우는 다른 곳과는 달리 시가(媤家)로 돌아가는 시기가 짧게는 1년, 길게는 3년 정도의 기간이 걸렸는데 이는 마한(馬韓)의 유제가 남아 있었기 때문이다.

2) 밑머리

밑머리란 치마머리(상투를 틀때 머리에 덧둘러 감은 다른머리 형태)나 다리를 드릴 때 본래부터 있는 제 머리털을 이르는 말이다. 댕기와 비녀만으로 머리를 꾸미고 조선시대 여성들의 머리 모양으로 표현된 대표적인 명칭은 고계(高髻)이다. 조선시대가 시작되면서부터 여성들의 대표적인 머리 모양은 고계(高髻)로 표현되었으며 조선시대 중기에 이르면서 가체(加髢)머리, 트레머리가 등장하여 사회문제가 되기도 하였다. 여성들의 머리 모양이 처음부터 어떤 변화를 일으켜 고계(高髻)라는 형태가 널리 퍼진 것이 아니었다. 고려시대부터 자연스럽게 이어져 온 게 고계(高髻)였던 것이다.

그 중에서도 밑머리, 딴머리는 가체(加髢) 머리를 통해서 알 수 있다. 시대에 변화된 과정을 살펴보면 밑머리와 딴머리와 가체(加髢)머리는 고계(高髻)이면서도 기생들이 머리 위에 올린 형식이 다르다는 것을 알 수 있다. 백제 시대에는 머리모양에 관하여는 자료가 적기 때문에 중국 문헌을 통해서 살펴 볼 수 있다. 〈북사열전〉에 여자는 머리를 땋아 뒤로 늘이되 출가하게 되면 두 갈래로 나누어 머리 위에 얹는다.' 라는 기록과 〈주서〉에 미혼녀는 땋아서 머리 위에 둥그렇게 얹고 한 갈래로 내려 수식한다. 기혼녀는 두 갈래로 나누고 다닌다.는 기록이 있는데 이것으로 보아 백제 여인의 머리는 길고 아름답게 가꾼 머리를 생활하는데 편리하게 땋거나 묶어서 두상의 어느 한 점에 고정시켰고 또 반올림머리로 옆머리, 앞머리는 올려서 얹고 뒷머리는 길게 늘어뜨려 멋을 창출했다는 것을 짐작할 수 있다. 당나라와의 교역으로 다양한 머리가 유입되어 쪽머리에 가체를 올린 커다란 얹은머리가 유행 되었다. 오늘날 궁녀머리에 표현되었던 머리모양을 가체를 활용하여 현대화 머리 모양을 표현 할 수 있다.

3) 삼천궁녀머리

중국과의 왕래가 빈번하여 일찍이 중국 남조 문화를 수입하고 백제 사회의 여인으로 머리 모양에 관하여 고구려와 같이 고분으로 발굴된 자료가 적기 때문이다. 중국 문헌에서 그 단편적인 모습을 찾을 수 있다. 고란사 절뒤 벽화에서 볼 수 있듯이 궁녀들이 이곳의 절벽에서 떨어져 죽었다는 전설이 있다. 삼천궁녀의 쌍계에서 표현된 형태는 양쪽으로 나누어 머리 위에서 둥글게 계(髻)를 짓고 있다. 이것은 상부에 2개의 계(髻)가 있고 높이 솟게 한 형태로 쌍상투로 크게 보인다. 후두부 모양은 밑으로 내려 보이는 모양은 "낭자 쌍계머리" "낭자쪽머리"를 만들기 위해 가체를 땋아 머리 뒤에서 좌우로 갈라 두 개의 쪽을 진 형태이다. 본 연구자는 문화행사를 위해 세 개의 계를 만들고 가체를 활용하여 작품 제작을 하였다.

〈그림 51〉 삼천궁녀머리 교육용작품 재현

전면

❶ 분무기의 물과 오일을 사용하여 곱게 빗어 포니테일 묶음을 한다.

❷ 두 개의 계(髻)를 만들어 둔다.

❸ 만들어 둔 두 개의 계(髻)를 중앙부분에 고정시킨다.

❹ 곱게 빗은 머리 정수리위에 두 개의 계(髻)를 엮어 안착시킨다.

❺ 연꽃 문양의 장신구를 활용하여 화려하고 우아함을 나타낸다.

후면

❶ 땋은머리 가체(加髢)를 준비해 둔다.

❷ 땋아 놓은 가체(加髢)를 중심 부위에 올려서 핀으로 고정한다.

❸ 두 개의 쪽을 만들어 연결시킨다.

❹ 유핀을 이용하여 귀 뒤쪽으로 떨어지지 않게 고정한다.

❺ 목 지점 양쪽에 장식을 하고 핀, 장신구, 비녀로 마무리한다.

❻ 네이프에서 하나의 쪽을 하였을 경우 쪽머리 연출을 나타 낼수 있다.

❼ 두 개의 쪽을 연출하고자 할 때는 낭자 쌍계머리 형태가 된다.

백제 시대 대표적인 머리형태

〈그림 52〉 여인의 쌍계머리

머리의 두정부 좌우에 틀어올린 2개의 상투, 쌍계의 머리형은 양쪽 양귓가에 모발을 묶어서 내리는 쌍수계식도 포함한다. 조선 정조12년(1788년) 10월 신묘조에 비변사에서 올린 가체신금절목에 쌍계는 시집가기 전 낭자들이 한다고 하였는데 이는 귀밑에서 양쪽으로 묶어 아래로 늘어뜨린 형태라고 생각된다. 인조때 예조의 계에서는 "왕세손 책례 때는 쌍동계, 쌍옥도, 공정책을 한다."고 하여 책례 때 남자가 쌍계를 틀었음을 알 수 있다.

〈그림 53〉 쌍쌍투

쌍쌍투의 여인들

머리 좌우의 정수리 주변 가까이에 두 개의 상투 머리를 솟게 한 것으로 머리 양쪽 귓가에서 모발을 묶어서 내리는 쌍수계식도 이에 포함된다. 장년과 노년을 가리지 않고 머리숱이 많은 사람들은 좌우로 나누어 이 쌍계머리를 하였다. 백제와 신라도 고구려와 거의 같은 형태의 머리 모양을 하였다.

〈그림 54〉 **비천계**

비천–남북조, 하남성 고분벽화

중국의 《북사(北史)》와 《수서(隋書)》에 보면 부인은 분을 바르거나 눈썹을 그리지 않았고, 시분무주(施粉無朱)라는 분을 바르되 연지는 바르지 않았다는 것을 보아 백제인들은 중국이나 고구려를 통해 받아들인 화장을 그대로 모방하기보다는 은은하고 단아한 고유의 멋을 부린 것으로 보여진다.

■ 궁녀복은 바닥에 닿을 정도로 긴데 머리모양은 두개로 올려놓은 듯한 쌍환계

〈그림 55〉 부소산성의 궁녀사 영정

백제왕 20년 사비성이 함락 되던날 나·당연합군의 창칼과 연기속에서 겨우 빠져나온 삼천궁녀들은 의자왕이 있는 부소산성으로 올랐으나 산을 포위하고 있는 그들을 피하여 충절을 기리기 위해 백마강 낙화암에서 꽃처럼 몸을 던졌다 하여 그 넋을 기리고 있다.

〈그림 56〉 백제시대 삼천궁녀(고란사벽화)

4) 궁녀 머리모양 현대화 머리모양의 재해석

전통머리가체는 무겁고 길어서 불편하여 현대머리형태에 연출하기를 거부해 왔다, 하지만 전통혼례나 현대 웨딩에 있어서 올림머리는 필수적이다. 가체(加髢)를 활용하여 현대 감각에 맞는 올림머리를 제작해 보았다.

순수미 표현

가체

장신구

04

신라 시대

신라시대 연대표 (B.C.57 ~ A.D.935, 삼국사기 기준)

신라	년대/(代)/왕호	약사
1代	박혁거세 혁거세 거서간 B.C.57–A.D.4 신라 최초의 왕, 박씨의 시조	어진 왕 지혜로운 왕 61년 만인 서기 3년, 혁거세는 하늘로 올라가고 7일 뒤에 몸만 땅으로 흩어 떨어졌다.
2代	남해. 차차웅4–24 박남해(朴南解), 왕호(王號): 차차웅(次次雄),자충(慈充)	22년(남해 19)에는 전염병, 24년(남해 21)에도 메뚜기 떼가 곡식을 덮쳤다. 24년(남해 21)에 사망.사릉원(蛇陵園) 안에 매장.
3代	유리이사금 박유리(朴儒理), 왕호: 이사금(尼師今) 24–57,(재위기간),	태풍. 57년(유리 34)에 병이 들어 사망. 죽은 뒤에 부친인 남해차차웅과 마찬가지로 사릉원(蛇陵園)에 매장.
4代	탈해이사금 석탈해(昔脫解), 토해(吐解)라고 함. 왕호: 이사금(尼師今) 57–80년(재위기간)	학문을 익혀 이름이 나게 되었고 제2대 왕 남해왕의 눈에 띄어 남해왕이 딸을 주어 아내로 삼게 함. 대보라는 관직을 주어 정사를 맡게 했다. 유리왕에 이어 왕위에 올랐다.
5代	파사이사금 박파사(婆娑) 왕호: 이사금(尼師今) 80–112년(재위기간)	101년(파사 22) 금성(金城) 동남쪽에 월성(月城)을 쌓고 그곳으로 왕궁을 옮김. 그후 112년(파사 33) 겨울에 사망. 사릉원(蛇陵園)에 매장.
6代	박지마(朴祗摩), 지미(祇味)라고 함. 왕호: 이사금(尼師今) 112–134(재위기간)	지마이사금은 23년 동안 신라를 다스리다가 134년(지마 23) 가을에 사망함.
7代	박일성(朴)逸聖), 왕호:이사금(尼師今) 134–1543대 유리이사금의 맏아들.	147년(일성 13)에는 파사이사금 때에 복속시켰던 압독국(押督國, 지금의 경상북도 경산)에서 반란, 이를 평정하고 한편, 일성이사금 때에는 자연재해가 자주 발생, 154년(일성 21) 봄에 사망함.
8代	박(朴), 이름:아달라(阿達羅), 왕호: 이사금(尼師今) 154–184(재위기간)	170년(아달라 17)에는 금성에 지진, 서리와 우박 때문에 농작물 피해, 171년(19년)에는 전염병 174년(아달라 21)에는 우물과 샘이 모두 마를 정도로 심한 가뭄. 아달라이사금은 184년(31년) 봄에 사망함.
9代	벌휴이사금 석벌휴(昔伐休), 발휘(發暉) 184–196(재위기간)	벌휴이사금은 민생도 중하게 여겨 186년(벌휴 3)에는 직접 각 주와 군을 돌면서 민정을 살핌. 187년(벌휴 4)에는 농사철에는 토목사업을 금지. 196년(벌휴 13) 여름에 사망함.

10代	내해이사금 석내해(昔奈解), 왕호: 이사금(尼師今) 196-230	충훤을 강등시키고 연진을 이벌찬으로 삼아 224년(내해 29) 백제를 공격해서 승리를 거두고 봉산성(烽山城)을 쌓음. 230년(내해 35) 봄에 사망함.
11代	조분이사금석조분(昔助賁), 제분(諸賁) 230-247(재위기간) 9대 벌휴이사금의 손자,	천재지변도 자주 발생, 233년(조분 4) 여름에는 지붕의 기와가 날아갈 정도로 세찬 태풍, 237년(조분 8)에는 메뚜기 떼가 창궐. 246년(조분 17)에는 금성 인근에서 지진이 발생. 247년(조분 18)에 사망함.
12代	첨해이사금 석첨해(昔沾解), 왕호: 이사금(尼師今) 247-261(재위기간)	신라에 복속해 있던 사량벌국(沙梁伐國)이 배신해 백제와 손을 잡자 석우로(昔于老)를 보내 멸망, 주(州)를 설치. 지역은 상주(上州)라고 하였으나, 뒷날 경덕왕(景德王) 때에 상주(尙州)로 명칭이 바뀜. 그해 겨울 갑자기 병으로 사망함.
13代	미추 이사금 김미추(金味鄒), 왕호: 이사금(尼師今) 262-284(재위기간)	석우로(昔于老)의 아내가 남편의 복수를 위해 왜의 사신을 불에 태워 죽여서 왜인들이 금성(金城)으로 쳐들어오는 일이 벌어지기도 했다. 미추이사금은 284년 겨울에 사망함. 죽장릉(竹長陵)이라고도 하는 대릉(大陵)에 매장.
14代	유례이사금 석유례(昔儒禮), 왕호: 이사금(尼師今)	290년(유례 7)에는 홍수로 월성(月城)이 무너져서 이를 보수. 298년(유례 15) 겨울에 사망함,
15代	기림이사금 석 기림((昔基臨) 혹은 기립(基立), 왕호(王號)는 이사금(尼師今) 298-310(재위기간)	기림 10년에 나라이름을 다시 '신라(新羅)'라고 함.《삼국유사》에는 '신(新)'은 덕업이 날로 새로워진다는 의미이고, '라(羅)'는 사방의 백성들을 모두 망라한다는 뜻, 기림이사금은 310년(기림 13) 여름에 병으로 사망함.
16代	흘해이사금석흘해(昔訖解), 왕호(王號):이사금(尼師今) 310-356(재위기간)	344년(흘해 35) 여름에는 큰 나무가 뽑힐 정도로 심한 태풍, 350년(흘해 41)에도 큰 비가 열흘이나 계속되어 수많은 민가가 물에 잠기고 13곳에서나 산사태가 발생, 356년(흘해 47) 여름에 사망함.
17代	내물마립간 김내물(金奈勿), 나밀(那密) 356-402	내물마립간 때 천재지변도 자주 발생, 백성들이 굶주리고 유랑자가 많아지자 왕은 사신을 보내 창고를 열어 그들을 구제, 이듬해에는 전염병, 메뚜기 떼의 피해로 흉년, 내물마립간은 402년(내물 47) 봄에 사망함.
18代	실성마립간 김실성(金實聖), 왕호: 이사금 402-417(재위기간)	신라는 412년(실성 11) 고구려에 내물마립간의 아들인 복호(卜好)를 인질로 보내 우호 관계를 강화. 이듬해에는 한강 유역의 평양주(平壤州)에 큰 다리를 만듬. 내물마립간의 태자인 눌지를 제거하려다 오히려 죽임을 당함. 왕호는 삼국유사 기록.

19代	눌지마립간 김눌지(金訥祗), 왕호: 마립간(麻立干) 417–458(재위기간)	천재지변 자주 발생, 초가을에 서리로 인해 곡식이 죽는 바람에 자손을 내다파는 일 발생. 봄에는 소나무껍질을 벗겨 먹을 정도로 식량이 부족, 태풍, 큰 지진, 등 농업을 장려. 438년(눌지 22)에는 소달구지(牛車)의 사용법을 백성들에게 보급 458년(눌지 42) 가을에 사망, 맏아들이 왕위를 계승하는 장자상속제가 확립, 왕권이 강화.
20代	자비마립간 김자비(金慈悲), 왕호: 마립간(麻立干) 458–479(재위기간)	사벌군(沙伐郡)에서는 메뚜기떼가 창궐.465년(자비 8), 469년(자비 12) 홍수 피해. 471년(자비 14)에는 금성에서 땅이 갈라지는 일이 벌어졌고 478년(자비 21)에는 금성에 지진발생. 자비마립간은 479년(자비 22) 봄에 사망함.
21代	소지마립간 김소지(金炤知/照知), 비처(毗處)라고 함. 왕호: 마립간(麻立干) 479–500(재위기간)	22년 동안 신라를 통치하면서 민생을 중시하는 정치를 펼쳐 성인(聖人)이라는 칭송을 받음. 그는 500년(소지 22) 겨울에 사망함.
22代	지증왕 김지대로(金智大路), 지도로(智度路)나 지철로(智哲老) 500–514(재위기간)	파리성(波里城) · 미실성(彌實城) · 진덕성(珍德城) · 골화성(骨火城) 등 12개의 성을 쌓음. 505년(지증왕 6)에는 주(州) · 군(郡) · 현(縣)의 지방행정체계를 정함. 선박의 이용을 제도화. 지증왕은 514년에 사망함.
23代	법흥왕 김원종(原宗),시호:법흥(法興) 514–540(재위기간)	금관가야 병합. 540년(법흥왕 27) 가을에 사망함.
24代	진흥왕 김삼맥종(金彡麥宗)이며, 심맥부(深麥夫) 540–576(재위기간)	북한산(北漢山 555년) · 창녕(昌寧 561년) · 황초령(黃草嶺 568년) · 마운령(摩雲嶺, 568년)의 진흥왕순수비(眞興王巡狩碑)와 단양적성비(丹陽赤城碑) 등은 당시 신라의 영토 확장과 관직제도 등을 알려주는 귀중한 자료.
25代	진지왕 김사륜(金舍輪), 금륜(金輪)이라 함. 시호: 진지(眞智) 576–579	왕위에 올라 나라를 다스린 지 4년 만에 주색에 빠져 음란하고 정사가 어지러우므로 (어지러움으로) 나라 사람들이 그를 폐위됨, 579년(진지왕 4) 가을에 재위 4년 만에 사망함.
26代	진평왕 김백정(金白淨). 시호: 진평(眞平) 579–632(재위기간)	진평왕은 54년의 긴 재위 기간 동안 커가는 신라를 튼튼히 앉혀 놓은 장본인이다. 행정조직을 정비해 왕권을 강화하고 적극적인 외교정책을 실시함.

27代	선덕여왕 김덕만(金德曼). 시호: 선덕(善德) 632-647(재위기간)	신라 최초로 여자로서 왕위에 오름.《삼국사기》에는 당시 월성으로 큰 별이 떨어지자 선덕여왕이 몹시 두려워하였으나 김유신이 불을 붙인 허수아비를 연에 실어 하늘로 띄워 병사들의 사기를 북돋은 덕분에 승리선덕여왕은 647년 여름에 사망함.
28代	진덕여왕 김승만(金勝曼). 시호는 진덕(眞德) 647-654(재위기간)	김춘추가 당나라에 다녀온 뒤 중국의 제도와 문물을 적극적으로 받아들어 649진덕여왕 3년 정월에 관리들의 의관(衣冠)을 중국식으로 바꿈. 650년에는 즉위 이후에 사용하던 '태화'라는 연호를 당나라의 연호인 영휘(永徽, 650~655)로 바꾸어 중국의 연호를 사용. 진덕여왕(8년) 봄에 사망함.
29代	태종무열왕 김춘추(金春秋). 시호: (諡號)는 무열(武烈), 묘호(廟號)는 태종(太宗) 654-661(재위기간)	무열왕이 당에 가서 황제에게 의대(衣帶)를 받아온 뒤부터 신라에서 당의 의복제도 받아들임. 사후에 직계자손으로 8대째 왕위가 계승되면서 120년 동안 정치의 안정에 기초한 황금기. 무열왕은 즉위 8년 만에 사망함.
30代	문무왕, 법민왕(法敏王) 김법민(金法敏), 시호: 법민, 661-681(재위기간)	676년(문무왕 16)에는 나당전쟁(羅唐戰爭)에서 승리해 당나라 세력을 몰아내고 옛 고구려의 남쪽 지방까지 영토를 크게 넓혔다. 삼국 통일을 이루어 낸 왕. 681년(문무왕 21) 음력 7월 사망함.
31代	신문왕 김정명(金政明), 자(字)는 일초(日炤). 시호: 신문(神文) 681-692(재위기간)	왕권을 강화하고 귀족들의 저항을 막기 위한 조치 취함. 결혼을 최대한 이용해 왕실의 위엄을 드러냄.
32代	효소왕 김이홍(金理洪), 이공(理恭)이라함. 시호: 효소(孝昭) 692-702(재위기간)	효소왕 말기에는 정치적 불안정 암시하는 표현, 702년(효소왕 11) 음력 7월에 16세의 어린나이로 사망. 망덕사(望德寺) 동쪽에 매장.
33代	성덕왕 김흥광(金興光), 시호: 성덕(聖德) 702-737(재위기간)	어린 나이에 왕위에 올랐지만 36년에 이른 재위 기간에 신라는 정치적 안정을 누리며 제도의 정비와 문물의 발달을 이룸. 당나라와 우호적 관계를 유지함. 737년(성덕왕 36)에 사망함.
34代	효성왕 본관은 경주(慶州)김, 김승경(金承慶), 시호: 효성(孝成) 737-742(재위기간)	740년(효성왕 4)에는 붉은색 옷을 입은 여인이 예교(隸橋) 밑에서 나와 조정을 비방하다가 홀연히 사라졌다. 왕실의 전제왕권이 점차 약화 된 시기.

35代	경덕왕 김헌영(金憲英), 시호: 경덕(景德) 742–765(재위기간)	765년(경덕왕 24) 여름에 사망, 모지사(毛祇寺)의 서쪽 봉우리에 매장.《삼국유사》에는 경지사(頃只寺) 서쪽 봉우리에 매장, 나중에 양장곡(楊長谷)으로 이장 기록.
36代	혜공왕 김건운(金乾運), 시호: 혜공(惠恭) 765–780(재위기간)	신성(新城)에 있던 장창(長倉)도 불에 타 버린 기록. 8세에 즉위 왕권이 약해지고 정치적 반란사건이 많았음.
37代	선덕여왕 김양상(金良相), 시호: 선덕(宣德) 780–785(재위기간)	정치적 불안정이 계속, 784년(선덕왕 5)에는 스스로 왕위에서 물러나겠다고 밝힘. 신하들의 반대로 계속 왕위에 머무르게 되었으나, 785년(선덕왕 6) 정월 13일에 병으로 사망함.
38代	원성왕 김경신(金敬信), 시호: 원성(元聖) 785–798	불교 진흥 정책 펼침, 785년(원성왕 1) 에 승려 가운데 재주와 덕행이 있는 자를 등용, 794년(원성왕 10)에는 봉은사(奉恩寺)를 창건 서궁(宮西)에 망은루(望恩樓), 보은사(報恩寺)와 망덕루(望德樓)로 전해짐 798년(원성왕 14) 음력 12월에 사망함.
39代	소성왕 김준옹(金俊邕), 시호: 소성(昭聖/昭成) 799–800(재위기간)	798년(원성왕 14) 음력 12월에 왕위에 오른 소성왕은 799년(소성왕 1) 부친은 혜충대왕(惠忠大王)으로, 모친은 성목태후(聖穆太后)로 추봉했다. 소성왕은 800년 음력 6월에 왕위에 오른 지 2년도 않아 사망함.
40代	애장왕 청명 · 중희,시호: 애장(哀莊) 800–809(재위기간)	13세에 즉위하여 숙부들인 김언승과 이찬 김제옹(金悌邕)이 일으킨 반란에 의해 시해됨. 애장왕을 호위하던 동생 김체명도 함께 살해되었다.
41代	헌덕왕 김언승(金彦昇), 시호: 헌덕(憲德) 809–826(재위기간)	824년 패강(浿江 : 대동강(大同江))에다 우잠태수(牛岑太守) 백영(白永)에게 명하여 3백 리나 되는 장성(長城)을 쌓게 함 사망 후 천림사(泉林寺) 북쪽에 매장.
42代	흥덕왕 김수종(金秀宗)으로 수승(秀升), 경휘(景徽)826–836(재위기간)	진골(眞骨)과 6두품, 5두품, 4두품, 평민을 남녀로 구분해 의복과 장신구 등의 복식(服飾)을 법령으로 정해서 사치를 금함. 836년(흥덕왕 11) 음력 12월에 사망.
43代	희강왕 김제륭(金悌隆), 제옹(悌顒)이라 함. 시호는: 희강(僖康) 836–838(재위기간)	(김명의 난) 희강왕은 자신도 무사하지 못할 것을 알고 궁중에서 목을 매어 스스로 사망. 소산(蘇山)에 매장, 오늘날 경주시 내남면 망성리에 있는 희강왕릉은 사적 제220호로 지정.

44 代	민애왕 명(明), 시호: 민애(閔哀) 838–839(재위기간)	이찬 대흔(大昕)과 대아찬 윤린(允璘) · 억훈(嶷勛) 등을 보내 김양의 군대를 공격케 했으나 다시 크게 패함. 측근들이 뿔뿔이 흩어져 월유택(月遊宅)으로 도주했으나 병사들에게 사망. 839년 음력 1월 23일에 사망. 당시 나이는 23세.
45代	신무왕 839–839(재위기간)	왕위에 오른 지 얼마 되지 않은 839년 음력 7월 23일에 사망. 신무왕은 죽은 뒤에 제형산(弟兄山) 서북쪽에 매장되었으며, 태자인 김경응이 제46대 문성왕으로 왕위 오름.
46代	문성왕 김경응(金慶膺), 시호: 문성(文聖) 839–857(재위기간)	853년 여름에는 홍수, 가을에는 서남 지방에 메뚜기 떼가 창궐해 곡식에 큰 피해, 857년 음력 9월에 병 사망.
47代	헌안왕 김의정(金誼靖), 우정(祐靖), 시호 :헌안(憲安) 857–861(재위기간)	농사를 권장하는 교서를 내림. 헌안왕 5명 정월에 병이 위중해지자 당시 16세였던 사위 김응렴에게 왕위를 물려주라는 유언을 남기고, 그 달 29일에 사망.
48代	경문왕 김응렴(金膺廉/凝廉), 시호: 경문(景文) 861–875(재위기간)	874년에는 이찬 근종(近宗)이 반란, 이들을 물리치고 근종과 그의 무리들을 수레에 묶어 찢어 죽임, 이는 우리나라에서 거열형(車裂刑)에 관한 가장 오랜 기록. 875년(경문왕 15) 음력 7월 8일에 사망.
49代	헌강왕 김정(金晸), 시호: 헌강(憲康) 875–886(재위기간)	정치적 안정이 유지. 자연재해 없이 해마다 풍년이 들어 백성의 삶도 안정화.
50代	정강왕 김황(金晃), 시호: 정강(定康) 886–887(재위기간)	887년 음력 5월 병이 들자 시중인 준흥에게 자신에게 뒤를 이을 자식이 없으니 누이동생인 김만에게 왕위를 물려주라는 유언을 남김. 그 해 음력 7월 5일에 사망.
51代	진성여왕 이름은 만(曼) 887–897(재위기간)	농민 반란이 일어나다. 888년에는 신라에 큰 흉년, 사치 풍조가 부른 신라의 위기를 만들어낸 자연 재해, 스스로 왕위에서 물러남. 그해 12월에 사망.
52代	효공왕 이름은 요(嶢), 시호는 효공(孝恭) 897–912(재위기간)	907년(효공왕 11)에는 견훤이 일선군(一善郡) 이남 지역의 10여 개 성을 점령, 909년(효공왕 13)에는 궁예에 의해 진도군(珍島郡)과 고이도성(皐夷島城)을 빼앗겼다.

01 신라의 건국(B.C 57~A.D 4 재위)

박혁거세(朴赫居世)가 세운 나라로 935년(경순왕)까지 56대로 992년간 지배하고 있던 한국사에서 가장 오랫 동안 존속했던 고대국가로서 기원 후 676년 고구려와 백제를 멸망시키고 삼국을 통일하여 천년의 역사를 이끌어온 나라이다 국호는 503년에 신라라고 확정하기 전까지는 '사로', '서라벌'등으로 이는 새로운 땅 해뜨는 동쪽 나라라는 뜻으로 표기 하였다. 서라벌은 땅이 기름지고 맑은 숲과 내가 있으며, 비가 알맞게 내리고 넓은 들 한가운데는 알천이 흐르고 이곳을 중심으로 알천 양산촌, 돌산 고허촌, 취산 진지촌, 무산 대수촌, 금산 가리촌, 명활산 고야촌 등 여섯 마을이 잡고 있었다.

각 마을의 촌장들이 모여 알천 동쪽에 건국에 대한 회의를 마친 후 촌장들에 의해 거서간(居西干)은 기원전 57년 4월13세 나이에 왕위에 올랐다. 설화에 의하면 촌장들이 왕의 추대를 논하자 하늘에서 한줄기 빛이 내려와 양촌동 나정우물 옆에 있는 숲속을 비췄다.

빛이 닿는 동시에 백마한필이 무릎을 꿇고 하늘을 향해 절하는 모습을 보고 달려 나갔지만 백마는 울음소리를 내며, 하늘로 사라지고 말았다. 백마가 절을 하던 곳에서 커다란 알을 발견하고 만지는 순간에 깨진 알 속에서 알 수 없는 향내와 광채를 띤 사내아이가 나타났다. 촌장들은 소벌공이라는 이름을 짓고 알에서 나왔다고 해서 성을 박이라 하고 세상을 밝게 다스린다는 의미로 혁거세로 이름을 지었다. 아이는 소벌공이라는 촌장이 맡아서 키우고 10살이 되자 튼튼하고 재주가 뛰어났다. 13세 나이에 왕으로 추대 되면서 서라벌은 해마다 풍년이 들고 백성들은 태평성대 노래를 불렀다.

즉위 5년째 되는 해에 알영이라는 왕비를 맞이했다. 신라시대 여성이 나랏일을 돌본 사례는 고구려나 백제에서는 볼 수 없는 특별한 경우이며, 7세기 진평왕과 마야부인(摩耶夫人) 김씨의 장녀인 덕만은 아버지가 아들 없이 세상을 뜨자 화백회의의 추대를 받아 처녀의 몸으로 왕위에 올랐다. 그가 우리 역사상 최초의 여왕인 제 37대 선덕여왕이다.

1 문화적 배경 (B.C 57~A.D 935)

상대(上代:시조~28대 진덕여왕, 647-654(재위기간) 원시부족국가와 씨족국가를 거쳐 고대국가로 발전하여 골품제도가 확립된 시기라 하고 중대(中代:29대 무열왕 654-661(재위기간)신라 최초의 진골 출신으로 삼국을 통일하고 전제왕권(專制王權)이 확립되어 문화의 황금기를 이룬 시기이다.

그리고 하대(下代: 780~785(재위기간) 37대 선덕왕~56대 경순왕, 927~935(재위기간)는 골품제도의 붕괴, 족당(族黨)의 형성 및 왕권의 쇠퇴로 호족(豪族)·해상세력이 등장하면서 멸망에 이르렀다. 골품제도는 신라가 중앙집권 국가의 모습을 갖춘 4세기 후반 내물왕 때 왕권이 강화되고 신분제도가 생겨나면서 신라는 행정구역에 수도 6부와 지방을 5주로 나누어 국교는 불교로 지증왕, 법흥왕, 진흥왕에 이르면서 크게 발전하여 삼국통일 기반을 마련하였다. 왕비의 복식은 현재 남겨진 실물이 없어 구체적인 모양을 알 수 없으나, 동시대의 주변국 복식을 통해서 기본 형태를 파악할 수 있다.

출토된 각종 장신구를 보아 그 화려함의 전반을 추측할 수 있으며, 당시 여성의 기본 복식인 저고리와 치마를 착용하고 그 위에 포를 걸쳤는데, 신분과 직위에 따라 섬세한 문양이 표현되어 있는 고급 직물을 사용하여 옷의 가장자리에 짙은 선을 넓게 둘러주었다. 머리에는 왕족의 권위를 보여주는 금관을 착용하고 허리에는 각종 모양의 띠드리개가 매달려 있는 금속 대를 착용하였다. 특히 황남대총(경주시 황남동 사적 제 40호)에서 발견된 신라 왕비의 것으로 추정되는 높이 27.5cm의 신라 금관의 전형적인 형태를 갖추고 있으면서, 다른 금관보다 옥을 많이 달아 화려함이 돋보인다.

세계적으로 금관의 발굴분포 상황을 보면 가장 화려한 형상의 금관들이 한반도 남부의 경주 지역에 집중 분포되어 있는 것을 알 수 있다. 순금으로 만들어진 고대왕관은 전 세계에서 10여점에 불과 하며 그 절반에 이르는 5점이 우리나라 신라 고분에서 발굴되었다.

선덕여왕의 어진에 보이는 금관은 서봉천에서 출토한 봉황금관이라 하여 천조사상(天鳥思想)이 반영되어 있음을 알 수 있다. 관 양쪽에 길게 늘어뜨린 입식(立飾)은 관영(冠纓)의 역할을 하는 동시에 금관과 조화를 이루고 있어 더욱 화려하며, 금제태환이식을 귀에 걸고 목에는 4줄의 유리옥을 6조로 연결하여 종과 횡의 균형을 시도한 화려한 목걸이를 걸고 있다.

1) 신라복식 개요

우리 복식은 신라에서 오늘날까지 구조상에 차이가 없다는 것이다. 2천년 동안 변함이 없었으며 관모(冠帽)를 소중히 여기는 것도 오랜 전통이다. 상고복식의 전통으로서 가장 한국적인 것으로 지목되는 금관은 당시 왕자(王者)가 샤먼을 겸하고 있었으므로 무관(巫冠)에서 연유한 것으로 추측된다. 그 조형은 스키타이지방에서 전승받은 것으로 추정된다.

신라복식은 일반적으로 남성의 경우 저고리와 바지, 여성의 경우 저고리와 치마를 착용하며 의례복으로 긴 포를 착용하였다. 또 수서와 북사의 동이전에서 신라시대 의복은 대개 고구려, 백제와 같은데 복색은 소(素)를 숭상하였다고 기록되어 있다. 백의를 숭상하는 백의민족의 전통이 이미 신라시대부터 있었다. 제42대 법흥왕은 복식 금제를 내렸는데 복식 금제 중단의(短衣)가 나오는데 단의를 상체에 착용하는 짧은 상의이니 포(袍)에 비해 짧다고 보았으며 내의라고 하는 단의는 전통적인 저고리에 비해 변형된 것으로 짐작하기도 한다.

28대 진덕여왕 때 김춘추가 당(唐)에 청병(請兵)하러 갔다가 의대(衣帶)를 가지고 와서 김춘추가 무열왕이 되면서 조관(朝官)에게 조의관(朝衣冠)을 입히게 되었다. 그 후 문무왕 4년(664)에는 여성에게도 중국 의상을 입도록 하게 하였다. 또한 흥덕왕 9년(834) 복식금제가 만들어 상하간의 복식의 차등을 통해 지배계급의 위엄을 과시하여 신분질서를 확실히 하였다. 표기된 금제의 내용으로 미루어 발전된 직조술을 가지고 있었음을 알 수 있다. 또한 이 시기에는 호복계통인 고유복식의 구조 위에 삼국시대에 없었던 새로운 복식이 등장하는데 관모에는 복두와 의복에 있어서는 반비(半臂) 또는 '표' 그것이다. 여자들의 경우 평상시에는 바지만 입고 생활하다가 외출할 때에 예복용으로 치마를 덧입던 것도 삼국시대와 다를 바가 없었다. 바지의 모양은 남녀 모두 바지통이 넓은 대구 고를 입었고, 계급에 따른 차이는 옷감에 두었다.

한편 서민의 노동복은 길이가 짧고 바지통이 좁은 쇠코 잠방이형의 바지가 착용되었던 것으로 보인다. 치마의 모양은 치마허리와 끈으로 구성됨으로써 근본적으로는 삼국시대와 같았다. 통일신라시대의 치마는 표상과 내상이 있었다. 이시대 여성들의 치마는 매우 화려했을 것으로 보이며, 그 길이 또한 땅에 끌릴 정도로 토우상을 통해 추측할 수가 있다. 바지나 단의에 금니, 은니, 협힐 등을 사용하여 매우 화려했을 것으로 추측된다.

TIP

▶ **반비(半臂)** : 상의의 맨 위에 입는 소매가 없거나 아주 짧은 겉옷

▶ **표상** : 겉치마

▶ **내상** : 안치마

▶ **금니** : 금박이라하고 은니는 은박이라 함

▶ **협힐** : 판을 대고 하는 문양을 염색하는 방법

▶ **돌방무덤** : '개무덤' 혹은 '고려장'으로 불리던 무덤

▶ **패식** : 몸에 부착하는 것

2) 복식 문화

복식이란 인체 위에 표현되는 모든 것을 총괄하여 일컫는 것으로 '복(服)'은 주로 몸통과 팔다리를 감싸는 의복을 말하고 '식(飾)'은 머리에 쓰는 모자나 관, 발에 신는 신이나 허리에 두르는 띠 등 여러 가지 장식을 의미한다. 복식은 인체를 자연환경으로부터 보호하여 주고 인간의 생리작용을 보조해 주는 보건 위생적인 기능을 가지고 있을 뿐만 아니라 인간이 사회 환경에 적응하여 자기의 개성미를 표현하여 주고 소속된 사회에 연대감을 나타내 주어 일상생활을 원만하게 할 수 있도록 해주는 사회적 기능도 가지고 있다.

복식은 외부의 자연적·인위적 위해로부터 신체를 보호하고 해충이나 오물, 먼지, 세균 등으로부터 피부를 보호해 주며 또 여름의 뜨거운 햇볕에 의한 화상이나 겨울의 동상으로부터도 피부를 보호하여 준다. 뿐만 아니라 피부에서 분비되는 땀이나 피지 등을 흡수하여 피부를 깨끗하게 유지시켜 준다.

기온에 따라 신체 피부온도가 변하므로 자신의 활동 능력을 최대한 발휘할 수 있는 활동성과 생명 유지를 위하여 의복을 입고 벗음으로써 체온 조절을 한다. 사회적 측면을 살펴보면 복식은 각 개인의 개성과 품격이 나타날 수 있도록 자신을 아름답게 꾸미려는 장식욕구를 가지고 있기 때문에 이러한 장식에 대한 욕망을

만족시키기 위하여 그들 각 개인과 그 시대의 미적 가치관에 따라 아름답다고 생각되는 여러 가지 의복과 함께 몸 위에 표현함으로써 자신의 개성미와 지위를 나타내려고 한다. 사람들이 여러 가지 의식이나 행사 등에 참석할 때 공통적인 의복을 착용함으로써 사회적인 연대감을 표현하게 된다.

결혼식이나 장례식에 예복을 착용함으로써 사회생활의 예의를 갖추고 원만한 인간관계를 유지할 수 있다. 〈그림 1〉의 바지는 기마 민족의 기본 복식으로 몽고의 노인 울라(Noin-Ula)에서 발굴된 바지(기원 전후 1세기경)가 전형적인 유물로 남아 있다. 고려시대에는 병사의 폭이 좁은 궁고(窮袴), 일반인의 관고(寬袴)가 있었고, 양식에 겹고와 단고가 있었다. 바지라는 명칭은 조선시대에 들어 정인지(1396~1478)가 '파지(把持)'라고 한 것이 최초이다.

〈그림 2〉 수렵도에서 말타기와 활쏘기를 하는 서북방 기마 민족들이 입던 호복(胡服)계통의 의복이며 진취적인 기백과 상무적인 기상을 느끼게 한다.

신라시대 바지(가반, 고의, 대구고, 궁고)

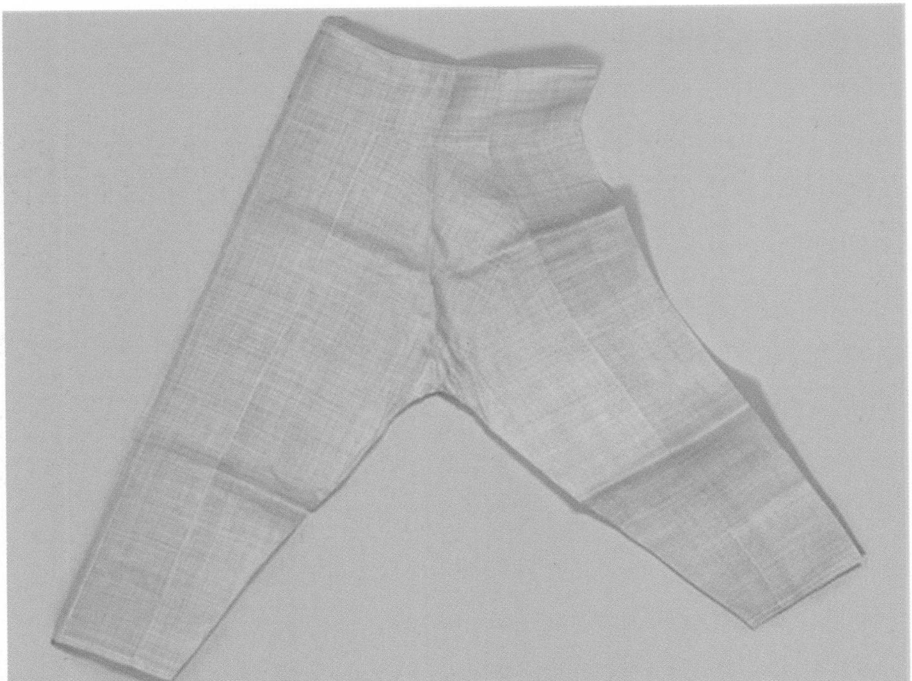

〈그림 1〉 기마 민족의 기본 바지

〈그림 2〉 기마인

3) 토용에 나타난 복식의 특색

오늘날 이러한 복식의 특색을 유물로써 검증하면 몽고의 노인 울라에서 우리의 복식 중 바지를 잘 보여주고 4, 5세기의 무용총 고구려 벽화에서 그 원초형태를 알 수 있다. 이 원초 형태는 저고리가 둔부까지 내려오는 것이고 깃 부분이나 소매 끝의 단(衣端)에 선이 둘러져 있는데 이것도 한 복식의 영향이지만 한복의 특색으로 볼 수 있으며 이들 복식에는 허리띠가 있는 것도 하나의 특색으로 받아들일 만하다. 3세기의 중국문헌에서부터 백의를 숭상한다고 되어 있는데 이는 조선말에 이르도록 별로 변동이 없었다.

따라서 한민족은 백의민족이라는 칭호를 붙이나 그것은 서민의 의복이었을 뿐

관원들의 의복은 색복이 주가 되었다. 〈그림 3〉은 1986년에 용강동 돌방무덤에서 출토된 남자토용 15점과 여자토용 13점, 청동제십이지신상 7점이 함께 출토되었다. 문관상은 높이가 높이 17cm이다. 머리에 복두를 쓰고 왼손과 오른손을 아래위로 포개어 홀(笏)을 들고 있는 것과 손가락의 선들이 매우 또렷하다. 얼굴은 덥수룩한 턱수염이 잘 표현되어 있을 뿐만 아니라 우뚝 솟은 코, 꽉 다문 입과 지그시 감은 눈 등을 볼 수 있다.

긴 겉옷은 땅에 닿아 있고, 두 발은 어깨 너비로 벌리고 있는 듯 하며, 신발의 끝만 보인다. 고운 점토로 만들어서 구운 다음, 몸 전체에 백토를 입히고 그 위에 붉은 색으로 칠한 흔적이 얼굴과 발에 남아 있는 모습으로 보아 다소 경직된 문관상의 모습은 앞 시기의 생동감 넘치는 토용들과 대조적이다. 『삼국사기(三國史記)』를 보면 '진골은 홀을 잡을 수 있다'는 기록이 있는데, 무덤 주인공은 왕족이나 높은 지위에 있었던 인물로 여겨진다. 문관상은 당(唐)의 복식(服飾)을 보여주고 있다.

〈그림 3〉 덥수룩한 턱수염이 잘 표현되어 있는 신라의 문관 토용과 〈그림 4〉 사람의 입성(服飾)거리와 사회생활을 알 수 있는 중요한 실마리를 제공할 토용이 신라 땅 용강동에서 출토된 토용은 '흥덕왕 복식금제'에 나타난 명칭들을 푸는 열쇠가 된다. 용강동에서 나온 토용은 크기는 아쉽게도 남자는 13.8cm~20.5cm, 여자는 11.7~17.2cm 이며, 금, 은으로 만든 관이나 허리띠, 신, 칼, 목걸이, 귀걸이 반지 같은 것들은 많지만 입성 모양새는 다행이도 '고구려와 비슷하다'라고 했다. 경주 박물관 소장된 토용무사는 크기의 전체높이 15.4cm인 것과 14cm인 것이 있다. 〈그림 5〉 토용은 통일신라 7세기 후반 경 만들어진 것으로 높이가 높이 16.5cm이다.

통일신라시대 흙으로 만들어진 곳으로 여인상은 왼손으로 입을 가려고 수줍은 웃음을 띠는 모습으로 여인의 단정하고 교태 스러운 아름다움을 느끼게 한다. 머리는 가르마가 선명하고 한 손에는 병을 들고 있고 발끝만 살짝 나와 있다. 웃 저고리와 치마 자락에 주름을 표현하여 실재 옷과 같은 부드러움을 느끼게 한다. 당나라 인물용의 영향을 받아서 신라 특유의 것과는 약간 차이가 있으나 소매통이 좁은 착수 형태의 단령 저고리는 가슴선에서 슬림한 형태의 치마를 이중으로 착용한다. 신라 기록에는 문무왕 5년(665)에 당으로 부터 성덕, 효성, 원성, 경문왕 5년(865)까지 왕 이하 재상들의 관복과 옷감이 들어오면서 통일 이후 성덕왕(702 ~736) 당현정으로 태평성대를 누리던 중 사치와 낭비가 심해지고, 복식제도가 문란해지자 42대 흥덕왕 9년(834)에 금제가 내려졌다.

진골대등, 진골에서 부터 6두품, 5두품, 4두품, 평민가지 6등급으로 나누고 금제 항목은 모자부터 신, 버선, 옷감의 굵기, 색까지 21가지를 정했다. 금제사항은 남성보다 여성이 2배가 많아 있다. 용강동 출토된 토용은 겉에는 흰색과 붉은색(緋色)으로 다르게 칠한 것으로 나뉘는데 상류계층으로 보이는 것은 크고 붉으며 여인용은 크게 두 부류로 나뉜다. 〈그림 6〉 긴 치마를 가슴높이로 입고 길게 늘어뜨려 발끝만 나오게 하였으며 상체는 길게 늘어지는 숄(shawl)과 같은 표(褾)를 두르고 있다. 머리모양은 정수리부분을 하나로 둥글게 묶고 양 옆은 삐죽 튀어나오게 하였다.

〈그림 7〉의 여자상은 저고리 위에 치마를 입어 전반적인 실루엣의 변화를 표현하고 있다. 이 유물은 신라에 있어서 8세기를 대표하는 토용으로써 몸 전체에 백토를 발랐는데 옷이 걸쳐진 부분은 채색하였다. 〈그림 8〉 여인상 토용은 통수 형태의 단령저고리, 소매부리로 갈수록 소매통이 넓어지는 광수형태의 저고리이며, 발등을 덮는 긴 길이의 치마를 가슴선에서 착용하였다.

머리는 정수리에 바짝 올려 넓게 서려 얹고, 풍만하고 살찐 몸매에 여유 있고 넉넉한 옷을 입었다. 치마말기는 저고리 위로 얹은 다음 가슴 위치에 매고 허리띠를 매었는데 띠는 다시 앞으로 늘여 내렸다. 그리고 목 아래 가슴팍은 훤히 드러내놓았으며 치마는 풍성하고 땅에 끌리도록 길다. 이중에서도 제일 크고 통통한 여인 하나는 소매가 넓고, 신코는 살짝 치마 밖으로 솟아올라 신코 끝에다 땅에 끌리는 긴치마 단을 살짝 얹어 놓았다.

저고리 위에 걸쳐 입는 치마는 두 어깨에 걸리도록 멜빵이 있는데 이는 앞가슴 위에 횡으로 연결되어 가슴위에는 네모모양으로 목덜미까지 노출되어 있다. 오늘날 저고리의 옷고름을 묶지 않고 그대로 늘어뜨린 모습처럼 보인다. 이와 같이 통일신라시대는 치마를 저고리 밖으로 착용하게 되면서 허리띠가 겉으로 드러나 허리띠의 장식적인 효과를 극대화 하여 그 어느 시대보다 허리띠 장식에 더 많은 정성을 들인것으로 보인다.

〈그림 3〉 신라시대 문관상

〈그림 4〉 토용무사

〈그림 5〉 여인상:경주. 황성동.돌방무덤 출토

〈그림 6〉 토용이 걸치고 있는 포 (피백)

〈그림 7〉 여자상: 경주. 용강동. 돌방무덤 출토. 8C

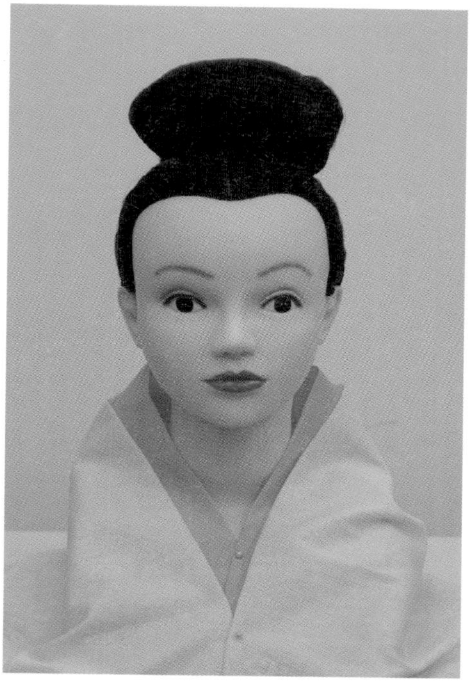

토용에 표현된 머리모양 재현

〈그림 8〉 여인상: 경주. 용강동. 출토. 8C

4) 토우

토우는 기원(祈願 빌고 바라는 의미)용 의 성격으로 만들어진 것과 주술(呪術)용, 제의(祭儀)용의 성격으로 만들어진 것으로 분류할 수 있다. 신라의 토우는 순장(殉葬制度 임금이나 귀족이 죽었을 때 신하나 종을 함께 묻는 장례법) 제도에서 비롯된 것으로 사람을 산채로 묻는 풍습이 너무 잔인하여 흙으로 빚는 형상으로 대체하여 묻게 된 것이 토우의 기원이다.

토우의 대부분 차지하고 있는 인물상은 여성이 많다. 이유는 생산과 풍요를 상징하는 의미로 무덤 속에 함께 넣었다. 그러나 아쉽게도 김진숙(2010)논문에서 여성의 여러 모습으로 형상화 되어 있는 토우에서 머리모양을 정확하게 파악 할 수 있는 것은 더물다고 밝히고 있다.

〈그림 10〉 인면문원와당(人面文圓瓦當)는 경주시내 폐사지 영묘사터에서 발굴된 것으로 일제시대 일본인의 수중에 들어갔다가 70년대 중반 경주박물관으로 되돌아온 것중 토용형식으로 만든 기와를 볼 수 있다. 앞면에는 각종 문양을 새겼는데 암막새기와 수막새에 새겨진 막새를 한자어로 와당(瓦當) 이라고 칭한다. 삼국시대 때 고구려 장군총, 신라의 황룡사지, 백제의 미륵사지 등에서 발견 된 얼굴 무늬 수막새에 새겨진 기와를 '신라의 미소'라고 불리어졌는데 이는 다른 문양과 달리 사람의 얼굴을 대상으로 한 것으로 보아 신라의 안정기를 염원하는 것으로 해석이 되며. 〈그림 11〉 가릉빈가무늬수막새는 지붕재용으로 두께 1.7cm이다. 신라가 통일 이후 건물에서 시대의 변화를 알 수 있다. 〈그림 12〉 연꽃무늬 틀은 수막새기를 만들기 위한 도구로 사용되었다.

〈그림 9〉 김진숙(2010) p.35

〈그림 10〉 인면문원와당(人面文圓 瓦當) 수막새

〈그림 10-1〉 수레바퀴 살 모양의 무늬. 막새면, 연꽃무늬

〈그림 11〉 가릉빈가무늬수막새

〈그림 12〉 연꽃무늬수막새기와 틀

02 신라(B.C 57~A.D 668)와 통일신라(A.D 668~935) 복식문화

신라의 생활 문화적 특징은 골품제도의 신분에 따라 가사규제(家舍規制)를 시행하였으며, 계급과 빈부에 따라 음식문화의 차이가 나타나고, 혼례는 신분에 따라 규율이 혼인결정에 중요한 요소가 되었다. 따라서 제례는 다양한 신들에 대한 제사, 신앙을 중시했으며, 종교적인 측면은 불교가 성행했다. 676년 삼국통일을 기점으로 복식 유물이거의 남아 있지 않기 때문에 고서의 문헌기록과 토우(土偶흙으로 만든 인형) 및 고분출토 유물, 주변국의 유물자료, 선행 연구 등을 통해 유추 할 뿐이다.

신라의 고분에서는 검은색 칠을 한 나무빗이 은령총에서는 비녀도 출토되었다. 모발은 아름답고 길게 가꾸었으며, 부인들은 머리를 땋아서 감아 올리고 비단과 구슬로 아름답게 장식하였다. 또한 앞가르마를 똑바로 타고 뒤에서 틀어 쪽을 틀었다(북개(北髻)). 남자는 머리를 잘라서 팔고 검은 두건을 썼으며 머리카락을 팔고 살수 있었음을 알 수 있다. 복식금제령은 신분에 따라 엄격한 복식의 구분 및 사치를 금하기 위해 취해진 것으로 통일신라의 복식제도를 구체적으로 알 수 있게 하는 귀중한 자료이다. 복식금제(服飾禁制)에는 20여종 의복 식금제와 착용규정이 계급별 남.녀 별로 기록되어 있다.

이때 의복식 종류로는 관모(冠帽)·표의(表衣)·내의(內衣)·포(袍)·고(袴)·단의(短衣)·유(裗)·내상(內裳)·표상(表、裳)·반비(半臂)·배당(褙襠)·표(褾):목수건·요대(腰帶):허리띠·요반(䙅ｷ襻):허리끈·말(襪): 버선·말요(襪袎):버선목·화대(靴帶)였고 포색(布色)에 이르기까지 규제가 가해졌다.

이와 같은 내용을 토대로 통일신라 의복을 유추 하는데 있어 경주 황성동 토용, 용강동 토용, 경주용 강동석 실고분황 성동석 실고분에서 출토된 토용 등의 유물 자료와 고 신라때부터 이어져온 고유복식을 바탕으로 그 시기에 큰 영향을 주고받은 당(唐)의 복식과 주변국 의복식을 유추 근거자료로 삼아 통일신라 시대의 복식을 유추해 볼 수 있다. 신라의 여인들은 가체(加髢)의 미적 아름다움과 필요성이 전달되면서 당나라의 문물 도입으로 가체(加髢)의 사용은 문무왕 재위 4년(664)에 부인의 의복을 개혁하니 이 때 이후 의관이 중국과 같게 되었다는 기록으로 당나라의 가체(加髢)를 사용하는 풍속이 유행하였다는 사실은 통일 신라 시대와 당나라 여인의 고계(高髻)형태의 머리모양이 유입되면서 가체(加髢)가 부녀자들의 머리장식으로 사용되었다.

또한 가난한 남자는 머리를 깎아 팔고 다시 자라 상투를 틀 때까지 맨머리를 가리기 위해 흑건을 두르고 사람들이 잘라 판 머리틀을 모아 크게 가체(加髢)를 만들면 부녀자들은 이를 구입하여 머리장식의 고계(高髻)를 만들었다. 신라 여성의 복식문화는 〈그림 20〉, 〈그림 21〉, 〈그림 22〉는 머리 장식에도 이어져 찬란하고 화려한 장신구를 사용하였다. 또한 신라시대 여성의 머리 모양은 직위나 신분을 나타내기 위하여 높이 올리는 형이 유행하였으므로 이를 위해서 많은 도구가 필요했을 것으로 보인다. 신라시대의 각 고분에서는 머리에 사용된 뒷꽂이와 14개 정도의 가락지가 출토되고 있으며 재료는 은(銀), 금(金) 등이 대부분이고 옥(玉)제도 출토되고 있다. 반지에는 대부분 무늬를 새겼으며 반지 머리 쪽이 마름모꼴로 되어 있다.

1 복식에 표현된 장신구

금관에는 생사와 밀접한 관계를 가진 성스런 존재로 나무와 나뭇잎, 사슴뿔(샤먼) 장식 꽃과 풀을 장식하였다. 서봉총은 마립간(17대 내물 왕) 시기와 마찬가지로 5세기에서 6세기 초 경상북도 경주시 노서동 (노서리 129호분)에 위치 하며, 1926년 7~10월에 고이즈미 아키오 등에 의해 출토 되었다.

당시 스웨덴 황태자(훗날 구스타트 6세) 서봉총에 묻힌 사람들은 봉황장식을 금관을 쓰고 금장식을 한 허리띠를 찬 모습을 발굴하였을 때 현장방문 기념으로 스웨덴의 한자식 표현인 서전국의 서(瑞)자와 봉황(鳳凰)의 봉(鳳)잘 조합하여 만든것으로 이름이 붙여졌다. 금 귀걸이는 금판을 십자형으로 오려낸 네 가지의 끝에 금판을 둥글게 말아 붙여 돌기를 만들고 그 속에 암록색 유리옥을 각각 끼워 넣었다. 십자의 교차점에는 연결용 구멍을 뚫고 그 위에 작은 고리 하나를 붙인 다음 네 날개를 안으로 오므려 모자형(帽子形) 혹은 반원통형(半圓筒形)의 장식을 만들었다.

곱은 옥장식은 나무의 과실로 생명을 연장하는 상징으로 나뭇가지 모양을 금관에 달기도 하고, 〈그림 14〉 비녀 장식으로 치장을 하고 〈그림 15〉 귀걸이 〈그림 16〉 곱은 옥장식을 사용하였으며 〈그림 17〉 옥으로 만든 목걸이와 〈그림 18〉 연꽃 문양을 표현한 금과 옥, 목걸이를 사용 하였다. 〈그림 19〉 오백년의 문화적 의미가 담긴 손 가락지는 삼국인들의 공통 소유물이기도 하다.

〈그림 20〉 출(出)자 모양의 관은 평상시에 궁에서 사용하였으며 〈그림 21〉의 머리장식용의 뒤꽂이는 필수용의로 사용한 것으로 알 수 있다. 〈그림 22〉 통일신라 시대 빗과 〈그림 23〉 복식에 사용된 가위는 손잡이가 있는 것으로 보아 양날 부분에 옷감을 물리고 가위 등을 눌러 잘랐을 것으로 짐작된다.

길이 29㎝가 된다. 〈그림 24〉 금동가위는 길이 12.7㎝로 작은 동제가위로 가위날 부분이 약간 긴 세모꼴로 되어 있고, 그 위에 누금세공(縷金細工)과 같은 기법으로 당초문이 놓여져 있다. 금동가위의 특징은 손잡이는 없으나 날을 조절하고 누를 수 있는 부분은 가위날 보다 좁은 통형으로 구부려놓았다. 한자어로는 교도(交刀)·전도(剪刀)·협도(鋏刀) 등으로 쓴다.

1) 수식(首飾)의 개념

머리에 직접 쓰거나 사용하는 머리장식을 위해 붙이거나 묶거나 늘어뜨리는 소품을 수식이라 한다. 비녀, 첩지, 댕기, 족두리, 화관, 떨잠, 관 등을 머리 장식이라 하며, 기본재료는 옥류, 순금, 은, 구리, 보패, 패식 등 목적에 필요한 머리를 치장하는 장신구를 말한다.

실용적인 기능과 자신의 미적 의식을 표현하기 위해 머리에 부착하는 것으로 인간의 원초적인 장식기능과 주술적인 기능, 의례적인 기능, 신분적인 기능 등을 포함하여 시대 변화와 함께 발전하고 변화하는 것이 각 시대의 흐름과 특징이다.

〈그림 13〉 서봉총 금관

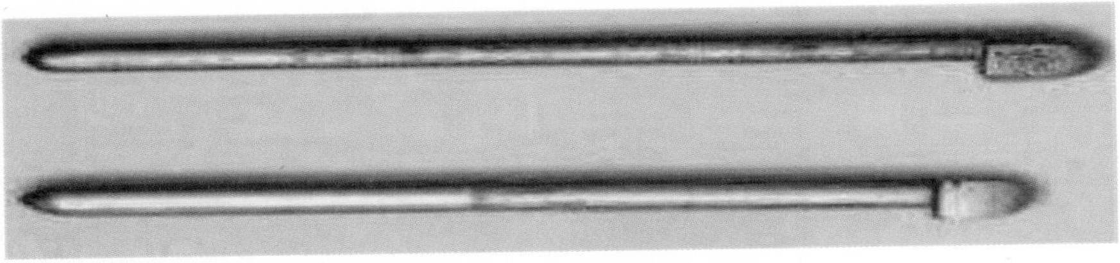
〈그림 14〉 민잠

옥잠

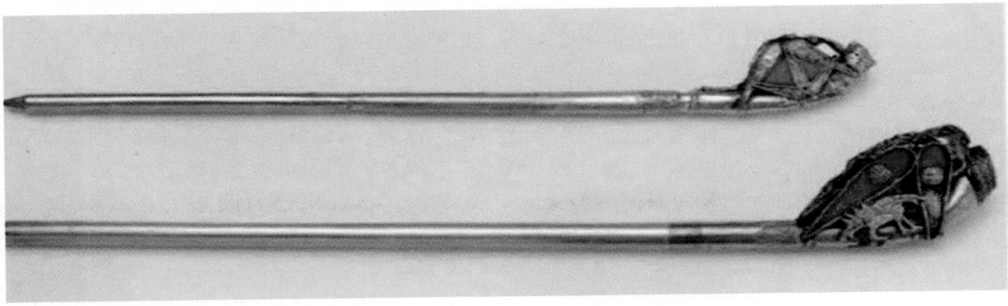
파란죽 비녀

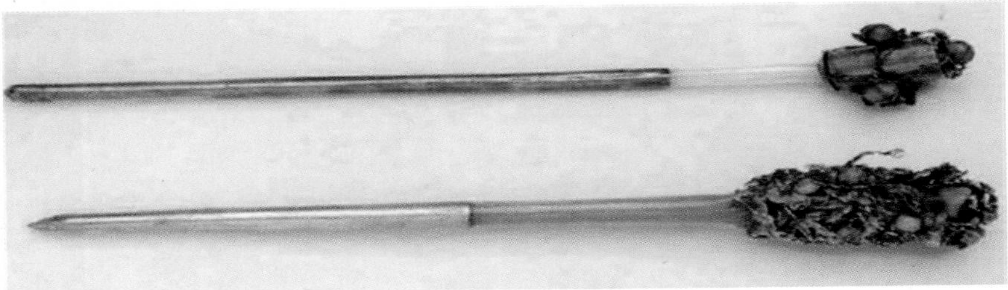
영락비녀

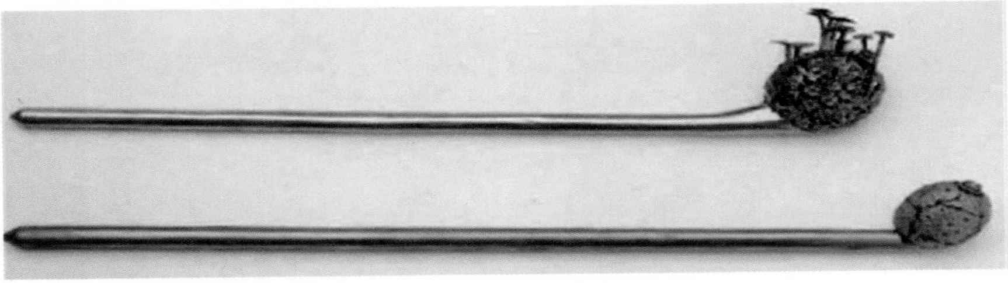
금화잠

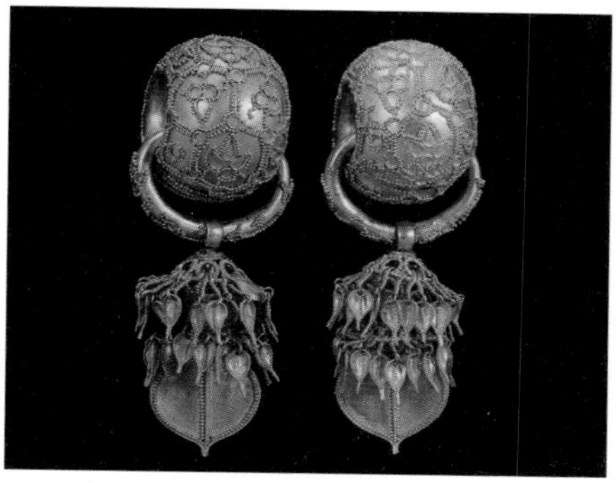
〈그림 15〉 신라시대 귀걸이

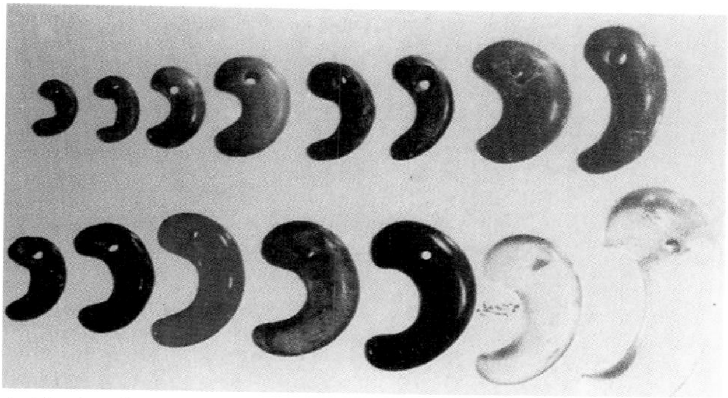
〈그림 16〉 곱은 옥장식

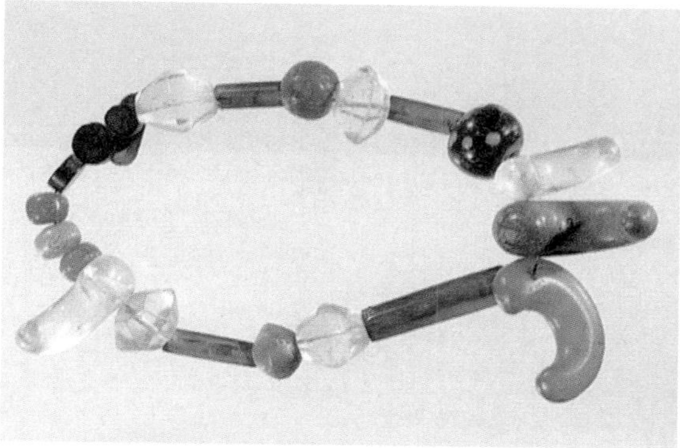
〈그림 17〉 유리보석 목걸이

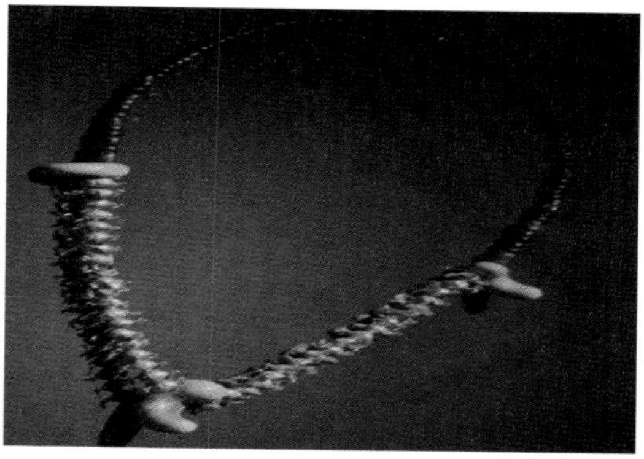
〈그림 18〉 연꽃 문양을 표현한 금과 옥, 목걸이

〈그림 19〉 오백년의 문화적 의미, 손 가락지

〈그림 20〉 출(出)자 모양의 관은 평상시에 사용

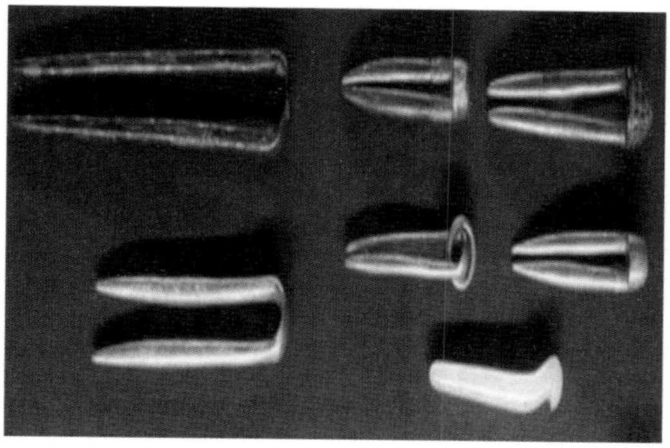
〈그림 21〉 머리장식 뒷꽂이

〈그림 22〉 통일신라시대 빗 장식(호암미술관 소장)

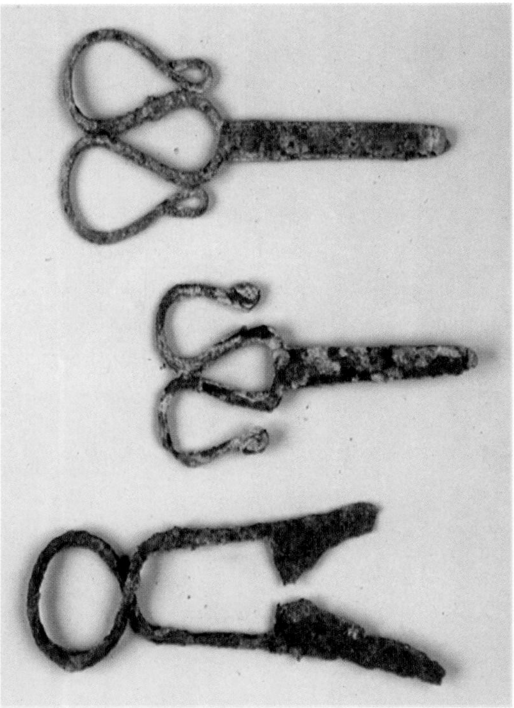

〈그림 23〉 복식에 사용된 가위

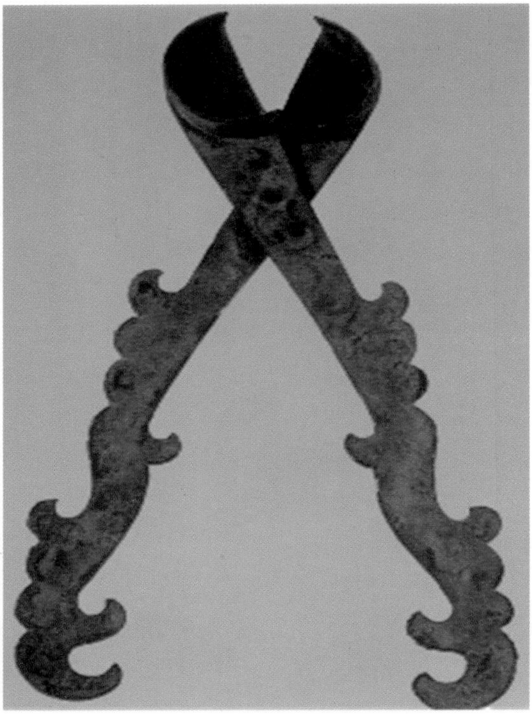

〈그림 24〉 금동가위

2) 생활상의 도구

신라의 생활상에 쓰임을 받았던 도구의 일부는 약 550만 년 전 인류가 지구상에 발자취를 남기기 시작 할 때 나무와 함께 시작했다. 인류는 불을 발견하고, 나무와 돌을 사용하여 도구를 만들면서 문명은 점차 발전을 이루었다. 〈그림 25〉~〈그림 32〉와 같이 나무를 이용하여 만든 생활용기는 오늘날 우리와 함께 다양한 모습으로 성장하고 있다. 이와 같이 여러 종류나 용기류 뿐 만 아니라 눈금이 새겨진 목기도 출토되었다.

〈그림 25〉 손잡이가 달린 채색 목제품

〈그림 26〉 목제그릇

〈그림 27〉 목제 빗

〈그림 28〉 생활도구

〈그림 29〉 금 귀걸이

〈그림 30〉 나무로 만든 떡칼

〈그림 31〉 다식판

〈그림 32〉 떡문양을 나타내는 도구

2 복식 이야기

1) 토우에 표현된 이미지

신라의 복식 중 의상은 치마형태의 일반적인 사각형의 조합으로 이루어진 단순구조의 〈그림 33〉 고신라 경주 황남동5세기, 춤추는 여인의 전개형 지금의 랩스타일(Wrap style)이 특징으로 주름형, 색동형으로 표현할 수 있다. 고 신라기에는 2차원 평면적인 형태에 주름을 잡아 3차원의 공간성을 부여하여 공간미와 직선미를 표현하였으며, 통일신라기에는 전체적인 실루엣을 나타내는 것이 특징이다. 〈그림 34〉 경주 황남동 5세기, 절하는 여인은 잘록한 허리에 통 넓은 치마를 알 수 있으며 〈그림 35〉 경주 황남동 5~6세기 부부상과 〈그림 36〉 경주 황남동 5c세기 여인에서 표현된 주름으로 된 의상은 현 시대에게 까지 많은 영향이 미치고 있음을 알 수 있다.

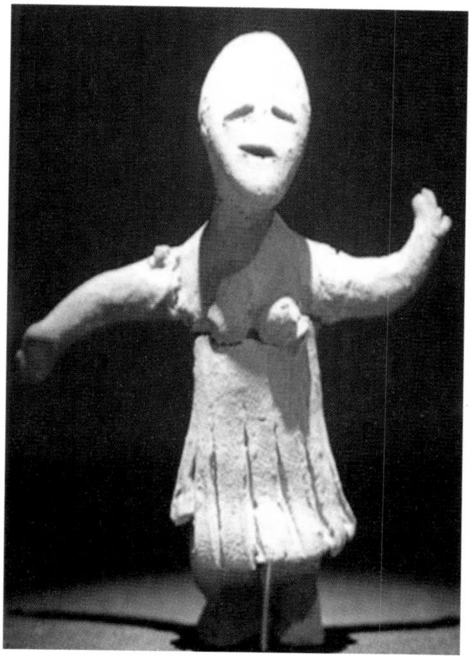

〈그림 33〉 고신라 경주 황남동5세기, 춤추는 여인

〈그림 34〉 경주 황남동5세기, 절하는 여인

〈그림 35〉 경주 황남동5~ 6세기 부부상

〈그림 36〉 경주 황남동 5세기 여인

2) 신라의 예복

신라는 삼국시대 복식에 있어서 가장 민감하게 반응 하였으며, 복식의 기본 구조에서 남자는 저고리와 바지를, 여자는 저고리와 치마를 입는 특징이 나타났으며, 여성 복식의 변화로 허리선이 가슴까지 올라오는 형태를 보이면서 저고리위에 치마를 착용 하였다. 〈그림 37〉 궁의 예복에 표현된 선덕여왕 어진에 보이는 금관은 서봉천 출토의 금관과 흡사하다. 본 어진의 사진은 대구 부인사 절에서 매년 음력 3월15일에 숭모제를 올리고 있다. 금관의 유래는 천조사상(天鳥思想)이 반영되

〈그림 37〉 선덕여왕 당대모습

〈그림 38〉 선덕여왕의 복식 재현

〈그림 39〉 신라시대 왕의 당대모습 재현

〈그림 40〉 일상복식 재현

어 있고 금제태환이식을 귀에 걸고 목에는 4줄의 유리옥을 6조로 연결시켜 종과 횡의 균형을 이루는 화려한 목걸이를 착용하고 있으며 여러 형태의 요패가 장식성에 독특함을 시사한다. 궁의 여인을 〈그림 39〉, 〈그림 40〉에서 왕과 왕비의 일상 생활모습을 재현 하였다.

3) 사신복

의복은 대략 고려, 백제와 비슷하다. 관을 "유자례"라 하고 유를 "위해"라 하며, 바지를 "가반"이라 하고, 신을 "세"라고 하였다. 신라의 복식도 고구려, 백제와 같이 포와 바지로 이루어졌으나 강한 색상보다는 흰색을 좋아했다. 김영재(2000) 왕회도를 근거로 하여 신라의 사신복은 상의의 길이가 백제, 고구려에 비해 장식도 없는 상태이지만 바지의 형태는 삼국이 비슷하다.

〈그림 41〉 고구려 사신도

〈그림 42〉 백제 사신도

〈그림 43〉 신라 사신도

신라는 고구려와 대립하고 있는 수나라가 당과 친해져 그들의 문화를 받아 들이게 되면서 창의적인 면에서는 어느 나라보다 훌륭한 문화를 형성하였다. 삼국사기 기록에 의하면 신라 성덕 왕 때 당나라에 사신을 보내는 편에 가체(加髢)를 예물로 보냈다는 기록과 경문왕 때 당나라에 가는 사신이 4자5치 길이의 가체(加髢) 1백50냥과 5자3치 가체(加髢) 300냥을 가지고 갔다는 기록과 경문왕 9년에는 체(髢)가 신라의 명물로서 수출이 되었다는 기록이 있다.

이 때 남자들도 가발을 사용하였으며, 『구당서』, 『북사』 '동이전 신라조'에 부인의 머리는 매우 아름답고 길다고 하여 631년에 여 악사2인을 바친바 있는데 검은 머리가 너무 아름답다고 기록하였다. 남자는 머리를 깎아 팔고 흑건을 썼다는 설과 여인의 머리 모양은 머리를 땋아 두상에 두르고 비단과 구슬로 장식을 하였다는 기록이 '구당서'에 있다. 신라의 여인의 머리모양은 고구려와 마찬가지로 얹은머리와 쪽진머리의 전형적인 여인의 머리로 약간의 형태적인 변화만 있었다. 통일신라시대 여인의 머리모양은 가르마를 타서 빗어 넘겨 후두부 중간에서 결발을 하는 우리고유의 북계(北髻 쪽진머리)와 반발행의 고계(高髻 상투모양)를 하였다.

■ 신라시대 머리모양 재해석

〈그림 44〉 신라-10왕도 중 여관 임영미, 1997

〈그림 45〉 우아미 표현

1) 당의 영향을 받은 고전머리

칠장사 여인의 머리모양과 보덕사 여인머리모양은 당의 영향을 그대로 보여주는 가체(加髢)머리 형태는 상류층 여인의 모습으로 고려를 지나 조선시대까지 이어진다. 계(髻)를 만드는 형식은 정형적인 한족의 수발 형태는 비천상에도 나타나고 있다.

〈그림 46〉 칠장사 벽화

2) 보덕사 여인의 고계머리

〈그림 47〉 보덕사 벽화

05

고려시대

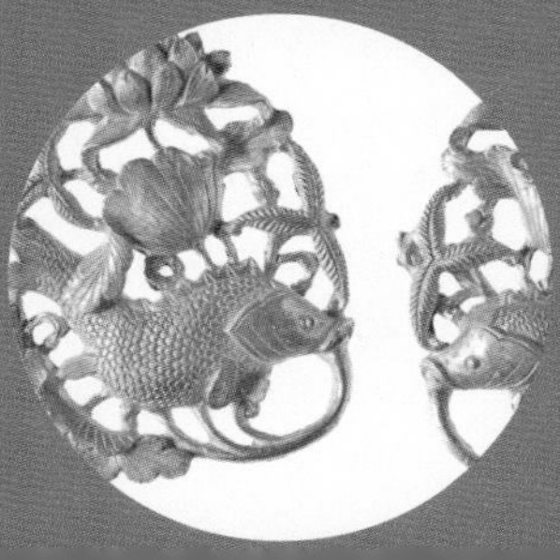

01 고려 시대적 · 문화적 배경 (A.D 918~1392)

시대적 변천사를 살펴보면 구석기, 신석기, 청동기, 철기, 고조선, 삼국, 남북국을 지나 고려는 왕건에 의해 건국되어 34대 공양왕 때까지 475년간 존속 하였다. 당나라가 분열된 시기에 양(梁), 당(唐), 진(晉), 한(漢), 주(周)의 5대와 국교를 맺었고 그 뒤 중국과 통일한 송(宋), 원(元), 명(明)의 3국가와 관계를 맺어 원나라의 강점이 아닌 간섭을 받기 시작하였다. 원종은 원으로부터 백성을 지킬 수 있다면 최선의 방법은 국혼이라는 속임수로 태자 충렬(39세)을 원의 제국대장공주(17세)와 결혼을 강행한다. 원은 몽골인의 직할지로 나라를 다스리기 위해 평양지역 근처에 동녕부 관청과 탐라총관부를 제주도에 두고 지배한 후 200미터부터 한라산 600미터까지 불을 태워 초원을 만들게 된다.

그리하여 충렬왕은 인위적으로 만든 2차 초지대인 제주도와 평양지역을 돌려받게 되는 외교 수단을 활용하게 된다. 특히 고려에 많은 업적을 남긴 공민왕시대 몽골은 지식보다 야생성 성향이 강하므로 "야생 송곳니를 잃지 말라""흙집에서 잠을 자지 말고 비단옷을 입지 말라"라는 징기스칸의 유언을 무시하고 원의 타락과 향락으로 세력이 약해지면서 중국 한족들이 반란을 일으켜 명나라을 세우고 명에 의해 원은 북으로 쫓겨나게 된다. 그 기회를 틈타 공민왕은 반원자주정책을 펼치게 되면서 쌍성총관부라는 관청을 공격한 후 친문세력, 권문세족타파 전민변정도감(토지 및 백성 개혁 임시기구)등을 설치하여 신돈에게 정책을 맡겨 백성들에게 편안한 삶을 영위하도록 하였다. 태조 왕건은 고려사회의 특징 중 통일신라의 발전과 문물을 받아들이면서 혼란스러웠던 후삼국을 통일하게 됨으로써 고려를 세우게 된다. 또한 신라의 항복을 받고 후백제를 격파하여 거란의 멸망으로 인하여 발해의 유민을 받아들이고 삼국의 정치문화를 아우른 최초의 국가로서 거란, 몽골의 침입과 수많은 내부권력 다툼에도 과감하게 문물을 받아들이기 시작하면서 독창적인 문화를 거듭 발전 시켰다. 고려의 문화는 유교의 정치적 이념과 정신세계의 이념이 현실생활에 큰 영향을 줄 만큼 불교는 고려의 문화 사상가운데 가장 중요한 위치를 차지하였다. 전기는 귀족사회와 함께 불교와 유교가 발달하였으며, 중기는 무인집권기로 풍수지리설과 도참설이 성행하였고, 후기는 촌락공동체적인 향토의 성행과 성리학이 발달 하면서 말기의 사대부가로 이루어져 갔다. 고려의 풍수지리사상은 예언사상과 결합하여 크게 유행되면서 정치계의 이해관계에 따라 고려의 수도 자체가 풍수지리 사상인 민간신앙형태로 이어진 믿음은 정치적으로 이용되게 된다. 그리하여 수도인 개경은 통일신라의 수도인 경주보다 좋은 곳(명당)이라는 생각에 고려가 건국되어 수도로 결정된다. 그 다음엔 평양인 서경이 길지라고 하여 북진정책을 추진하였다. 고려 초기를 지나면서 북진정책이 약화되자 새로운 명당인 한양(남경)이라 하여 중요시 되었다. 14세기 때 홍건족이 침입하여 공민왕과 노국공주는 안동으로 피신을 하게 된다. 이때 공민왕의 머리모양은 땋은 머리 개체변발(開剃辮髮)을 하였다.

TIP

- 무신정변(1170년)시기 중심으로 전기, 후기를 보면 초기, 중기, 무신집권기, 원의 간섭기, 말기로 나누어 진다.
- 지배세력의 변천사는 호족(초기)을 중심으로 문벌귀족(중기), 무신, 권문세력, 신진사대부 (말기)를 걸쳐 성리학이 발달하게 된다.
- **초기**: 역동적이고 자주적 기틀 마련
- **중기**: 문벌귀족들의 기득권층 성행
- **말기**: 개혁의 변화

1 문화적 배경

태조 왕건이 고려를 세우는데 스승인 왕사 승려가 왕실의 고문역할을 하였기에 불교를 적극적으로 지원하였다. 고려시대 초기의 불상은 평화의 상징인 철불과 호족들의 막강한 힘을 과시하는 개성파 관측사 석조 미륵보살상이다. 중기에는 문벌귀족사로서 소조 아미타여래 좌상이 있다. 불교에서 깨달은 자 모두를 부처 못지않는 자비로운 존재로 성격 묘사한 불상이다. 귀족들은 경전을 통해 이론적 깨달음과 가르침을 중시했고 이후 불교와 유교를 통합하는 성리학이 성행되었다. 고려의 문화는 독특한 인쇄술과 창의력이 돋보이는 도자기, 화약, 불교장식, 회화 등에서 우수하고 다양한 문화교류로 국력의 성장에 영향을 주었다. 고려 왕조는 지배의 수단으로 전국의 땅과 토지 소유자, 면적, 위치 등을 파악하는 양전 사업을 시작하면서 농민들은 가지고 있는 땅에 대한 조세를 내야 했고 권력이 강한자는 없는자의 토지를 빼앗아 부를 축적시키는 반면 가난한자는 세금을 충당하기 힘든 생활고에 전락하게 된다. 문화간의 접촉은 거란, 몽골의 내부권력다툼과 숱한 침입에도 불구하고 과감하게 새로운 문물을 받아들이면서 남자만큼이나 여자들도 차별하지 않고 존중을 받았으며, 족보 또한 성별 관계없이 아들, 딸 중 태어난 순서대로 족보에 올렸다. 고려 여성의 지위는 남성과 동등한 위치에 있었으며, 남아선호(男兒選好)사상이 존재하지 않았고 부모의 상속권 또한 공평하게 분배되던 시기인 만큼 여성들은 남성 지배를 받지 않았음을 알 수 있다. 충렬왕 (1236~1308년)을 시작으로 5대를 걸쳐 처음으로 통혼 요청을 한 충렬왕 아버지 원종은 왕권강화를 위해 고려 왕자인 충렬과 원나라 세조의 딸(홀도로게리미실) 공주와 혼인관계를 이루면서 부마국으로 전락하고 즉위 후에도 몽고의 의복과 개체변발(開剃辮髮)을 할 것으로 명하였으나 일부 지식층에서만 호응하였다.

고려는 중세 귀족사회로 사상은 불교였으나 정치이념은 유교 지향하는 풍습들이 중국에서 우리에게 전해진 몽골풍(蒙古風)으로 전해 내려온 문화적인 면에서 충렬왕은 몽골식 변발과 몽골식 의관(호복차림)을 하고 우리백성을 지킬 수만 있다면 이보다 더한 것도 할 수 있다는 굳은 결심을 하고 돌아오게 된다. 고려는 신라와 발해의 자기공예 전통기술을 이어받아 송나라의 기술을 결합시킨 후 11세기(기원전 1100~1001년)까지 자기공예의 경지에 오르게 되면서 문벌귀족들 또한 비색 찬란한 자기를 원했기 때문에 고려청자가 발전되었다. 고려에 머리모양을 전파한 것은 원의 여인들이 함께 수행한 공주의 수행원들이다. 혼인풍습으로 남성이 결혼을 하면 여성의 집에 거주하여 아이를 낳아 어느 정도 성장할 때까지 처가살이를 하는 풍습이 있었다. 상류층 여성들은 불교신앙에 따라 화려한 궁중생활과 귀족생활로 남자들은 당나라제도를 본받아 두건을 사용 하였다.

〈그림 1〉 흥법사지 진공대사탑비 탑본의 크기는 세로 32.9cm, 가로 19.6cm이며, 소장품번호는 본관 2396이다. 이것은 원주 흥법사터에 있는 신라 말 고려 초의 선사 진공대사 충담(忠湛)의 비문으로 원래의 탑비(보물 제463호)는 문헌에서 필요한 글자를 모아 만든 집자비 이다. 고려 초 비의 특징과 고려 태조 초기의 정치 동향을 엿볼 수 있다. 글씨는 2-4cm의 행서로, 신라 말엽에 이미 당(唐)나라 태종의 글씨가 전래되었음을 말해준다. 집자 과정에서 글씨모양의 아름다움을 고려하였음을 엿볼 수 있다. 탁본첩의 두꺼운 종이 표지에는 "정관집자(貞觀集字)"라는 제목이 쓰여져 있다.

고려의 영토 분포도

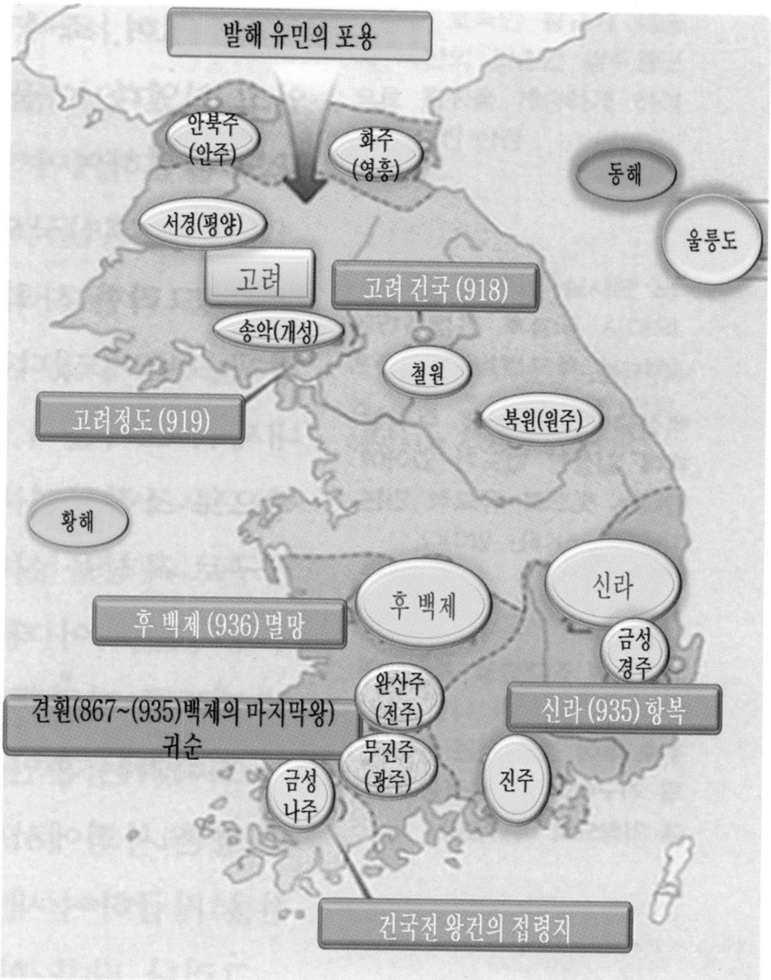

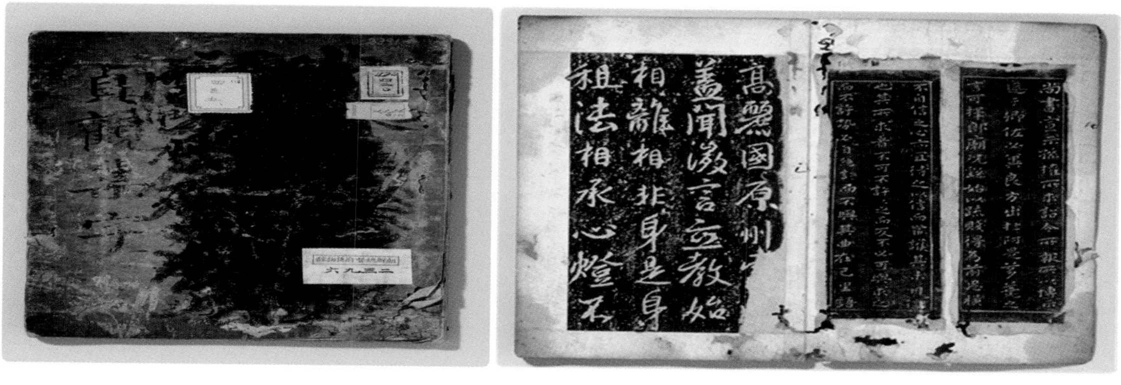

〈그림 1〉 흥법사지 진공대사탑비 탑본

▌왕건 초상화 및 수월관음

〈그림 2〉 왕건어진

〈그림 3〉 수월관음벽화

1) 왕건 신화시대에서 멸망까지 역사

백두산 기슭에 성산(聖山)의 정기 받고 태어난 성골(聖骨)장군인 호경(虎景)이 그의 조상이다. 호경은 활 쏘는 솜씨와 칼 쓰는 솜씨가 뛰어났다. 호경이 산신령대왕이 되었다는 것은 예언과 경고의 목적으로 존엄과 믿음을 가지고 신령은 현실의 어떤 권위적인 사람, 지도자, 스승, 학자, 은인 등 정신적인 일과 서적의 상징으로써 산신신앙에서 볼 때 왕건 태조왕이 탄생한 것으로 암시 한다.

왕건이 태어나기 일년전 어느날 아버지 왕륭은 일꾼들과 집터를 닦고 있을 때 스님이 지나가던 걸음을 멈추고 혼잣말로 "기장 심을 자리에 삼을 심다니 아깝구나!" 이 말을 들은 왕륭은 말의 의미를 묻자 스님은 망설이다가 "집터를 넓게 닦아 36채의 큰 집을 지으시오. 그리고 며칠 후 다시 찾아와서 아들을 낳으면 이름을 건이라 하시오" 그는 당나라로 건너가 풍수지리를 배우고 돌아온 바로 의문의 스님이신 도선대사였다. 단군의 산신령의 후예가 남하 하여 우주산 인 송악산을 터전으로 삼고 소나무를 표상으로 불굴의 기개를 떨쳐 고난의 극복과정을 겪고 나서야 왕건이 고려 태조의 자리에 등극하게 되었다는 영웅출현 원리의 상징을 지니고 있다.

왕건은 본래 송악 지방의 호족 출신으로서 예성강 하구를 중심으로 중국과의 해상무역을 통하여 성장한 호족들과 연합하여 세력을 강화하였으며, 지방 세력을 흡수 통합하기 위해 호족의 딸 중 6명의 왕비와 23명의 후궁에서 29명의 부인과 정략결혼을 하여 25명의 왕자와 7명의 공주를 생산하였다. 921년 둘째부인 오씨에게서 태어난 무를 태자로 정하고 943년 5월 67세로 서거 한다. 왕건의 뒤를 이어 무의 나이 32세에 2대 혜종(943~945)으로 즉위 했으나 2년 후 3대 요를 정종(945~949)임금으로 등극시켰다. 또다시 4대 광종(949~975) 949년 3월으로 이어져 956년 노비안검법을 공포하여 노예를 해방시키고 친 인척의 세력을 약화 시키는데 목적을 두는 한편 최초의 과거시험을 치루는 제도를 만들었다. 975년 5월에 51세로 별세하자 그의 아들 경종(975~981)이 5대왕으로 등극하자 벼슬에 따라 토지를 나눠주되 죽으면 반납하는 전시과를 실시했다. 981년 7월 27세로 경종마저 서거하자 왕건의 손자인 성종(981~997)이 고려 6대 왕위에 오른 후 성종13년에 서희는 임금의 명으로 군사를 일으켜 압록강 남쪽의 여진족을 무찌른 후 장흥진, 곽주, 귀하진, 구주 등에 성을 쌓아 두고 요나라와 화친을 맺었다. 그 후 7대 목종(997~1009), 8대왕 현종(1009~1031), 9대 덕종(1031~1034), 10대 정종(1034~1046)11대 불심이 강한 문종 (1046~1083)은 11대 왕으로 즉위한 후 1083년 65세 서거한다.

12대 순종1083년 3개월만에 서거), 13대 선종1083~1094) 재위 후 5월 46세 서거), 14대 헌종(1094~1095)은 삼촌 계림공의 위세에 눌러 1년5개월만에 15대 왕위를 삼촌인 계림공이 숙종(1095~1105)으로 즉위 했으나 조카의 왕위를 찬탈했다는 백성들의 원성을 듣기도 했지만 이때 숙종은 1097년 주전도감을 설치하여 엽전을 만들어 처음으로 돈을 사용해 물건을 거래했고 상업까지 발달시켰다. 숙종은 1105년 52세로 서거하자 아들인 예종(1105~1122)이 16대 왕으로 등극하고 1107년 윤관에게 17만 군사를 내어 주어 정평을 정벌하게 한 후 영주, 웅주, 복주, 길주 등 네 곳에 성을 쌓고 고려의 영토를 확장시켰다.

1122년 예종이 서거하자 인종(1122~1146)은 17대 왕으로 오르게 한 후 이자겸은 셋째 딸과 넷째 딸인 동시에 인종에게는 이모인 두 딸을 시집을 보낸 후 왕의 자리를 노리고 있었으나 음모에 실패하고 전라도 영광으로 귀향을 간다. 1146년 2월에 인종이 죽자 첫째 아들 의종(1146~1170)18대 왕위에 올랐으나 정중부에 의해 의종(경주로 귀향)과 태자를 내 쫏고 의종의 동생 명종을 19대 왕으로 등극 시킨다. 이때의 실세인 이의방은 자신의 딸을 명종에게 시집을 보내고 세력을 확장시키기 위해 태자비를 퇴출시킨 후 자신을 딸을 태자비로 만들게 된다,

명종(1170~1197, 9년)에 경대성(1154~1183) 장군은 이의방의 세력을 물리치고 뒤이어 정중부의 세력까지 타파한 후 30세기의 나이로 병을 앓게 되면서 세상을 떠나게 된다.

1197년 9월 최충원은 명종을 내쫓고 그의 아우 신종(1197~1204)을 20대 왕으로 등극시킨다. 1204년 신종이 병으로 세상을 떠나자 태자인 희종(1204~1211)이 21대왕으로 올랐으나 최충현에 의해 강화도로 쫓겨가고 명종의 태자 나이 60세에 22대 강종(1211~1213)으로 등극하게 된다.

그 이후 23대의 고종(1213~1259)이 왕위에 오르게 된다. 이때부터 칭기즈칸의 몽골제국은 고려를 수십 차례 공격를 하여 도읍지를 강화도로 옮겼다. 1235년 몽골군에 의해 경주 황룡사9층탑이 불탔고 대구 부인사의 대장경까지 화제로 소실되었다. 이에 1236년 대장도감을 설치하고 1251년 1,497종, 6,558권의 경전을 완성하였다. 대장경판은 1398년 5월을 마지막으로 해인사로 옮겨져 현재까지 보관 중이다. 1249년 11월 최항의 등극으로 60연간의 정권은 무너지고 고종의 시대가 온 것이다.

24대 원종(1259~1274) 즉위, 25대 충혈왕(1274~1298), 26대 충선왕(1298~1313), 27대 충숙왕(1313~1330), 28대 충혜왕(1330~1339), 29대 충목왕(1339~1344), 30대 충정왕(1344~1351), 1351년~1374년 공민왕이 31대 고려왕으로 새 시대가 시작된다. 공민왕은 어릴적 원나라에서 자랐기 때문에 몽골의 풍속은 물론 그들의 습성을 잘 알 수 있었기에 원나라의 공주인 노국과 결혼을 한 후 볼모에서 풀려나 고려로 돌아온 후 노국공주의 도움을 받으면서 원의 세력인 기황후

의 친척과 일파를 죽이고 쌍생총부를 두어 고려영토를 만들기도 하였다. 그 이후 32대 우왕(1374~1388)과 33대 창왕(1388~1389), 34대 공양왕(1389~1392)의 시대로 고려는 멸망하게 된다. 시대의 흐름에 따라 고려왕조 500년의 터전을 마련한 신화체계를 엿 볼 수 있다.

2) 휴머니즘이 내재된 수월관음(水月觀音)도

수월(水月)의 유래는 정확히 알 수는 없지만 몇 가지 추측에 의해 신화(神話)에서 기인하였다고 보는 가운데 밤과 낮의 기온차가 심한건조지대에서는 새벽 풀잎에 맺힌 이슬을 비유하여 당시 水의 여신(女神)이라 하였으며, 달이 주는 선물 月과의 두 결합이 수월관음(水月觀音)이 되었다는 전설이다. 관음은 인간 고뇌의 본질을 정확히 인식하고 그 구제를 실행하고, 그 방법으로 융통무애 신출귀몰의 활동을 하게 하는 것으로 숭배자는 무공에서 떨어지는 낙오 등 어떤 어려움을 당하여도 관음을 부르면 구제를 받게 된다는 것으로 믿음은 관음신앙이 인간에게 안심과 더불어 희망을 부여하여 줌으로써 신앙을 통해 얻어지는 감정, 희망, 외경, 감사의 종교적인 편안함을 부여받게 된다는 사실이다. 관음은 자비행이라는 일차적 의미와 더불어 인간의식의 저변에 깔린 인간의 복잡성, 다양성, 괴기성의 통찰이라고 할 수 있다. 고려시대의 관음보살은 최고 인기 있는 보살로서 단독상일 경우 자세 또한 자유로우며 살이 비치는 화려한 옷과 장신구에 얼굴과 육체가 귀부인의 모습을 표현하고 있다. 이런 포즈의 관음보살을 양류관음으로 부르고 있다. 관음은 삼십삼(三十三) 가지의 변화신을 몸으로 나타내는 것이 원칙이었다. 첫째, 몽고의 오랜 침입과 내정간섭으로 불안정한 상황에 현실에 대한 도피의 수단으로 개인(個人)의 안위(安危)와 평안을 기원하는 내용들의 불화들이 제작되었으며, 둘째, 불안정한 시대에 귀인하려는 염원의 표현이 현실을 도피하고자 하는 맘보다 보살신앙을 믿고 불화에 예배함으로써 미래에 대한 희망을 극복하고자 정신표현의 의미를 반영한 것이다. 셋째, 불안정세와 흔들리는 국가 기반 위에서 지배계층이 자신들의 권력 기반이나 부와 안락을 지키고 국론을 통일할 목적과 미래의 극락세계를 지시하는 구제자로서 불보살과 불교를 국가적 차원에서 육성하고 불화 제작에 적극 참여하였다. 넷째, 신앙속에 잠재된 휴머니즘은 자비를 바탕으로 근본적

〈그림 4〉 옻종이에 분채

〈그림 5〉 쿄토 등정재성회 유린관 소장

인간에 대한 포옹의 휴머니즘에서 출발된 종교라고 할 수 있으며, 풍습과 시대, 현황, 당시의 의상 뿐 만 아니라 고려인의 생김새까지 표현된 예술이라 할 수 있다.

2 고려 불화 문화

종교는 인간의 복된 삶을 이끄는 하나의 도구로서 이상적인 사회건설을 꿈꾸며 현실의 고통을 해소하고 죽음이나 공포에서 벗어나 영원한 행복을 추구하는 목적을 가진 신앙의 교리체계라 한다. 불교의 근본교리는 스스로 깨달음에 이르는 자각(自覺)에 두고 있으며, 그 근원에 "자비심"을 기조로 수행과 보시와 이타의 정신이 자리 잡고 있다.

1) 불화의 기원

불화란 불교의 철학적 이념과 교리체계의 현상을 도상으로 묘사한 그림을 뜻하며, 좁은 의미에서는 예배대상이 되는 불교의 존자(尊者지위가 높은 사람)를 묘사한 탱화는 글자그대로 벽면에 거는 걸개그림 형식을 뜻한다. 한국의 전통미술기법에서 가장 큰 비중을 차지하고 있는 분야는 당연히 불교미술이라고 할 수 있다. 불화는 독창적인 표현기법으로 유래 없는 예술세계를 구축한 장르로서 불교 발생지인 인도와 중국에서 조차 고려의 불화는 세계적으로 찬사를 받고 있는 위대한 예술적 경지는 우리민족의 자긍심이였다.

불화의 기원은 인도 불교건축의 내부벽면, 천장, 감실(龕室사당안에 신주를 모시는 장), 기둥 등에 채색으로 그린 회화나 무늬 등에서 유래되었다. 울진 불영사 대웅보전에 봉안되어 있는 이 신중탱화는 삼베(麻) 바탕에 채색한 것으로 전체 크기는 세로 230.5cm, 가로 236.2cm이며, 화면크기는 세로 214.5cm, 가로 223.1cm 크기의 비단 바탕에 불보살을 외호하는 신중들의 모임을 그렸다. 이 신중탱화는 보존상태가 비교적 양호한 편이며, 정밀한 형태 묘사, 조화로운 색채의 구성, 힘 있는 필선, 화사한 문양과 장식 등에서 완성도가 높은 불화 가운데 수작이라 판단되므로 유형문화재(有形文化財)로 지정한다.

삼베에 너무 많은 성중들을 넣은 것은 19세기 후반 신중탱화의 흐름에서 피할 수 없는 양식화의 모습이다. 불영사 신중탱화를 그린 우두머리 스님 의운 자우(意雲 慈友)의 불화는 1859년(철종 10)부터 1868년(고종 5)까지 통도사, 불영사, 은해사 등에 남아있다. 2010년 4월 5일에 경상북도 유형문화재 제423호로 지정되었다.

2) 불교문화의 유래와 성격

고려 시대는 나라의 무사안녕과 황실의 번영을 축원하는 많은 불교 행사를 시행하였는데 이 중 가장 중요한 행사가 연등회와 팔관회가 있다. 연등회는 고려초 연간에는 정월 15일, 8대 현종 이후 항례적으로 2월 15일에 열리는 것으로 부처님의 공양과 태조 숭배라는 정치적 의미를 가지고 있고, 팔관회는 불교의식의 하나로 명산·대천·용신·오악·천령에 제를 지내는 행사였다. 8가지 계율을 하루 낮, 하루 밤 사이에 엄격히 지켜서 불교 입문의 상징으로 삼았으며 이 팔계를 수여하는 의식을 팔관회라 하였다.

전통적인 의례에 따라 사선악부(四仙樂部)와 용(龍,) 봉(鳳,) 코끼리(象), 말(馬), 수레, 배 모양의 장식물이 화려하게 표현하여 장관을 이루었다. 또한 삼국통일 전쟁 시기에 전사한 화랑들을 추모하는 위령제의 성격도 있었다. 통일신라시대 경문왕 6년과 진성여왕 4년에 국왕이 정월 15일에 황룡사(黃龍寺)로 거둥하여 연등을 관람했다는 내용은 이미 신라시대부터 연등회는 왕실에서 직접 주관하는 국가적인 위상을 갖춘 중요한 불교행사였다는 것을 의미한다. 정종 4년(1038)부터이다.

이는 고려 초기의 국가적 위기 상황 속에서 왕실을 중심으로 공동체의 결집을 다지기 위해 대두된 태조신앙(太祖信仰)의 일환이었고 부처님의 힘으로 어려운 시기를 극복하려는 의지가 보인다. 『법화경(法華經)』보문품에 나오는 '관음'이 말하기를 "고통에 허덕이는 중생이 일심으로 그 이름을 부르기만 하면 즉시 그 음성을 통하여 해탈시켜 준다."라고 되어 있다.

마음속으로 관음보살을 간절하게 염원하면 불구덩이가 연못으로 변하고 성난 파도가 잠잠해지며, 높은 산에서 떨어져도 공중에서 멈추게 된다고 믿음을 전파한다. 관음보살상은 보통 머리 위에 화불(化佛)을 가지고 있거나 보석으로 화려하게 꾸민 관을 쓰고 있기도 하지만 때로는 천관(天冠)을 쓴 모습이 있는데, 이것은 이란의 영향인 것으로 보인다. "문수보살"상은 강원도 오대산에 상원사(上院寺)에서 문수를 주존(主尊)으로 모시고 예불하며 수행하는 도량(道場)으로 알려져 있다. 문수신앙은 신라의 고승 자장 율사에 의하여 당으로부터 수용되어진다.

당에서 유학하던 자장 율사는 중국의 청량산에서 문수보살을 친견하게 되고 신라의 오대산에는 일 만의 문수보살이 거주하고 있다는 계시를 받고 귀국하게 되는 것이다. 이후 오대산의 문수신앙은 지속되어 조선시대에도 그 기록을 살필 수 있는데 문수보살은 석가가 열반한 후 인도에서 태어나, 만물의 본질을 이해하고 불법의 참다운 이치를 깨닫는 지혜를 의미하는 반야(般若)의 도리를 널리 알렸다고 한다.

부여 규암리 금동관세음보살은 제작시기·일시 삼국시대로 높이 21.1㎝, 국보 제

293호로 지정되어 충청남도 부여군 부여읍 금성로 5(동남리) 국립부여박물관에 소장되어 있으며, 머리에 작은 부처가 새겨진 삼면보관을 쓰고 있다. 인자하고 자연스러운 미소나 비례에 맞는 몸의 형태는 어깨에서 내려와서 허리 부분에서 교차된 영락, 둥근 연화대좌 등 백제 말기의 발전된 조각 양식이다. 11세기부터 13세기에 밝혀진 불상과 주요 복잡물은 1007년~1095년에 각『정원신역화음경소』권6, 11세기『금강반야바라밀경』13세기의 『백지묵서 인왕반야바라밀경』과『화엄일승교의분제장』권3,『원종문류』,『대수구다라니』,19매 등이 있다.

이때 목조와 건칠봉이 유행했으며, 눈동자의 수정감장, 머리카락이나 영락 등에 사용되는 감탕기법 등은 새로운 형식과 기법을 보이는 불상은 중국의 송과 관련되는 점에서 주목된다. 고려시대의 보살상과 중국의 송대 보살상을 비교되는 요소들을 살펴보면 특징 중 가운데 목걸이와 보발의 표현과 살집이 있는 신체적인 표현방법이다. 고려시대 목조보살상과 금동보살좌상은 1330년 관음사 보살좌상 등의 목걸이와 장신구는 12세기부터 말기까지 유행한 고려적 특징이다. 살찐 신체적 특징은 윤왕좌보살상의 북송후반부터 남송대 보살상과 비교해 보면 중국의 경우 보살상의 아랫배가 강조된 볼록한 배 등에서 닮아 보인다.

고려 후기에서 조선시대까지 계승되어 우리나라 불교조각의 전통을 이루는 점이 매우 중요하다. 그리하여 송가 고려는 광종에서부터 1030년까지293명의 사절단을 파견하는 등 관계를 보였지만 요와의 관련 속에서 중지되고 말았다. 금동관음보살좌상의 높이는 38.5cm로 화려한 보관과 장신구를 걸쳤으며, 오른쪽 무릎을 세우고 그 위에 오른팔을 자연스럽게 올려놓은 채, 왼손은 왼쪽 다리 뒤로 바닥을 짚고 있는 관음보살상이다.

이러한 자세를 전륜성왕(轉輪聖王)의 자세라는 의미로 윤왕좌(輪王坐)라고 한다. 윤왕좌의 관음보살상은 중국의 송·원대에 크게 유행했으며 우리나라에서는 고려 후기와 조선 초기 불화에서 확인할 수 있다.〈그림 13〉에서 보여지는 불영사 불화벽화에서도 다양한 머리형태들을 살펴볼 수 있으며〈그림 14〉연꽃에서 태어나는 모습은 사원의 벽면을 장식하고 있었던 것으로, 사자의 혼이 돌연 극락에서 화생하는 모습을 묘사한 것이다.

연꽃잎을 방사상으로 조형하여 탄생의 모습을 사실적으로 묘사하고 있으며, 외부의 연판 사이를 돌기형으로 메워 안정감을 주고 있다. 내부의 연판과 화생상 사이를 구슬무늬로 장식하고, 두 손을 위로 들고 있는 인물은 두광과 귀걸이, 가슴장식, 팔찌를 몸에 걸친 보살의 형태로 묘사되어 있다. 인물 상반신의 어깨 부분을 크게 조형함으로써 화생의 장면을 실감 있게 묘사하고 있다.

〈그림 15〉청동 공양탑의 크기는 높이 74.1cm, 너비 15.2cm, 길이 15.2cm이며, 청동으로 만들어진 다층 누각 형태의 소탑이다. 탑 안에 봉안된 사리장엄의 일부로도 추측되지만, 큰 것은 건물 내부에 둔 사리탑의 역할도 하였을 것으로 짐작된다. 이 청동탑은 비교적 큰 규모로 방형의 기단 한쪽에 계단을 올리고 그 위로 높이를 조금씩 줄여나간 11층 탑으로 이루어졌다. 각각의 지붕 위에는 기와골까지 세밀히 처리하고 용머리를 조각하는 등 고려시대 목조건물의 구조를 충실히 모방하였다. 〈그림 16〉사각형을 여러 층으로 쌓아올린 방형다층누각(方形多層樓閣) 형태의 공양탑은 고려시대에 특히 많이 제작되어 현재까지 남아 있다.

이 공양탑은 기단부(탑신을 올려놓는 기초)와 9층의 탑의 몸체가 선처럼 가늘게 생긴 모양으로 이루어져 있으며 지붕골도 표현되어 있다. 기단부에서 탑으로 오르는 계단 양 옆에는 인왕상(仁王像)은 수호신 가운데 하나로 금강역사(金剛力士)라고도 하며 문을 지키는 수문장 역할을 한다.

〈그림 6〉 관촉사 석조 미륵보살 입상

〈그림 7〉 철조석가여래좌상

〈그림 8〉 문수보살

〈그림 9〉 금동관세음보살

〈그림 10〉 소조보현보살상(중국)

〈그림 11〉 대흥사 금동보살좌상

〈그림 12〉 금동관음보살좌상

〈그림 13〉 2014년11월 울진 불영사에 걸린 신중탱화, (직접촬영)

〈그림 14〉 연꽃에서 태어나는 모습

〈그림 15〉 청동 공양탑

〈그림 16〉 청동 공양탑

■ 고려의 지역 분포도

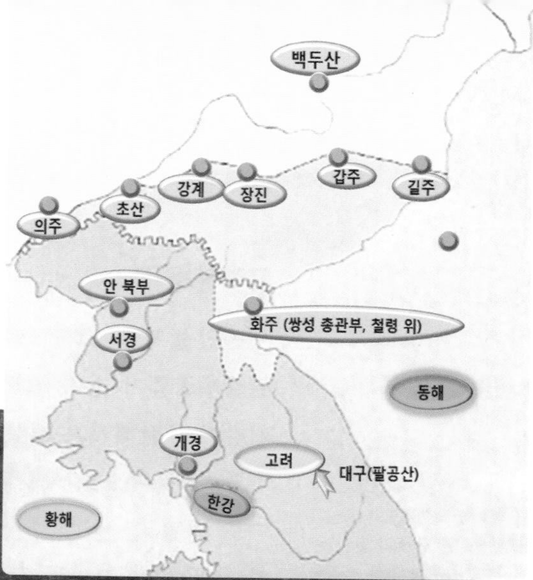

〈그림 17〉 공민왕과 노국공주

3) 궁안에서 일어난 묘사된 인물

〈그림 17〉의 고려 31대 왕인 공민왕(恭愍王, 1330~1374)과 그의 부인인 노국공주(魯國公主)를 그린 초상이다. 조선의 태조(太祖, 1335~1408)가 종묘 경내에 사당을 짓고 영정을 봉안하였는데, 임진왜란 때 불타 광해군(光海君, 1575~1641)때 다시 그렸다(移模). 화면에는 공민왕과 노국공주가 마주보듯 교의자(交椅子)에 앉아 있는데, 공민왕은 좌안팔분면(左顔八分面), 노국공주는 우안팔분면(右顔八分面)을 보이고 있다. 공민왕은 복두(幞頭)를 쓰고 홍포(紅布) 단령(團領)에 홀(笏)을 들었고 왕비는 복잡한 머리 장식에 화려한 의상을 입고 있다.

이는 유물번호 〈창덕6403 천왕천녀도〉의 도상과 일치하여 두 작품 사이에 관계가 있음을 짐작할 수 있다. 〈그림 18〉과 〈그림 19 〉 화첩은 두 점으로 이루어져 있다. 첫 번째는 송나라 태조(太祖, 재위 960-975)의 어머니 황태후 두씨(杜氏)가 아들 태조에게 백성을 위한 정치의 중요성에 대해 일깨워 주고 있는 장면이다. 두 번째는 송나라 영종(英宗, 재위 1064-1067)의 황후 고씨(高氏)가 문병을 온 신하와 대화를 나누는 장면이다.

『조선왕조실록』에 의하면, 왕실에는 종종 이와 같이 본받을 만한 왕비들의 그림을 제작하기도 하였는데, 실제 남아 있는 그림들은 적으며, 이 화첩 외에 『현후실적도(賢后實跡圖)』(덕수 1870)이 전해진다. 두 화첩 모두 여인의 표현, 산수 표현 면에서 조선시대 다른 그림에서는 찾아보기 힘든 점이 많다. 그림 옆에는 그림의 이야기를 알려주는 글이 적혀 있으며, 두 번째 그림의 글에는 이제현인(李齊賢印)이라는 인장이 찍혀 있다.

〈그림 18〉 황태후 두씨가 아들의 위해 중요성을 일깨워주는 장면

〈그림 19〉 황후 고씨 병문안 온 신하와 대화

『고려사』 여복지의구성은 당(唐)과 송(宋)의 문화가 고려사회에 큰 영향이 있었던 만큼 그 영향을 반영하고 있다. 송에서는 의례 제도가 크게 발전하였다. 황제나 왕이 중국의 제왕복인 면류관복을 착용하기 시작한 것은 삼국시대부터 왕에게 관작(官爵)과 함께 의례복(儀禮服)을 하사 하였다. 우리민족은 유. 고. 유. 군. 유. 상. 유. 포의 여밈은 대(帶)를 사용하여 옷을 전. 후, 측결 여밈으로 태조왕건이 신라왕실의 국보로 전해오는 과대와 요패의 기록에서 '대'의 제도는 성송(成宋)이후 그 이전까지 찬란하고 독자적 이었던 요패문화가 발휘하지 못하고 사라지게 되었다. 선사시대 이래 우리민족의 기본복인 바지, 저고리는 만리장성을 따라 일직선으로 내달린 끝점 서역(중앙아시아, 동. 서를 통칭으로 투르키스탄)에서 서양문화의 복식이 유입되고, 삼환사온의 겨울 추위에 적응할 수 있도록 소매와 바지 부리가 좁고 상의인 저고리와 하의인 바지가 분리되어 있어 활동성이 용이해지고 여인이 사용했던 생활용구나 장신구까지 폐용 할 수가 있어 남,여 공용 복식은 계절에 따라 의복재료와 구성유형인 재봉법은 중세 유럽 문화속에서 가죽이나 피모(짐승의 가죽 털)등을 이어붙여 몸에 밀착하여 감싸 줄수 있도록 입체구성의 재봉법으로 바뀌어 오늘날 세계시민복인 정장이 된 것이다.

1) 왕실과 상급자의 복식

고려의 복식은〈그림 20〉 당시에 중국적인 영향에 따라 당, 송, 원의 복색과 관련이 있으나 서민의 백색옷은 삼국시대와 같은 것으로 보인다. 왕의 의복은 조복(관원이 조정에 나아가 하례할 때에 입던 예복)이 황색이며, 상복(常服 평상시 직무실에서 입는 옷)은 담황색이던 것이 공민왕 때 자색과 대홍색으로 변했다. 공복(관원이 조정에 아갈 때 입는 예복)은 자색이지만 평상복은 백저포를 입어 일반 백성과 같은 흰색옷으로 활동하였다. 백관복(百官服공무를 집행할 때 입는 옷)은 조복에서 품계에 따라 자문라포, 비문라포, 녹의를 입었다. 서민녀는 홍라(紅

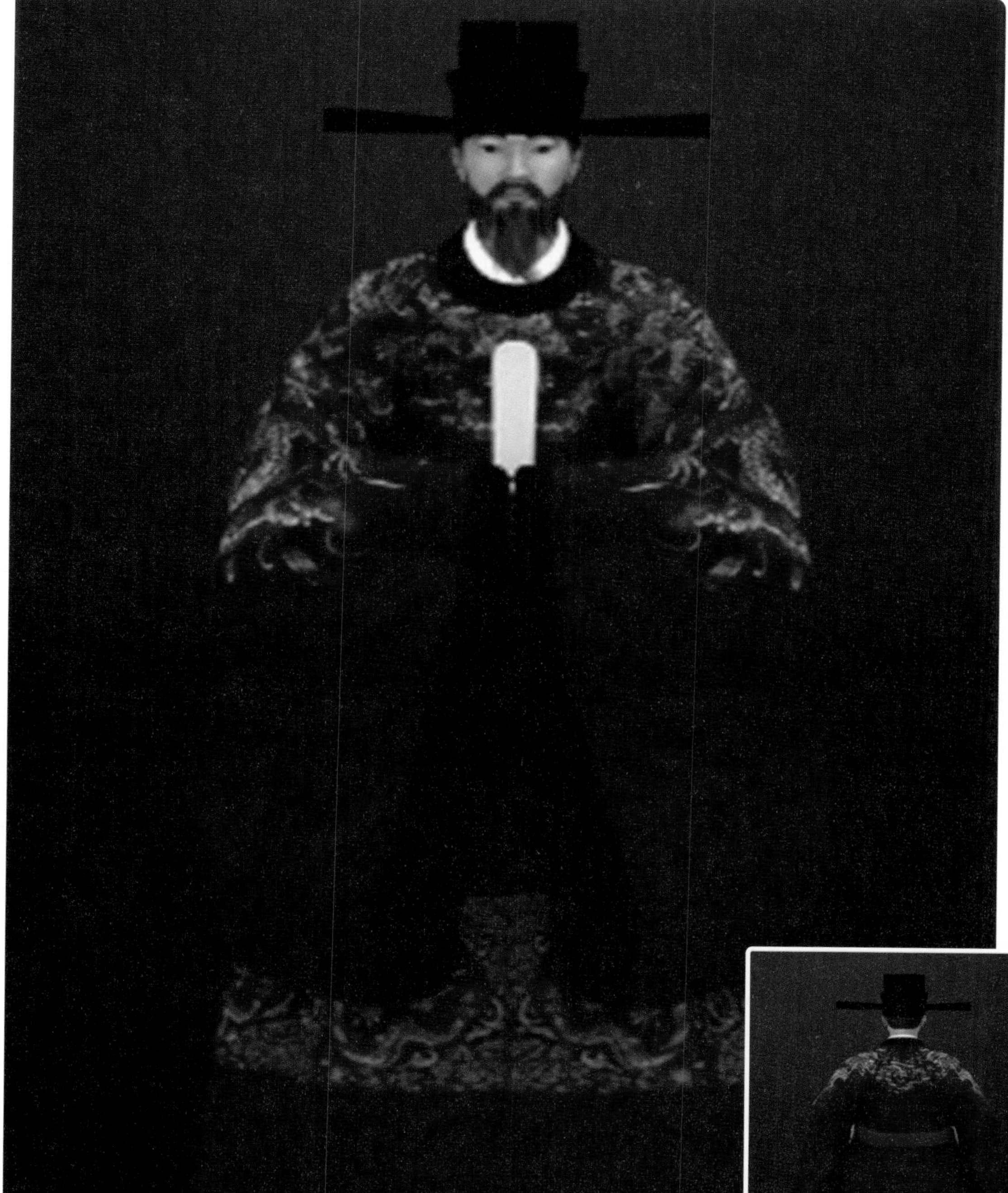

〈그림 20〉 왕의 복식 고궁박물관

〈그림 21〉 구장복: 고려시대 ~ 조선시대까지 대례복

〈그림 22〉 황태자비의 소례복

蘿)로 머리를 느슨하게 묶고 황의(黃衣어린아이가 입는 옷) 백저포(흰 모시로 만든 겉옷)를 입었다. 또한 고려인의 의복색은 자주색 계통인 자(紫)색, 비(緋)색인 붉은색, 단(丹)의 다홍색을 귀한 색으로 보았으며, 녹(綠)의 초록색은 하급자의 색으로 조색(검은색)을 사용하여 신분의 차별을 두었다. 백색의 의복은 특정한 계급이 부여된 의미가 아닌 일반 백성의 의복 색으로 받아들이는 전통적인 민족복식 색인 의미를 갖고 있다. 〈그림 21〉 구장복은 고려시대에서 조선시대까지 대례복을 입었으며, 〈그림 22〉 황태자비는 소례복을 입었다. 고려는 신라의 제도를 계승하였을 뿐만 아니라 초기, 중기에는 오대, 송과 평화적 친교 관계를 맺으면서 그 문화를 흡수 하였다. 제 4대 광종 때는 백관의 공복을 사색으로 정하여 존비, 상하의 등급을 구분하였으며, 8대왕 현종이 남행한 후에는 관계문헌이 흐지부지 되어 자세한 것은 알 수 없으며, 18대 의종때에 평장사로 있던 최윤의(외 17人, 수집, 고증하여 50권으로 엮은 전례서) 헌장을 찾아 모으고 당나라의 제도를 받아들여 위로

는 왕부터 백관의 제복까지 일대의 제도가 완비되었다. 또한 고려 여성의 복식은 통일신라시대의 복식을 그대로 계승하였으며, 일부 중국 복식을 모방하기도 하였다. 1312년 대은사에 소장되어 있는 왕의 복식을 살펴보면 관모전면에는 적색으로 선을 두른 박산(博山)(博山)모양이 나타나 있고 9량의 원유관(遠遊冠)을 쓰고 있다. 현색(玄色, 검은 색)에 가까운 소매통이 넓고 여유있는 교령(交領)의 포를 입었으며, 포속에는 흰 동정이 보이는 것으로 보아 저고리를 입은 것으로 보인다. 하의는 홍색의 군(裙,치마)을 착용하고 있다. 왕비의 복식은 1312년 대은사 소장으로 관경서분변상도 관모는 금색으로 장식되어 있고 나머지는 형 녹색으로 되어 있다. 고계(高髻높은 상투머리모양)로 결(結맺을)하고 부채살 두식을 착용하고 소매통이 넓은 연한 주홍색에 가까운 포와 소매단에는 현 녹색의 선을 두른 의복을 입었다. 포위에는 오늘날 숄(Shawl)과 같은 표(褾목도리)를 두르고 있다. 등과 어깨에는 구름모양의 운견(雲肩)을 착용하는 것으로 보인다. 소매통이 넓은 포의 소매와 깃 안에 있는 흰옷은 저고리로 보이며 허리에는 엉덩이까지 오는 흰색의 넓은 천이 둘려져 있다. 하의는 주름이 많은 황백색에 가까운 치마를 입었다.

2) 고려에 영향을 미친 5대국

고려사에 영향을 미친 나라는 오대(五代)라고 하는 다섯 나라 송(宋), 요(遼), 금(金), 원(元), 명(明) 나라가 있다. 신라가 삼국을 통일한 후 발해와 후삼국시대로 분열되었다가 고려로 통일된 시기 중국에는 당나라가 다시 분열되어 후양(後梁), 후당(後唐), 후진(後晋),후한(後漢), 후주(後周)까지 오대가 각축전을 벌이다가 결국 송에 의해 통일되었다. 이 시기는 오백년간으로 고려는 한반도의 주인으로써 중국의 변화와 고려사회의 문화적 변화는 한족뿐만 아니라 만주족, 몽골족의 변화에도 많은 영향을 미쳤다. 특히 백년가까이 고려를 좌우지했던 몽골족은 중국을 지배하면서 풍속까지 바꿀 정도로 그 영향력은 커져갔다. 송나라는 고려와 해상무역을 현종3년(1012년)부터 충렬왕(1278년까지) 전개 되면서 송의 해상무역 상인들은 송나라의 건국초기인 북송(北宋)10세기 중기부터 고려사회를 드나들기 시작하여 남송(南宋)의 멸망하는 13세기 후기까지 여.송 간의 공식적인 외교가 단절된 충렬왕 5년까지 고려와 송나라의 외교관계가 자국의 해상무역 금지정책 및 정치적

위기 상황에도 크게 영향을 받지 않고 활동을 전개하여 왔다. 고려사회 10세기 중엽 이래 다양한 국제 교역 물품의 수입과 함께 이 지역의 유. 불 지식인이나 전문 기술 인력과 선진문화도 수용하면서 지속적인 활동뿐만 아니라 해상무역 상인들은 무역물품의 교역이라는 경제적인 영역 이외에 정치, 사회, 문화적 교섭 등의 영역에도 중요한 역할을 하였다.

3) 왕건의 출토 복식

태조왕건은 제 1대 대왕이다. 〈그림 23〉 왕건상의 높이는 8.3㎝이며 총각 상투를 틀었고 교령의 상의에 바지를 입었다. 〈그림 24〉 왕건묘에서 출토된 조각상은 높이가 86㎝이다. 육당전의 기록에서 천자의 평상복은 적황색과 담황색 포 및 강사포가 있다고 하였으나 검은 비단의 복두 사대건과 반령의 강사포를 입었으며 〈그림 25〉 붉은 가죽띠에 검은 가죽 육합화를 신고 있는 모습을 볼 수 있다. 〈그림 26〉 어깨에는 어떤 물건이 달려있는데 아마도 하자의 흔적일 것으로 본다.

〈그림 23〉 왕건의 총각 상투

〈그림 24〉 왕건묘에서 출토된 조각상

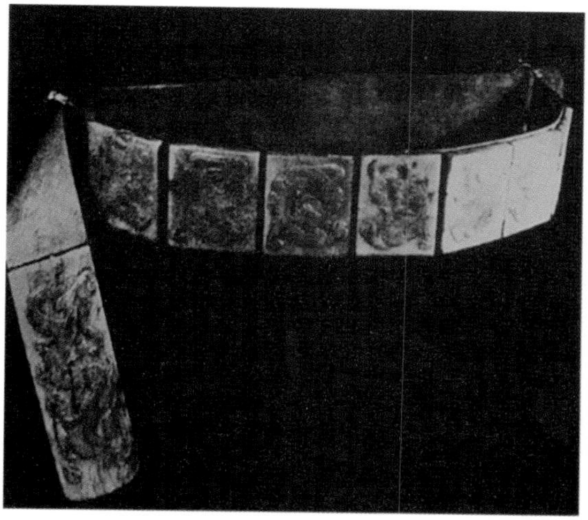

〈그림 25〉 붉은 가죽띠

〈그림 26〉 옥쇄와 창꼬리 문양

4) 인종황후상과 신종황후상

고려17대 인종과 황후 이씨의 초상화이다. 손경자, 中國服飾500年 下 편 남훈전에서 보여지듯이 옛부터 소장되어온 〈그림 27〉 인종 황후상은 인종 황후 평상복으로 추정되는 것으로 머리에 오사모를 쓰고, 넓은 소매에 담황색의 품이 넓은 홀 포를 입었고 옥쇄와 단 붉은 가죽 띠를 착용 하였으며, 무늬 있는 검은 가죽신을 신었다.

「송사의 여복지」에서는 송대 천자의 복식에 대구면, 곤면, 통천관, 강사포, 이포, 삼포, 착포가 6가지 복식이라 하였다. 〈그림 28〉 신종황후는 용봉화 차관을 썼는데 관위에는 크고 작은 구슬 24송이를 장식하였으며, 황비는 18송이로 장식하였다. 책봉시나 제사, 그 외 중대한 대례식에는 심청색을 기본 바탕의 5색으로 꿩 무늬가 있는 화려한 색체를 입고 있다. 〈그림 29〉 송나라의 도용의 크기는 높이가 44.2㎝이며 상투의 높이가 높고 좁은 소매 상의 겉에 반비를 입었으며 긴 치마는 주름잡은 비단을 날염한 것 같다. 신발은 구름문양을 넣은 것을 신었다.

〈그림 27〉 인종황후상의 심포의복

〈그림 28〉 신종황후상

5) 고려여인과 송의 토용

고려도경에 나타나 있는 기록에는 가체를 사용한 사실을 추마계의 존재에서 알 수 있듯이 송나라의 문물에서 선진문화로 고려사회에 깊은 영향을 미치고 있을 무렵 고려에서도 가체를 이용하여 높은 머리를 중원의 옛 전통과 별 다른 차이를 보이지 않았다.

중국의 경우 한나라 때의 무덤에서 출토된 가체와 송나라 때 무덤에서 출토된 가체는 쪽 부분에 연결된 부분이 가체로 나타나고 그 부분을 연결시킨 것이 세 개의 비녀로 고정된 채 발견되었다.

〈그림 29〉 송나라의 도용

〈그림 29-1〉 교육용작품 재현

02 장식의 의미와 쓰임새

1) 고려 여인의 머리장식

장식도구는 삽화에 의한 장식과 흔들림에 의한 장식으로 나눌 수 있다. 장신구에 의한 빗, 비녀, 뒤꽂이, 떨잠, 보석과 같은 장식을 더해 꾸미는 것으로 신분에 따라 사용도가 달라진다.

〈그림 30〉 금동제 머리꽂이 꾸미개

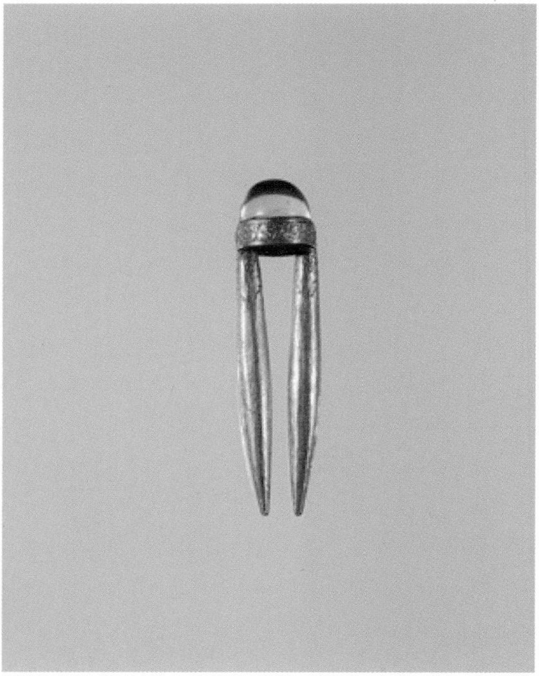
〈그림 31〉 동곳

2) 장신구의 활용

고려여인의 용모를 돋보이게 하는 것은 상징의 수단으로 큰머리를 한 후 머리에 장식을 하는 것으로 나타냈다. 〈그림 30〉 특히 흔들림에 의한 장신구는 율동미를 더하는 방법과 두발을 한가닥 늘어뜨리는 방법으로 고분벽화에서 볼 수 있다. 금 귀이개(머리장식용)는 나비 또는 벌로 보이는 곤충모양들로 보아 귀족들의 화려함을 짐작할 수 있다.

〈그림 31〉 동곳은 상투가 풀어지지 않도록 고정시키기 위해 꽂는 장신구이며 윗부분은 반원형이고 아래에는 두 개의 다리가 달려 있다. 금으로 만든 동곳의 머리 부분에는 수정을 박고 그것을 물린 부분에는 넝쿨무늬(唐草文)를 장식하고 있어 작은 크기에 비해 장식이 호화롭다. 신분에 따른 재질의 제한은 없었으나, 양반은 주로 금, 은, 옥, 밀화, 호박, 마노, 비취, 산호 등을, 서민은 은, 백동, 주석, 나무, 뿔 등을 사용하였다. 〈그림 32〉 동제도금관금구는 금관을 제작할 때 지위 품계에 따라 사용되는 문양으로 다양한 용도에 따라서 각각의 문양을 넣어 관을 만드는데 사용된다.

〈그림 33〉 스님 지팡이 머리장식의 높이는 22cm가 되는 석장(錫杖)은 승려들이 길을 걸을 때 짚고 다니며 짐승이나 해충을 쫓거나 몸을 의지하기 위한 지물이다.〈그림 34〉봉황 장식 비녀길이는 27.8cm은으로 만든 비녀로 봉황무늬 부분만 금으로 도금되어 있으며, 봉황의 큰 벼슬과 긴 깃털이 특징적으로 잘 표현되어 있다. 금, 은이나 주옥으로 만든 비녀는 주로 상류계급에서 사용했으며, 서민층 부녀자들은 나무, 뿔, 뼈 등으로 만든 비녀를 사용했다. 특히 봉잠이나 용잠의 경우는 행사 및 연회 시 복장일 경우 다래를 드린 큰 낭자 쪽에 꽂았으며 이것은 봉황깃털 질감까지 얇은 선으로 새겨 정교하게 만들어졌다.

〈그림 35〉 비녀의 길이는 19.4cm이다. 일반적으로 비녀는 잠(簪)과 채(釵)의 두 종류로 나뉜다. 잠은 길쭉한 몸체에 비녀머리가 있고, 채는 ∩형 몸체 위에 장식이 달려 있다. 비녀는 고대부터 주로 여자들이 사용한 것으로 추측되는데 남자들도 상투를 고정시키기 위해 동곳과 비녀를 사용한 듯하다. 〈그림 36〉 은도금 꾸미개는 경기도 개성부근에서 출토되었으며 길이 3.3cm이다.

어디에 쓰였는지는 정확히 알려지지 않았으나, 이러한 장신구는 의복에 장식하였을 것으로 추정된다. 주로 길상을 의미하는 원앙새, 여지, 사신(四神), 사슴, 학, 연꽃문양 등으로 장식되었다. 〈그림 37〉금으로 된 꾸미개의 길이는 3.8cm, 너비 2.9cm이다. 적의(翟衣)를 착용할 때 어깨에 걸어 늘어뜨리는 하피에 다는 단추인 추자(墜子) 또는 피추였을 가능성이 있다. 장신구는 의복에 장식하였을 것은 분명하며 주로 길상을 의미하는 원앙새, 여지, 사신(四神), 사슴, 학, 연꽃문양 등으로 장식되었다.

〈그림 38〉 금으로된 귀이개는 길이 6.1cm로써 자루 윗부분은 대나무 모양처럼 장식하고 그 끝에 연결된 고리에는 방울모양장식과 나비장식이 달려있는 화려한 귀이개이다.

〈그림 39〉 동제미용구일괄 길이 7.5cm, 길이 14.4cm이다. 빗치개 1점. 쪽집개, 귀이개 겸용 3점. 귀이개 1점. 쪽집개 1점. 일상생활에 필요한 미용도구이다. 부식되었고 일부는 〈그림 40〉은제 귀걸이 길이 5.8cm이다. 열매 모양을 본 딴 은제 귀걸이로서 아래 구체(球體)를 꽃받침 형상의 은판으로 위에 살짝 덮어 구체를 관통하여 뽑아 나온 은 선이 동그랗게 구부려져 마감되었다. 〈그림 41〉 은제도금팔찌(腕釧)는 지름 9cm이며외형 부분은 안쪽 면에서 바깥쪽으로 눌러 높게 돌출시킨 타출기법으로 정교하게 시문한 뒤 전체에 도금을 입혔다. 팔찌의 바깥 면을 돌아가며 능화형菱花形으로 된 6개의 구획을 주 문양으로 배치한 뒤, 능화문 안에는 서로 엇갈리게 표현된 두 마리의 새와 연꽃넝쿨무늬를 번갈아가며 장식하였다.

고려 금속공예의 화려하고도 귀족적인 면모를 잘 보여주는 작품이다. 〈그림 42〉 장도 집 길이 23cm이며 휴대용 칼을 넣었던 것으로, 칼집 입구 부분의 한쪽이 길게 트인 전형적인 형태의 고려시대 장도 집이다. 타원형으로 구획된 안쪽 부분에 봉황 두 마리가 서로 마주보면서 돌고 있는 주문양이 각 마디마다 있으며, 주문양 주변으로는 작은 꽃잎 무늬가 빼곡하게 장식되어 있다.

〈그림 43〉 크기는 가로 16.4cm, 세로 12.0cm이며, 원판번호 無1077-7 (격납상자제목: 其他 銅錢 및 各鐘遺物). 경기 개성군 중서면 여릉리 공민왕릉 출토 철제 가위이다. 〈그림 44〉 장옥 길이 16.1cm 고대에는 옥에 신령스러움이 깃들어 있다고 생각하여 장신구를 만들기도 하고, 장례에 사용하기도 하였다. 장례에 사용되는 장옥(葬玉)은 입에 물리는 함옥(含玉), 신체의 아홉 구멍을 막는 색옥(塞玉), 손에 쥐어주는 옥돈(玉豚), 가슴 위에 얹는 원반모양의 옥벽(玉壁) 등이 있다. 함옥

은 매미모양으로 지하에서 번데기로 오랜 시간을 지낸 후 탈바꿈하여 아름다운 소리를 내는 매미를 상징하며 부활을 의미한다. 색옥은 생명의 근원인 정기(精氣)가 빠져나가는 것을 막는 역할을 한다.

따라서 귀와 코, 항문에는 부드러운 천에 옥을 싸서 직접 막았고, 눈에는 나뭇잎 모양의 옥을 끈으로 연결하여 안경처럼 매었다. 손에 쥐게 하는 옥돈은 죽은 이후의 세상에서 먹을 양식을 상징하는 돼지모양이며, 옥벽은 둥근 모양으로 영원히 죽지 않는 해와 같이 죽은 이를 지켜준다는 의미를 지닌다. 〈그림 45〉 못신의 높이가 7.3cm, 길이 34.8cm, 너비 11cm이다. 금동 신발의 바닥판이 비교적 양호하게 남아 있다.

하나의 금동판에 사각추 형태의 금동 못 40여 개가 촘촘히 박혀 있다. 신발 앞쪽은 버선코처럼 조금 들려 있고 바닥판 가장자리에는 작은 구멍이 두 개씩 짝을 이루어 일정한 간격을 두고 뚫려 있어 위쪽은 가죽이나 천으로 만들었던 것으로 생각된다. 이 금동신발은 직접 신고 활동하기에는 불편해 실생활에 사용하기보다는 의례용 또는 껴묻거리(副葬用)로 보인다.

고구려 금동신발은 신라나 백제의 금동신발에 비해 바닥에 박힌 못의 개수가 많고, 바닥판만 금속으로 만들었다는 점이 특징이다.

〈그림 32〉 동제도금관금구

〈그림 33〉 스님 지팡이 머리장식

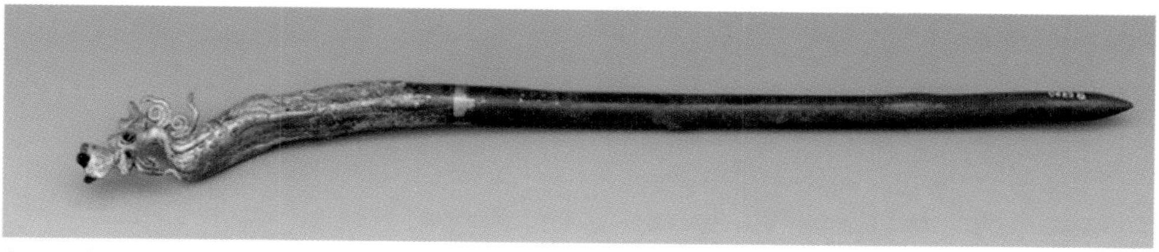

〈그림 34〉 봉황 장식 비녀

〈그림 35〉 비녀

〈그림 36〉 은도금 꾸미개

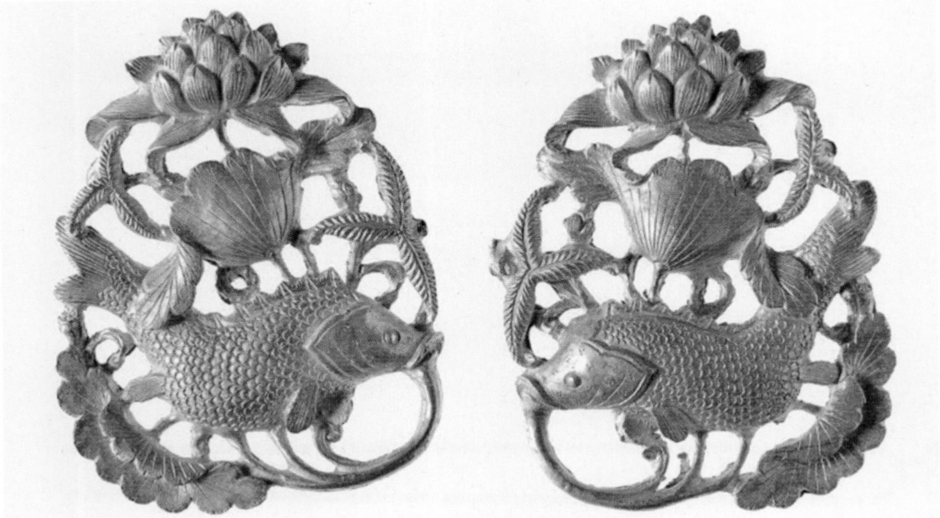

〈그림 37〉 금으로 된 꾸미개

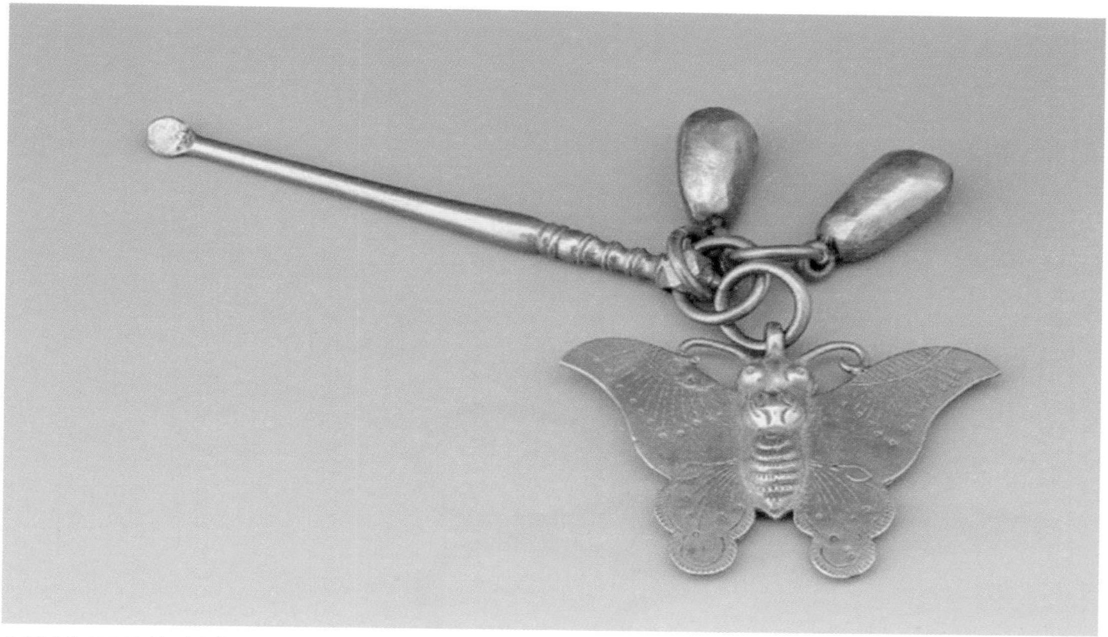

〈그림 38〉 금으로 된 귀이개

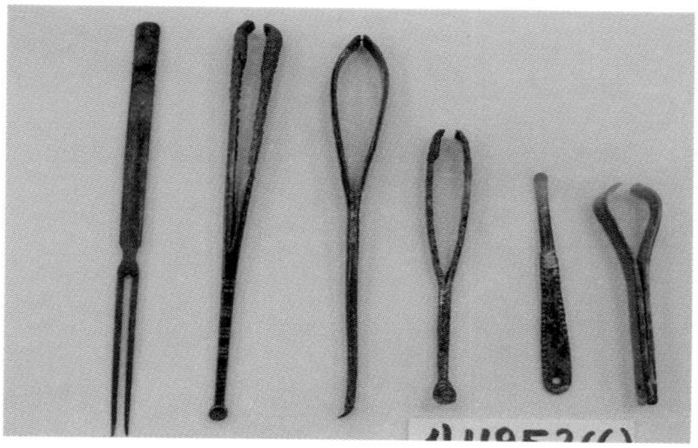

〈그림 39〉 동제미용구일괄

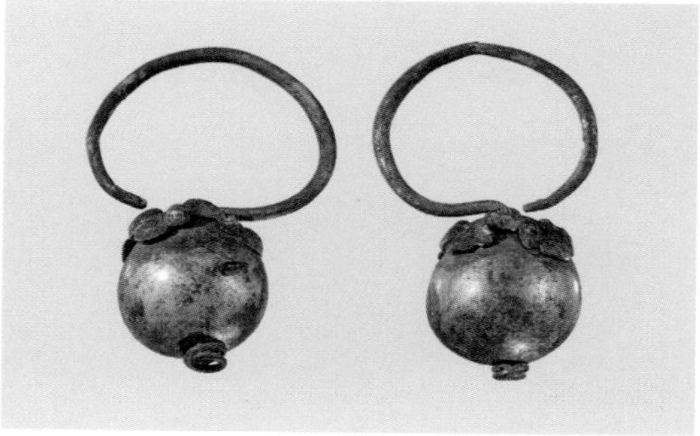

〈그림 40〉 은제 귀걸이

〈그림 41〉 은제도금팔찌(腕釧)

〈그림 42〉 장도집

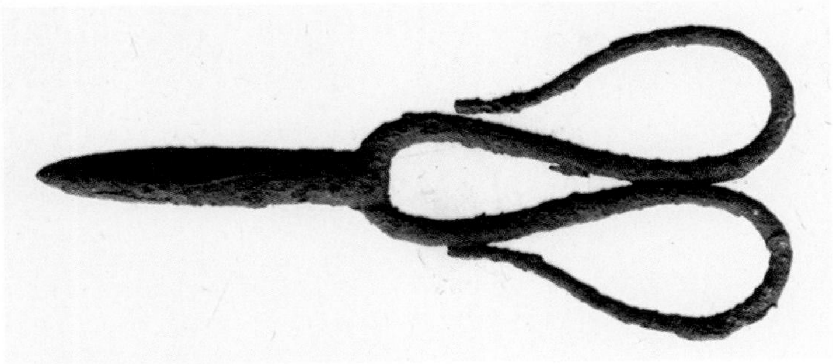

〈그림 43〉 공민왕릉 출토 철제 가위

〈그림 44〉 장옥

〈그림 45〉 못신

03 수발의 변천사

수발양식은 그 시대의 흐름과 환경변화에 따라 변형 될 수 있는 문화의 표현 형식이므로 수발의 방법, 형태, 그리고 기후, 풍토, 사회, 문화적 요인별로 특정한 유형을 갖는 수발 양식의 유형을 두발의 조작방법에 따라 피발형, 결발형으로 나누어 볼 수 있다. 그 종류는 추계, 고계, 아계 등이 있다.

1 고려시대 머리양식

고려로부터 머리모양과 함께 역사적으로 여러 형태를 나타내고 있는 것은 복식에서 장신구까지 시대별로 다양하게 변화시켜왔다. 머리양식은 신분에 따라 계급, 지위, 혼인관계를 알 수 있고 권력을 상징하는 의미를 지니기도 하였다. 고려시대 두발양식의 첫 단계는 개국부터 약 350년간 이어져 오면서 원나라에 약 100년간 간섭을 받아왔으나 공민왕의 배원정책으로 부터 조선개국 때까지 약 오십년간 오면서 몽골식 풍습인 변발제도를 없애고 고려 본래의 제도를 이어갔다. 우리나라 여성의 머리모양은 고대(古代)시대 전통적으로 내려오는 관습으로 복식과 함께 이중구조의 성격을 띠고 있어 사여관복에 따른 상류층의 머리모양과 서민층의 머리모양은 서로 다른 형태로 정통성을 유지하며 이어져 왔다. 〈그림 46〉 땋은 머리는 처녀들의 상징적인 표현이라 볼 수 있으며, 머리꽂이 장식으로 용모를 돋보이게 하는 방법으로 삶에 대한 지휘나 부를 나타내는 상징적 수단으로 큰 머리를 한 후 비녀, 족두리, 떨잠, 뒤꽂이, 댕기 등과 금귀이개 등이 나비나 곤충모양으로 보이는 장신구는 귀족들이 얼마나 화려하게 치장하였는가를 알 수 있다. 고려의 머리형태는 아환계, 추마계, 쌍수계,

얹은머리, 거두미형이 있다. 고려여인들의 머리모양은 불교신앙의 특색으로 불화에서 많이 나타나고 있는데 그 의미는 국태민안을 위해 스님들에 의해 그려졌다. 1300년대 서복사 소장으로 관경서분변상도의 왕비는 머리를 높게 올리는 고계를 하여 녹색 화관을 쓰고 화려함을 나타내고 있다.

그리고 머리뒤에는 홍색 끈으로 묶은 모습이 보인다. 1350년 친왕원에 소장된 미륵하생경변상도의 용녀(龍女)는 금색과 적색으로 장식된 화려한 화관을 쓰고 관 뒤에는 붉은 띠가 늘어져 있다. 1320년 대덕사에 소장된 수월관음도의 공양물을 들고 있는 왕비는 고계를 했고 구슬과 금으로 화려하게 장식하였다. 1300년 서복사에 소장된 관경서분변상도의 시녀의 머리모양은 당나라 여인들의 두식에서 많이 볼 수 있는 것으로 통일신라시대의 두식과 송의 영향을 받은 수식이 14세기 무렵까지 내려온 것으로 보인다.

1350년 친왕원에 소장된 미륵하생경변상도에서 다섯 명 중 중앙에 앉아 있는 시녀는 머리를 높게 묶고 금으로 장식된 화관을 썼다. 뒤에 연한 청색의 포를 입은 시녀는 머리를 빗어 늘어뜨린 타마계형을 하고 있고 나머지 네 명은 영락으로 장식을 한 화관을 썼다. 시녀에서 공양물을 들고 있는 4명의은 모두 쌍수계를 했고 신하 뒤에 두 명의 시녀는 각각의 건(巾수건)과 정병(淨甁)을 들고 있다. 1320년 대덕사 귀부녀, 수월관음도는 두 명의 귀부녀 머리모양을 고계로 하였고 녹색의 작은 구슬로 장식을 한 다음 홍띠로 머리 뒤를 묶었다. 고려시대의 머리 형태는 3단계로 나뉘는데 1단계는 오대, 송(요, 금)영향기에 신라의 머리형으로 보이나 《송사(宋史)》에는 "고려 여인들은 계(髻)를 오른쪽 어깨 위에 드리우고 나머지 머리는 아래로 내리는데 홍색 비단으로 묶고 비녀를 꽂는다. 2단계는 원나라 영향기로 머리 형태가 몽고풍을 따랐다. 광번측요추마세(廣幡仄繞墜馬勢), 넓고 나부끼는 듯하며 비스듬하게 두르고 말에서 떨어졌을 때와 같은 모습이라 표현되었다. 3단계는 명나라 영향으로 수월관음도에서 볼 수 있다.

TIP

말에서 떨어졌을 때 모양으로 보인다고 하여 추마계(墜馬髻), 조천계 구름처럼 보인다고 하여 고계(운계雲髻 구름처럼 높게 올린다.)
나뭇가지모양의 아계(丫髻 상투를 가장자리에 묶는다.)
둥근 쪽진모양 형태의 환계(鬟髻) 두 개의 모양으로 한 쌍계(雙髻)
새앙머리는 사양계 (絲陽髻), 처녀머리의 낭자계(娘子髻)등이 대표적이다

1) 불화에 나타난 복식

〈그림 46〉 땋은머리

〈그림 47〉1312년대 대은사 소장으로 관경서분변상도의 왕비는 금색으로 장식된 관모를 쓰고, 고계로 결(結)하고 부채살 두식을 착용하고 있다. 넓은 포와 소매 단

에는 현녹색의 선을 둘렀으며, 포위에는 오늘날 숄을 두른 듯하다. 〈그림 48〉 왕비, 수월관음도부분는 소매통이 넓은 황색포를 입었고 깃과 소매부리에 황녹색 선이 둘려져 있다. 반비의 소매부리에는 길고 불규칙한 녹색의 비취모가 있으며 팔뚝부분에 영락장식이 있는 팔찌를 착용하고 있다. 〈그림 49〉 노국공주에서 공양왕 왕비 사대부의 머리 모양을 살펴보면 노국공주의 머리 모양은 가체를 크게 올리고 장식 띠로 머리 아래를 받쳤고 상류층의 유행 머리와 비슷하다. 〈그림 49-1〉 노국공주의 영정사진에서 보이는 머리 모양을 재현해 보았으며, 형태는 고계(높게 올림)장식을 화려하게 했던 고려 말 상류층의 여인들이 대표 할 수 있다.

2) 용녀의 머리모양

〈그림 50〉 1350년 친왕원에 소장된 미륵하생경변상도의 용녀(龍女)는 금색과 적색으로 장식된 화려한 화관을 쓰고 관 뒤에는 붉은 띠가 늘어져 있다. 〈그림 51〉 왕비는 소매통이 넓은 백색 포를 입었다.

〈그림 47〉 왕비, 관경서분변상도,1312년대은사 p.29

〈그림 48〉 왕비, 수월관음도부분,1320년대, 2013, p.31

〈그림 49〉 노국공주 영정

〈그림 49-1〉 노국공주 영정 작품재현

3) 시녀의 머리모양

〈그림 52〉 시녀는 머리를 빗어 늘어뜨린 타마계형과 화관을 썼다. 시녀에서 공양물을 들고 있는 네 명은 모두 쌍수계를 하고 있다. 〈그림 53〉 시녀의 타마계와 시녀 쌍수계 에서도 머리모양과 복식을 살펴볼 수 있다.

〈그림 50〉 용녀, 미륵하생경변상도, 1350년, 친왕원, 2013, p.31

〈그림 51〉 왕비, 미륵하생경변상도 ,1350년, 친왕원, 2013, p.31

〈그림 52〉 귀족녀와 시녀 타마계

〈그림 53〉 김수연,2013, p.42 시녀 쌍수계

〈그림 54〉 2013, p.42 시녀 쌍수계

4) 귀부녀 머리모양

〈그림 55〉 1320년, 대덕사, 수월관음도

〈그림 55-1〉 수월관음도 작품재현

5) 서민의 머리모양

머리형태는 피발에서 시작된 두발형태의 계(髻상투)는 관례를 할 때 틀거나 쪽을 지던 결발의 양식으로 모두 추계 (방망이 모양) 형태를 하였다. 이와 같이 고려 남자들의 머리모양은 머리카락을 길게 땋아 내리는 편발과 두피의 가장자리를 깎고 나머지 부분은 길게 땋아 내리던 가체와 두 가지 형태를 볼 수 있다. 여성의 두발형태는 귀부인의 복식 중 두식의 모양에서 출가 전에는 홍색 비단으로 머리카락을 묶고 그 나머지 부분은 뒤로 내렸으며, 출가하지 않는 처녀가 피발하지 않고 땋아 내렸다. 또한 어린여자 아이는 양쪽으로 뿔 모양처럼 잡아맨 쌍수계 두발양식으로 볼 수 있다. 속발은 머리카락을 가지런히 빗어 올려 정수리 부분에 틀어 올리는 것이라 할 수 있다. 상고시대부터 일을 하기 위함에 있어 방해요소가 있어 묶은 다음 동곳(상투를 튼 후 풀어지지 않도록 위에 꽂는 장식)을 이용한 후 망건을 쓰기 시작한 것으로 중국에서 발견된 청동기에 속발과 변발의 머리모양에서 볼 수 있다.

〈그림 56〉 돈황

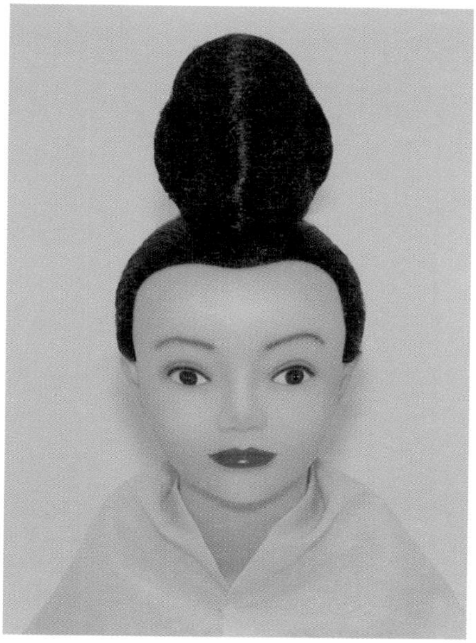
〈그림 56-1〉 돈.황 작품재현

(1) 아환계

송은 박익 선생의 묘 고분벽화에서는 네 가지 종류의 머리를 하고 있다. 환계를 양쪽 귀밑에 내리고 머리 위로는 아계(丫髻)처럼 보이는 형태, 두 번째는 머리 위에 단 환계를 올리고 양쪽 귀밑으로 동그랗게 포개어 감은 형태, 셋째는 양쪽 귀밑으로 동그랗게 감은 형태를 하고 머리 위에 연꽃처럼 보이는 작은 꽃으로 장식했으며, 네 번째는 세 번째와 같으나 꽃 대신 모자를 쓰고 있다.

고분벽화에 나타난 아환계는 고려시대 말에도 존재하고 있었으며, 그것이 조선시대까지 전해졌다는 점을 알려준다. 아환계는 아계와 환계를 이르는 뜻으로 두 머리모양은 분명한 차이점이 있으면서도 그 형상이 비슷하게 보이기 때문에 한 부류로 삼는 경우가 있다. 〈그림58〉의 환계는 송나라 고전에 단환계, 쌍환계, 삼환계라 불리우며, 머리카락을 여러개의 고리를 지어 장식했던 기록이 있다. 〈그림 59〉의 아환계는 머리카락 전체를 머리 위로 빗어 올려 묶은 다음 그것을 두 갈래로 나누어 위로 뻗게 만드는 것을 말한다. 아(鵝)는 가닥 아자인데 가닥이란 나뭇가지 아귀를 뜻하는 것으로 머리 모양이 나뭇가지 아귀와 비슷하기 때문에 그런 이름이 붙은 것이다.

(2) 추마계(墜馬髻), 타마계(墜馬髻)

『고려도경』에서 본 추마계는 중국의 두발양식으로 전해지고 있다. 대표적인 고려의 머리 형태 중 하나 '추마계에 대한 기록은 숭녕(송 휘종의 연호) 연간에 송나라의 종신 유구와 오식 등이 사명을 받들고 고려에 갔을 때에 칠석을 만났다. 마침 관반사 유신이 무악 하는 기녀를 돌아보며 정사, 부사에게 말하기를 "우리나라는 머리를 빗어 늘어뜨리니 필시 옛 추마계인가 합니다." 하매유규 등이 대답하기를 "추마계는 동한 양기의 처 손수가 한 것이니 본받을 만한 것이 못 되는 것 같소이다." 할 정도로 알려진 머리모양으로 한자로 해석하면 말에서 떨어졌을 때 여자들의 머리모양과 같다고 하여 붙여진 이름이다. 머리카락을 높이 올려 계를 만드는 형식으로 높이 올릴수록 옆으로 기울어진 채 약간 흔들리는 형상을 말하며, 〈그림 59〉 상류층의 여인들에게 유행하였으며, 귀족여성들은 부피에 따라 신분을 표시 하였으며, 〈그림 60〉 서민층 여인들뿐만 아니라 기녀들 까지도 장신구를 이용하여 화려함을 묘사 하였다.

〈그림57〉남서쪽 단벽의 벽화

〈그림57-1〉아환계 작품재현

〈그림58〉여말선초,박익묘의 고분벽화

〈그림58-1〉환계 작품재현

〈그림59〉돈황,귀부인

〈그림59-1〉돈황, 귀부인 작품재현

(3) 쌍수계

쌍수계란 쌍계를 두 개로 만들어 아래로 내려 묶는 형태이다. 수발상태는 땋거나 늘어뜨리는 형식이지만 쌍수계 처럼 계를 올리지 않고 늘어뜨리는 형식은 당나라와 송나라를 거쳐 고려에 들어온 고려인들의 머리모양이다. 백년에 이르는 길고 긴 기간 동안 강압에도 끝내 바꾸지 않았던 머리모양은 원나라의 침입으로 고려의 임금을 비롯한 신하들까지도 몽골의 머리모양인 개체변발을 했어야 했다. 쌍수계가 남아 있었다는 것은 고려여인들의 기질을 말해주는 것이다. 고려도경에서 서민들의 딸은 시집보내기 전에 붉은 깁으로 머리를 묶고 그 나머지를 아래로 늘어뜨린다고 하였다.

〈그림60〉 한희재 야연도 부분도, 서민여인

〈그림60-1〉서민여인 작품재현

(4) 조천계

고려에 들어온 여성들의 머리모양은 금(金)과 손을 잡고 송의 제도를 따르게 된 것은 4대 광종 때 처음으로 관리들에 의해 정비 되었으나 머리모양과 직접관련 되어 자리잡게 된 것은 18대 의종 시대였다. 송나라가 개국하면서 여성들 사이에서 유행했던 머리모양으로 유명한 것이 있다면 조천계를 들 수 있다. 송나라 여성

〈그림61〉당의 조금철명, 당

〈그림 61-1〉 당의 조금철명, 작품재현

의 머리모양은 당나라의 머리모양을 그대로 답습한 것이라고 해도 과언이 아닐 만큼 처음부터 가체를 이용한 높은 머리와 화려한 장신구가 고려 불화에서 나타났다. 당나라 제도를 답습한 것이 또한 신라이고, 신라의 제도를 따른 것이 또한 고려이다. 송나라와 고려의 여성들이 어떤 머리모양을 하고 조천계라는 명칭이 붙은 것은 하늘을 향해 올려 져 있는 형상에서 나온 것으로 보인다.

〈그림 62〉 관경변상도의 고양하는 여인상

〈그림 62-1〉 관경변상도의 고양하는 여인상, 쌍수계 머리 작품재현

〈그림 63〉 고려불화 .손미경,한국여인의 발자취.p.163

〈그림 63-1〉 조천계 작품재현

역사와 전통머리에 대한 이해와 알아 두어야할 상식

고구려

▶ 최초 압록강 연안의 졸본천에 나라를 세운 사람은 동명성제 주몽이며 천제의 후손으로 전해지고 있다.

▶ 제위 2년에 불교유입, 태학설립(AD 372)하여 중국 전진(前秦)으로 부터 순도(順道)가 불상과 경문을 가져오자 이를 받아들여 최초로 불교를 수입한 왕은 17대 소수림왕이다.

▶ 불교를 신봉하였고, 영토를 만주와 한강 이북을 차지하는 등 고구려의 전성시대를 이룩한 왕은 19대 광개토경호태황제 담덕이다.

▶ 토우의 기원의 목적은 주술적인 우상(偶像)으로 그 의미를 가지며, 특히 여성상이 다수이다. 여성상은 얼굴이나 세부 표현은 극히 간략하고 여성의 특징인 유방과 엉덩이, 허리 등을 과장한 것으로 배가 부른 임산부 모습과 나체상이 많은데 이는 여성의 생식 능력과 토지의 생산력이 깊은 관계가 있다고 생각한다.

▶ 상고시대 관모는 원시 형태이면서 두발이 흘러 내려오는 것을 감쌌던 기본의 형태는 건(巾) 이다.

▶ 상고시대는 화장이란 단어는 쓰이지 않았고, 외래 문물이 들어오면서 '화장'이란 말을 하게 되었다. 화장이란 단어 보다 먼저 쓰여 진 것은 장식, 단장, 야용이다.

▶ 우리나라의 고전 머리 모양을 말할 때 가장 많이 등장하는 용어는 얹은머리이다. 상고시대부터 조선시대까지 지속적으로 유지된 고유성을 지닌 것은 가계이다. 고분벽화에 나타난 얹은 머리는 쌍영총 공양 행렬도, 무용총, 수산리 고분 행렬도 묘주부인에서 나타난다.

▶ 푼기명 머리는 귀 아래쪽으로 길게 늘어뜨린 형태이며, 무용총 벽화에 나타난다.

▶ 고구려 관련 고기록을 보면 여인의 머리에 건귁을 착용했다고 하는데 이것은 여인의 머리에 쓰게 였다. 귁은 다른말로 궤(簂)로 쓰여지기도 한다.

▶ 힐자계에 머리모양은 큰 머리로 가체를 이용한 고계 형태, 타원형의 둥근 테는 조선시대 가체인 거두미와 비슷한 형태로 된 큰 머리를 만들어 자신을 지위를 상징하고 하였다.

▶ 안악 3호분에 잘 나타나 있는 '동수의 묘'라는 고국원왕과 왕비와 시녀들의 머리 모양의 이름은 힐자계이다.

▶ 힐자계가 조선시대에 와서 떠구지 형태로 변화된 것으로 볼 수 있다.

▶ 고구려시대 머리 모양 중에 부인수가 건귁(婦人首加巾幗)이라는 문구가 있다. 이 책의 이름은 구당서(舊唐書)이다.

▶ 고구려 때 일반용 두건이 아니라 절풍 보다 상위계급의 관모이고 건에서 출발한 두건 형태를 책(幘) 이라 한다.

▶ 발식(수식)–부녀자들이 머리모양을 내기 위하여 쓰이는 장식품(빗 ,비녀, 뒤꽂이) 등이 있다.

▶ 고구려의 관모의 기록에 의하면 책(幘), 조우삽관(鳥羽揷冠), 변(弁), 절풍(折風), 소골(蘇骨)등의 관제(冠制)가 있다

▶ 삼국시대 복식 중 저고리는 길이가 길고 '직령교임제'로서 소매는 착수이다. 복식에 맞는 명칭은 유라고 한다.

▶ 삼국시대 고(袴)에 대한 복식은 가랑이가 따로 떨어져 말을 타는데 동작이 자유로우며, 장화를 착용해서 산야를 달리는데 편리 하다, 이를 바지라 총칭한다.

▶ 고려인들은 검소하며 무(武)말타기, 활쏘기 등이 능하였으며 남자들의 모자에 깃을 꽂고 금은 장식을 하였는데 모자를 다른 말로 소골이라 한다.

▶ 고구려의 일상은 귀족의 집은 사랑채와 안채로 이루어져 있으며, 디딜방아로 곡식을 찧었고 일상생활서 평상이나 좌상을 사용하였다. 주요 건물은 기와로 지붕을 덮었다.

▶ 고구려인들은 일반적으로 마차(馬車)는 남자용으로 수레를 탔지만 부인용이나 귀족남자들이 외출할 때 많이 사용한 수레는 우차가 활용되었다.

▶ 5세기 초 고구려의 사회 현상을 파악하는데 귀중한 자료인 견우,직녀 의 벽화가 그려진 무덤은 덕흥리 무덤 벽화이다.

▶ 고구려 복식의 기본 복장은 남녀 모두 저고리와 바지이며, 귀족 여자는 색동주름치마를 입고 바지위에 치마를 덧입기도 했다.

백제

- 비류는 미추홀 즉 지금의 인천에 정착하였고, 아우인 온조는 위례성 즉 지금의 서울지역에 정착하여 각각 나라를 세우게 되었다는 설이 전해지고 있다.
- 백제(百濟)는 서기전 18년 전에 부여족(夫餘族) 계통의 고구려 유이민(流移民)이 한강유역에서 세운 나라이다.
- 백제의 건국에 있어서 계백장군과 복신장군은 일등공신이다.
- 백제문화를 부흥시킨 것은 근초고왕과 담징, 아직기사, 왕인박사이다.
- 문화적으로 가장 융성한 시기로 특히 불교문화가 화려하게 꽃핀 절정기였으며, 부여 지역을 중심으로 많은 사찰을 세워졌으며 일본의 아스카 문화 형성에 많은 영향을 주었던 시대는 백제이다.
- 왕족인 부여씨와 그 내부에서 지배층은 독특하게 발생한 8성의 귀족으로 이루어져 정치를 주도 하였다.
- 왕비의 복식은 고구려 복식과 비슷하며 장신구는 금관과 금으로 장식한 과대, 귀걸이, 팔찌, 가락지 등을 착용 하였으며 금동식리를 신었다.
- 백제시대의 기혼녀와 미혼녀의 구별은 미혼일 경우 머리를 땋아서 뒤로 늘어뜨린형태를 하였다.
- 궁녀들이 이곳의 절벽에서 떨어져 죽었다는 전설이 있다. 이곳은 낙화암이다.
- 백제시대의 머리 모양에 관하여 북사 에 기록되어 있다.
- 중국의 북사(北史)와 수서(隋書)에 보면 부인은 분을 바르거나 눈썹을 그리지 않았고 분을 바르되 연지는 바르지 않았다는 것을 보아 중국이나 고구려를 통해 받아들인 화장을 그대로 모방하기보다는 은은하고 단아한 고유의 멋을 부린 것으로 백제시대에 보여진다.
- 백제 부여의 군수리 유적에서 그려진 것으로 관모의 합성으로 변(弁) 절풍(折風)이 독특하게 나타나고 있다.
- 백제의 금동관의 관류에는 내관은 두른 변형관모이고 한가운데에 잎이 둘러싸인 꽃망울 한 개와 둘레에 당초문 그리고 꽃망울 밑에 인동문양을 나타낸다.
- 백제 금제관식(金製冠飾)은 투각한 순금제 금화입화식을 꽂았고, 비대칭 균형을 이루며 날씬한 외형미가 넘친다.
- 백제의 장신구는 수정, 마노, 비취, 호박, 유리 등으로 만든 구슬류가 대부분인데 수정은 절자옥(切子玉), 비취와 호박은 곡옥(曲玉), 마노는 관옥(管玉), 유리는 환옥(丸玉)으로 사용하였다.
- 망자의 혼이 극락에서 환생하는 모습을 나타낸 것을 연꽃에서 사람이 나오는 모습을 묘사한 연화화생상(蓮花化生像)이라 한다.

▶ 변발수후라는 퉁구스족, 몽고족, 터키족의 공통된 풍속으로 두발을 땋아서 머리 뒤에 늘어뜨리는 극히 자연스러운 수발 법으로서 미가녀(未家女)가 변발수후라고 한다.

▶ 밑머리란 치마머리나 다리를 드릴 때 본디부터 있는 제 머리털을 이르는 말이다. 댕기와 비녀만으로 머리를 꾸미는 것이다.

신라

▶ 신라시대의 배경은 경북지역에서 활발한 활동이 전개 되었다.

▶ 신라 여인들의 머리모양은 미혼녀의 경우 '변발수후'는 땋아 늘이는 형태였다.

▶ 신라시대 머리모양은 미혼녀 경우 머리를 땋아 두상에 둘렀다

▶ 신라의 꾸미개 형태는 화려하고 다양하다. 금관과 관모, 관꾸미개, 귀걸이 등은 금이나 은으로 만들어졌다.

▶ 통일신라시대의 대표적인 머리 모양이며 제42대 흥덕왕 때 옷차림과 머리 모양이 지나치게 사치스러워 금지한 일이 있다. 머리모양은 화계이다.

▶ 통일 신라시대의 화계는 꽃 모양으로 한 작품, 부용이나 모란으로 장식하고 비단이나 구슬로 멋을 부렸다.

▶ 목조 여인상에서 보이는 신라 여인은 약간 미소 띤 얼굴에 입술 연지를 칠하고, 뒷머리를 올려 계를 만든 후 계의 좌우에서 비녀를 꽂아 고정시켰고 앞머리 부분에 금색대식을 하였다. 라고 설명한 소장품은 하외주이다.

▶ 신라여인들의 발제에 대한 북사 ,당서등의 기록에는 의복은 하의로 긴 치마 착용, 소매 끝이 깔대기 모양, 머리카락을 머리에 올려 구슬로 장식하였다.

▶ 통일신라시대의 복식에서 단령은 기마 유목민족의 호복, 신분에도 차등, 진덕여왕 2년에 수용되었다

▶ 반비는 "남녀 공용이며 여자가 남자보다 화려하였고 여밈의 형식은 고름을 사용하기도 하고 매듭 장식을 쓰고, 가슴 바로 밑까지 오거나 무릎까지 오는 것으로 다양하다."통일 신라시대 복식이다.

▶ 복두란? 중국 문화에서 받아들여져 개화기 이전까지 썼고, 한 폭의 검은 천으로 앞에서 뒤로 묶었고, 속인들이()라로 하였고 일면 절상 건이라고도 한다.

▶ 고려시대의 배경은 왕건이 후삼국 분열을 수습하고 고려를 세우면서 불화에는 중생들의 복식 머리 형태 등 생활상을 볼 수 있고 일반 서민은 대게 흰옷을 입었다.

▶ 공민왕은 고려의 대표적 화가이며 예술적 감수성이 뛰어나고 고려라는 나라에서 사냥을 하지않은 유

일한 왕이다.

▶ 기황후는 고려 초기 기생과 어염 집 부인들과 구분하고자 비 분대화장을 하였는데 대표적인 인물이다.

▶ 원의 간섭기 이전, 후에 땋은머리를 두상에 올린 얹은머리형태를 하였고, 각시탈을 통해 두발을 땋지 않고 머리 앞 부분에 얹은머리도 있다.

▶ 가체신금사목 중에 명부가 항상 착용하는 것이고 민간에서도 결혼할 때에 사용하는 것 이므로 금지시키지 않는 머리는 어유미와 거두미이다.

▶ 면류관의 특징은 왕은 아홉 줄 왕세자는 여덟 줄을 단다. 행사 때 쓰는 모자인 만큼 많은 의미가 숨어 있으며 '유'에는 왕의 시야를 가릴 정도였다.

▶ 입(笠)에 대한 설명은 백립–검은 갓이며 옻칠을 했다는 뜻에서 칠립, 흑립–외출용으로 사대부들이 가장 아끼고 사랑하던 모자, 초립–가는 풀이나 대나무로 만든 갓이다.

▶ 망건은 성인 남자가 상투를 틀 때 사용, 말총을 직사각형으로 엮어서 관자의 재료로 품계를 구별하였다.

▶ 상투의 고정 핀은 동곳이다.

▶ 고려시대 말에 주자학의 전래로 유학자들이 주로 입었던 옷이다. 양반층에서는 평상복으로도 착용한 남자의 복식은 심의이다.

▌조선시대

▶ 태조, 이성계(李成桂이단)은 재위기간(1392–1398)동안 고려를 멸망시고 1대 왕이 되었다.

▶ 영조(이금)은 21대왕으로 (1724–1776) 재위 52년간 즉위 하였다.

▶ 영조대왕은 무수리 출신인 숙빈 최씨의 아들, 천민 출신 임금으로 최장수왕이자 조선의 중흥을 이끈 왕, 가체 금지령(1786 가발과의 전쟁), 왕권을 강화하기 위해 탕평책을 실시하기도 했다.

▶ 조선시대 상류층 여인이란 비빈을 비롯한 명부 층을 말한다.

▶ 조선12~18세기 중치막은 왕 이하 서민에 두루 입었던 옷, 사대부들 관복 아래 받쳐 입음, 깃은 곧고 소매는 넓다.

▶ 조선시대 시대 배경은 정조–사치한 고계양식이 문제가 되어 부녀계발금제가 내려졌고, 순조–전국 부녀자가 다래로 머리를 얹는 법을 없어졌다. 선조–사회적 신분제도 보다 경제적인 권위가 중요한 요건이 되었다.

▶ 황후가 입었던 황원삼(黃圓衫)은 궁중에서 큰 예식이나 혼례식 때 입었던 왕비의 원삼이다. 1897년 대

한제국이 되면서 소례복으로 황원삼을 입었고, 대례복으로 심청적의로 정하였다.

- ▶ 조선 중기와 후기에 여자의 혼례복으로 많이 사용한 것은 활옷과 원삼이다.
- ▶ 조선 18세기 김홍도 그림에서 양반들의 인생관과 출세관이 표현된 그림의 이름은 평생도이다.
- ▶ 조선시대 기생들도 등급은 1패-왕과 고관의 주연자리에 불려가 춤추고 노래하는 기녀, 2패-각 관아의 고관 집에 출입하는 기녀, 3패-일반인을 상대하는 하급 기녀로 구별하였다.
- ▶ 기녀는 황초삼-무희의 겉옷을 입었다.
- ▶ 비녀는 수식품(首飾品)의 일종으로 '계(笄)', '잠(簪)', '채(釵)' 등으로 불리우며 쪽진 머리나 관(冠) 등 머리 형태를 고정하거나 장식하기 위해 꽂는 도구이다.
- ▶ 대수(大首)는 궁중에서 의식이 있을 때 왕비의 대례복 차림에 한 머리모양으로 오늘날 전체 가발 용도와 비슷하게 머리형태를 만들어 여러 개의 비녀와 떨잠 등으로 장식하였다.
- ▶ 내명부중에서도 특히 궁중에서 품계를 가진 빈이나 귀인, 후궁 등의 국혼이나 큰잔치에는 왕비를 비롯하여 내인들까지 대례복(大禮服)과 함께 거두미를 사용 하였다.
- ▶ 어유미는 당대외명부가 주로 하던 머리모양으로 왕족 중에는 왕비를 비롯하여 출가한 공주와 옹주, 양반가에서는 당산관 부인이 이용하였으며, 상궁 중에서는 지체높은 지밀상궁만이 할 수 있었다.
- ▶ 쪽진 머리를 곧 후계로 지칭하였다.
- ▶ 조선시대부터 부녀자들의 가체로 인한 사치가 극심하여 이 폐단을 시정하기 위해 영조32년(1756년)에 가체 금지령이 내려지고 가체를 족두리로 대처하게 되었다.
- ▶ 화관은 관모라기보다는 미적 장식품으로서의 가치를 지니고 있으며 활옷이나 당의(唐衣)를 입을 때 썼다.
- ▶ 첩지머리 장식에 따라 황후(皇后)는 도금한 용(龍)의 첩지를 사용하고 비(妃)·빈(嬪)은 도금한 봉(鳳)첩지를 사용하는 내외명부의 신분에 따라 도금·은·놋쇠로 만든 개구리첩지를 사용하였고 부모상이나 남편의 상을 입었을 때에는 흑색 개구리 첩지를 매었다.
- ▶ 둘레머리는 서민층 여성들의 대표적인 기본 머리 형태이다.
- ▶ 기생의 유래는 약방기생(藥房妓生)과 궁에서 바느질 관련 일을 도와주는 상방기생(尙房妓生)으로 나뉜다. 1907년 기생제도가 폐지된 후 갈 곳 없는 기생들이 궁 밖의 요리점으로 나오면서 기생이란 명칭이 생겨난 것이다.
- ▶ 기녀들은 여염의 여인과는 달리 담장 안에서만 지낼 수 없는 계층 이였기에 몸치장과 머리치장에 시선을 끌 수밖에 없었던 것은 이때 보석으로 장식을 하여 아름답게 할수록 계급신분의 차이가 있었기 때문이다.

참 고 문 헌

고대시대

하영조, 2011, 『한국 고대장신구에서 나타난 표면장식기법 연구』, 원광대학교, 박사학위논문, p.5.

조선맹, 2015, 『중국 원남성 소수민족 복식의 장신구 특성』, 한양대학교대학원, 석사학위논문, pp.26~27,34~35.

최 진, 2010, 『고대장신구의 미학적 특성 연구』, 단국대학교, 박사학위논문, P.6~13.

류 염, 2010, 『당조 여성복식 이미지를 활용한 복식디자인 연구』, 한서대학교, 국제예술디자인대학원, 석사학위논문, p.4,53~54.

학 나, 『당대 여성복식에 연구』, 중앙대학교대학원, 석사학위논문, p.16,43.

민지아, 2018, 『중국소수민족 인물을 응용한 일러스트레이션에 관한 연구』, 중앙대학교, 예술대학원 미술디자인학과 디자인전공, p28,34~35,38.

하 자, 2014, 『중국의 전통요소를 활용한 패션사진 연구』, 중앙대학교대학원, 석사학위논문, p.27,39~40.

왕이팡, 2017, 『중국소수민족 좡족복식의 특성을 활용한 디자인 패션』, 한양대학교대학원, 석사학위논문, p.38,39.

노미미, 2015, 『중국 묘족 여자복식의 직물에 나타난 문양에 관한 고찰』, 성신여자대학교대학원, 석사학위논문, p.31~32,37.

송덕풍, 임순, 2009, 『당나라 여성복식의 특정 및 현대패션에 나타난 당나라 복식사례 연구』, 인천대학교 생활과학연구소, 제3권 제1호, p.124.

김주미, 2010, 『한민족의 해속에 삼족오』, pp.16,55~57,129,206,207.

박선희, 2013, 『고구려 금관의 정치사』, p.47.

손경자, 1995, 『중국복식 5000년』(상), p.21~22,49,50,56,63.87~89,99,102,108,111.

소황옥, 김양희, 2008, 『중국소수민족과 복식』, 경춘사, p.10,35,37,68,70.

[네이버 지식백과], 청동삼환령, e뮤지엄, 2019.01.20.

[네이버 지식백과], 한국사카페, 북멘토2018.12.23.

[출처] 2관 인구대국의 소수민족|작성자 한세라, 네이버 블로그, 2019.01.03, 9시.

[네이버 지식백과], 만주족(滿洲族), 두산백과, 2019.01.03, 12시.

[네이버 지식백과], 다우르족(達斡爾族, Daur), 2019.01.03, 18시 40분.

[그림출처] https://blog.naver.com/yongplant1/110128748397
[그림출처] 네이버 블로그 /my romantic Africa 2019.2.20.
국립민속박물관, 한국민속대백과 사전.
[네이버 지식백과], 위구르족(維吾爾族, Uygur), 2019.01.03, 20시 20분
김주미, 2010, 『한민족과 해속의 삼족오』, 학연문화사, p.206.
국립중앙박물관, <그림> 5,6,7,8.
손경자, 1995, 『중국복식 5000년』(상), pp.50~113, <그림> 9~36.
손미경, 2004, 『한국여인의 발자취』, 미디어, p.13.
고춘명, 1988, 『중국역대 부녀장식』, 학림출판사, p.34.
[출처] https://blog.naver.com/passlang/220566855297
[출처] https://blog.naver.com/pantorm/20106329117
[출처] http://www.hani.co.kr/arti/international/china/766031.html
[출처] https://namu.wiki/w/%EC%B0%BD%EC%96%B4%203%ED%98%B8
[출처] 12과 우주강국과 환경 낙후국 - 작성자 한세라.

고구려

남영임, 2018, 『고구려, 신라 건국신화의 후대 수용 양상 연구』, 한국학중앙연구원, 한국학대학원, pp.7~8,10.
손명순, 2017, 『신라토우연구』, 경주대학교대학원, pp.17~18.
이윤미, 2011, 『조선후기 가체의 유행과 금지령 시행』, 한국교원대학교대학원, 석사학위논문, p.9.
권미숙, 2010, 『조선시대 여인들의 가체머리 변천에 관한 연구』, 국제문화대학원대학교, 석사학위논문, p.28.
이종원, 2017, 『역사과 수업에서 이미지 활용방안 연구』, 서울시립대학교대학원 ,p.12.
이경란, 2016, 『5세기 초 중반 고구려 고분벽화의 수목을 통해본 미륵상생신앙』, 부경대학교, 국제대학원, p.56.
신호재, 2002, 『민간신앙에 따른 조형물에 따른 연구』, 조성대학교, 교육대학원, 석사학위논문, p.14,21.
채선숙, 2011, 『무속신앙에 표현된 헤어디자인 연구』, 서경대학교대학원, 박사학위논문, pp.130~140.
유은희, 『고송총 벽하복식의 도상해석학적 특성과 복식비교연구』, 숙명여자대학원, 석사학위논문, p.30.
이유리, 2015, 『고구려 옥도리 벽화고분 연구』, 숙명여자대학교대학원, 석사학위논문, pp.23~24.
정유리, 2000, 『삼국 고분유물에 나타난 문양을 이용한 문화상품디자인』, 이화여자대학교, 디자인대학원, p.8.
정혜경, 2018, 『서울부군당에 나타난 부군의 성격과 의미』, 중앙대학교대학원, 석사학위논문, p.35.
구지연, 2005, 『전통복식유물의 전시 및 활용방안에 관한 연구』, 숙명여자대학교 ,p.7.
황이슬, 2014, 『고구려복식에 내재된 미의식 고찰』, 숙명여자대학교대학원, p.54~58,61~62.
조진숙, 『고구려벽화에 나타난 장신구에 관한 연구』, 한양대학교대학원, 박사학위논문 p.94.
이승미, 2010, 『고구려 머리모양을 통한 문화콘텐츠 자료연구』, 건국대학교, 뷰티티디자인대학원, 석사학위논문, p.16,29.61~62,65.

박수동, 2013, 『경주황남대총 북분출토 금강못신 연구』, 울산대학교대학원, 석사학위논문, p.18.
안소영, 2004, 『noin-ula와 고구려의 복식 및 문양 연구와 이를 반영한 에스닉 스타일의 의복 디자인 연구』, 성균관대학교대학원, 박사학위논문, p.56,61,172.
양보남, 2012, 『고구려 안악 3호분 주인공의 성격』, 부산대학교, 교육대학원, 석사학위논문, p.9~11.
이은주, 2012, 『조선시대 고전머리모양의 기본형으로서 쪽의 활용에 관한 연구』, 한성대학교, 예술대학원, p.43.
배효정, 2013, 『조선시대 여인의 머리 형태를 모티브로 한 기능경기대회 업스타일 과제 개발』, 광주여자대학교일반대학원, 박사학위논문, p.27.
최민식, 2009, 『조선후기 내명부의 머리양식 및 고찰』, 한남대학교, 사회문화대학원, 석사학위 논문, p.15.
김진수, 『조선시대 궁중여성 수발양식에 관한 고찰 및 재현』, p.111~112.
김지연, 1998, 『족두리에 관한 연구』, 이화여자대학교대학원, 석사학위논문, p.23.
이종원, 2017, 『역사과 수업에서 이미지 활용방안 연구』, 서울시립대학교대학원, p.12.
이수진, 2017, 『초기한국 인포그래픽으로의 고구려 벽화에 대한 고찰』, 국내학술기사 기초조형학회 18권 2호, p.421.
전호태, 2006, 『유적·유물로 본 고구려인』, 국립중앙박물관, p.3.
김옥순, 김진경, 『한국의류산업학회지』, 8호.
김미자, 1997, 『고구려연구회』.
박선희, 2005, 『고구려 사회와 고구려인들의 생활』, 한국문화학회, 제55권 제5호 통권95호, p.3,9,11,19,26.
박선희, 2005, 『고구려 사회와 고구려인들의 생활』, 흥사단민족운동본부, p.1.
박선희, 2007, 『고구려 금관의 고유양식과 정체성인식』, 한민족학회 제3호, p.11.
김민선, 맹유진, 이상은, 2005, 『한국의상디자인학회지』 제7권 3호, 정기간행물 524호, p.397.
채주희, 2013, 『이야기 삼국사』, p.24,32,37,39,42,45.
채선숙 외, 2016, 『우리머리이야기』, 경춘사, p.20.
채선숙, 2011, 『무속신앙에 표현된 헤어디자인 연구』, 서경대학교대학원, 박사학위논문. p.81.
『패션 그리고 뷰티 이야기』, 경춘사, p.6.
[출처] 국립중앙박물관, 2019.03.03.
[출처] e뮤지엄 국립민속 박물관, 2019.03.03.
[출처] 삼국유사, 호동왕자와 낙랑공주|작성자 하늘 뜻, 2018.02.14.
[네이버 지식백과], 토우(土偶), 두산백과, 2017.01.13.
[네이버 지식백과], 토용(土俑), 고고학사전, 2001, 12국립문화재연구소.
[출처] http://www.museum.go.kr출처 e뮤지엄 박물관 제공처국립중앙박표제어.
[출처] http://www.museum.go.kr출처 e뮤지엄 박물관 제공처국립중앙박표제어.
[출처] https://youtu.be/0CyV58aWv3M
손명순, 2017, 『신라토우연구』, 경주대학교대학원, p.18,20~21
이수진, 2017, 『초기한국 인포그래픽으로의 고구려 벽화에 대한 고찰』, 국내학술기사 기초조형학회 18권 2호(통권80호), p.423,425.
김민선, 맹유진, 이상은, 2005, 『안악3호분을 통해서 본 머리모양 연구』, 한국의상디자인학회지 제7권 3호, 정기간행물 524호, p.103.
박수동, 2013, 『경주황남대총 북분출토 금강못신 연구』, 울산대학교대학원, 석사학위논문, p.18,19.
박미나, 2014, 『고구려 고분벽화의 활용 연구』, 숙명여자대학교대학원, <그림> 36, p.35.
양효진, 2012, 『고구려고분벽화를 활용한 상상표현지도 방안 연구』, 한국교원대학교대학원, 석사학위논문, p.32.
국립중앙박물관, <그림> 30,31.
손미경, 2004, 『한국여인의 발자취』, 미디어뷰, p.5,85.
『우리옷의 뿌리를 찾아서』, 도록, pp.22~23.
국립민속박물관, 『경기지방 장승·솟대 신앙』, 학회지, <그림> 12, p.6.
[출처] http://www.museum.go.kr, e뮤지엄박물관, 국립중앙박표제어, <그림> 5.
[출처] 평창올림픽 인면조 개막식 열풍! 고구려 고분 벽화 [천추, 만세, 하조]가 실체! 신선신앙 장생불사 평화상징, 평창동계올림픽 지구촌 외신까지 사로잡다.|작성자 이심전심, <그림> 11.
미추홀전통문화예술작품공모전, p.85, 2013.11.15, 『바람이 분다』, 인천문화예술회관, 대 전시실 도록표지.
국립중앙 박물관, 2019.03.03.
[출처] mhttp://www.seoul.co.kr/news/newsView.php?id=20180212027002&wlog_tag3=naver#csidxbf2b5c8e190f66993080693ed8d8570
[출처] 벽화에 나타난 고구려의 머리모양과 화장문화|작성자 kosskosa.
[출처] 고구려 고분벽화|작성자 엔지니어 작가. 2018.02.14.20:10.
사)대한미용사회 중앙회 도록, 고전머리 특별전 『고구려 여인들 걸어나오다』.
유홍숙, 2011, 『궁 (예복) 작품집』, p.14.
최정희, 2009, 『제2회 우리옷의 뿌리를 찾아서』, 한복문화학회 인천지부.
김기웅, 1994, 『안악3호고구려 고분 벽화, 주인공의 부인상』.
박혜순, 2010, 『제3회 궁궐의 혼례의 도록집』, p.49.

백제시대

김지은, 2014, 『서산용현리 마에여래삼존상 연구』, 영남대학교대학원, 석사학위논문, p.20.
손복심, 2006, 『우리나라의 업스타일의 변천과 재현에 관한 연구』, 광주대학교 미용과학 대학원, pp.34~35.
조셈, 2005, 『백제예술과 무용의 특성에 관한 연구』, 중앙대학교대학원, p.13.
현숙, 2010, 『백제시대의 문화적 예술과 무용에 관한 고찰』, 공주대학교 교육대학원, p.8.
『전통복식 유물의 전시 및 활용 방안에 관한 연구』, 숙명대학교, p.45.
우화정, 2004, 『삼국시대 금동신발 연구』, 영남대학교대학원, 석사학위논문, p.18.
지은선, 2010, 『백제복식에 관한 ICT학술재료 개발』, 공주대학교 일반대학원, p.10.
양수연, 2014, 『백제 금동관모와 은제관모의 존재(存在) 의미(意味)』, 공주대학교대학원, 석사학위논문, p.6,50~52.
이해영, 2007, 『한국금관의 재구성을 통한 장신구 연구』, 조선대학교대학원, pp.5~6,17.20~22.

장욱진, 2015,『도, 초 결합을 통해본 5~6세기 백제장식대도의 제작 특성 연구』, 한서대학교, 국제예술디자인대학원 석사학위논문, p.7.
신미영, 2011,『백제의 전통문양을 응용한 장신구 조형연구』, 공주대학교 일반대학원, p.6.
장유리, 2011,『금관가야 유물의 조형특성을 응용한 장신구 디자인 연구』, 가야대학교 일반대학원, p.6,29.
신광섭, 2016,금동대항로를 통해서 본백제문화, 서울국립중앙박물관 p.6,10.
[원천자료] 조병로(경기대학교), 성주현(경기대학교), 시놉시스 : 박영우(경기대학교), 이대연(경기대학교)
김수남, 2006,『백제 웅진시대의 남방 재 진출과 영역화 과정』, p.34.
이남석, 2007,『백제금동관모출토 무덤의 검토』, p.220.
국회보도자료, 2016년 11월호_한국의 유네스코 세계문화유산을 찾아서_백제인의 영화와 애잔함이 서린 '충남 부여[네이버 지식백과] 관북리유적과 부소산성 [유네스코 세계유산](대한민국 구석구석, 한국관광공사), 2018.03.03.19:00.
경산자인단오한장군축제(慶山慈仁端午韓將軍祝祭), 한국세시풍속사전, 국립민속박물관, 네이버 지식백과.
김문자, 2005,『고대 조우관의 원류에 대한 연구』, 한복문화학회, p.60.
서울특별시보도자료, 2016, 한성백제박물관, p.2.
일반도서,『복식고증을 통한 전통문화 행사 재연방안연구』, 서울특별시의회 편, p.30.
문화재청보도자료, 2018,「백제왕도 핵심유적, 부여 능안골 고분군 발굴조사 착수」, p.4.
광문각, 2010.09.06, 네이버 지식백과,「고구려시대의 머리 모양(역사로 본 전통머리)」.
[네이버 지식백과], 백제건국(문화콘텐츠닷컴, 문화원형백과대백제이야기), 2018.02.22.14:10.
[네이버 지식백과], 무령왕(武寧王), 두산백과, 2018.02.24.17:35.
[네이버 지식백과], 계백(階伯), 문화콘텐츠닷컴,「문화원형백과 한민족 전투」, 한국콘텐츠진흥원, 2018.02.28.18:30.
[네이버 지식백과], 복신(福信), 인명사전, 민중서관, 2018.02.28.19:10.
[네이버 지식백과], 왕인박사, 문화콘텐츠닷컴, 문화원형백과 전통시대 수상교통/뱃길(수상로), 한국콘텐츠진흥원, 2018.03.01.13:40.
[네이버 지식백과], 담징(曇徵) - 일본 아스키문화 발전에 기여한 고구려 승려, 인물한국사, 2018.02.28.19:30.
[네이버 지식백과], 아직기(阿直岐), 한국고대인명사전, 도서출판 역락, 2018. 03. 01.16:00.
[네이버 지식백과], 왕인박사, 문화콘텐츠닷컴, 문화원형백과 전통시대 수상교통/뱃길(수상로), 2006, 한국콘텐츠진흥원, 2018.03.01.13:30.
[네이버 지식백과], 백제와 남조, 문화콘텐츠닷컴, 문화원형백과 대백제이야기, 한국콘텐츠진흥원, 2018.03.01.15:20.
[네이버 지식백과], 아스카문화(飛鳥文化), 두산백과, 2018.03.01.15:00.
네이버, ©코리안스피릿, 마한 수장이 신은 백제 금동신발, 2018.02.24.10:40.
[네이버 지식백과], 대성팔족(大姓八族), 한국민족문화대백과, 한국학중앙연구원.
[네이버 지식백과], 삼충사(三忠祠), 두산백과, 2018.03.10.15:30.
[네이버 지식백과], 관북리유적과 부소산성, 유네스코 세계유산, 대한민국 구석구석, 한국관광공사.
[네이버 지식백과], 삼충사(三忠祠), 두산백과, 2018.03.10.15:30.
[네이버 지식백과], 백제(百濟), 한국민족문화대백과, 한국학중앙연구원, 2018.02.26.19:25.

[네이버 지식백과], 금제관식의 전통과 상징성, 고구려 금관의 정치사, 경인문화사, 2018.02.26.17:05.
[네이버 지식백과], 옷, 한국민족문화대백과, 한국학중앙연구원, 2018.02.26.21:40.
[네이버 지식백과] 장신구 역사, 문화콘텐츠닷컴, 문화원형백과 한국의 전통장신구, 한국콘텐츠진흥원, 2018.03.01.17:40.
[네이버 지식백과], 모자모형금장식(감장용금모-嵌裝用金帽), 문화콘텐츠닷컴, 문화원형백과 한국의 전통장신구, 한국콘텐츠진흥원, 2018.02.27.20:15.
네이버 지식IN, 백제시대의 유물, 2018.02.28.19:45.
[네이버 지식백과], 의당 출토 금동관음보살입상, 한국 미의 재발견 불교 조각, 솔출판사, 2018. 03.01.19:00.
네이버, 문화콘텐츠 닷컴, 2018.02.26.19:35.
[네이버 지식백과], 쌍계머리, 문화콘텐츠닷컴, 문화원형백과 한국의 고유복식, 한국콘텐츠진흥원, 2018.03.011.8:40.
국립중앙박물관, <그림> 1.2,3,12,13,14,21~29,33~35,38-1,41,43,4~48,50.
장욱진, 2015, 『도, 초 결합을 통해 본 5~6세기 백제장식대도의 제작 특성 연구』, 한서대학교, 국제예술디자인대학원 석사학위논문, pp.6~7
우화정, 2004, 『삼국시대 금동신발 연구』, 영남대학교대학원 석사학위논문, p.36.
[네이버 지식백과], 첨단 선진 기술인 '금속 상감(金屬象嵌)'기술, 전통 속에 살아 숨 쉬는 첨단 과학 이야기, 2018.02.23.11:25.
[네이버 지식백과], 용봉무늬고리장식칼, 한국 미의 재발견 - 고분미술, 2018.02.23.12:30.
고대사의 진실을 찾아서, [한국고대사학회 시민강좌] |작성자 ohyh45 2018.02.23.11:00.
네이버, ©코리안스피릿, 마한 수장이 신은 백제 금동신발, 2018.02.24.10:40.
[네이버 지식백과], 장식대도(裝飾大刀, Sword), 문화콘텐츠닷컴, 문화원형백과 백제금동대향로, 한국콘텐츠진흥원, 2018.02.24.09:20.
[네이버 지식백과], 삼충사(三忠祠), 두산백과, 2018.03.10.15:30.
부여박물관, 유물 금동광배편 자료, 2019.01.06.15:40.
부여박물관, 유물 허리띠편 자료, 2019.01.06.15:30.
양수영, 2014, 『백제금동관모와 은제관식의 존재의미』, 공주대학교대학원, 석사학위논문,p.4.
이해영, 2007, 『한국금관의 재구성을 통한 장신구 연구』, 조선대학교 대학원, p.5.
문화재청보도자료, 2018, 「백제왕도 핵심유적, 부여 능안골 고분군 발굴조사 착수」, p.4.
[네이버 지식백과], 의당출토 금동관음보살입상, 한국미의 재발견 불교 조각, 솔출판사, 2018.03.01.19:00.
[네이버 지식백과] 쌍계머리, 문화콘텐츠닷컴, 문화원형백과 한국의 고유복식, 한국콘텐츠진흥원, 2018.03.011.8:40.
『역사로 본 전통머리』, 광문각, 2018.02.26.20:00.

신라시대

김소희, 2011, 『신라 복식이미지를 응용한 한국적 패션 컨셉기획』, 숙명대학교대학원, p.34,38,41.

이상헌, 2011, 『신라금관의 조형성을 응용한 문화상품 디자인 연구』, 건국대학교, 대학원공학과, 석사학위논문, p.8.

김진숙, 2010, 『통일신라시대 여성의 머리형태에 관한 연구』, 국제문화대학원, 석사학위논문, pp.35~36,49~50.

한필남, 2005, 『영화 스켄들(조선남여상열지사)로 본 한국적 헤어의 미적 연구』, 중앙대학교, 의약식품대학원, p.7,9.

이현주, 2014, 『단청문양을 응용한 수식연구』, 서경대학교, 석사학위논문, p.29.

홍경옥, 2006, 『우리나라 여성의 전통머리모양에 관한 연구』, 남부대학교대학원, 석사학위논문, p.20.

이승미, 2010, 『고구려 머리모양을 통한 문화콘텐츠 자료연구』, 건국대학교대학원, 석사학위논문, p.47.

박진일, 『서봉총 출토금관 이야기』, 국립중앙박물관 고고역사부 학예연구사, pp.1~3.

신라왕궁월성, 국립경주문화재연구소, 2018.01.22, p.94.

대전국립문화재연구소, 2007, 「6~7세기대 신라사회의 공백을 배우다」, 함안 성산산성 12차 현장설명회, pp.10~11.

김영재, 2000, 『왕회도에 나타난 우리나라 삼국시대 사신의 복식』, 한복문화 학회지, p.24.

21세기 역사바로알기위원회, 『이야기 한국사』, 해피앤북스, 2011, p.82.

아이템북스, 『이야기 한국사』, 2008, p.107.

김영자, 2009, 『한국복식 미탐구』, 경춘사, p.34.

[네이버 지식백과], 통일신라시대의 복식, 역사로 본 전통머리, 2010.09.06, 광문각.

[네이버 지식백과], 박혁거세(朴赫居世) - 고대왕권국가 신라를 세운 지혜로운 왕, 인물한국사

두산백과, 2018.03.04.11:30.

[네이버 지식백과], 석탈해(昔脫解), 한국고중세사사전, 가람기획.

네이버 지식백과], 복식(服飾), 한국민족문화대백과, 한국학중앙연구원, 2018.03.04.15:20.

[네이버 지식백과], 신라복식개요, 문화콘텐츠닷컴, 문화원형백과 연오랑 세오녀, 2002, 한국콘텐츠진흥원, 2018.03.04.15:30.

[네이버 지식백과], 복식(服飾), 한국민족문화대백과, 한국학중앙연구원, 2018.03.04.15:00.

[네이버 지식백과], 남자바지, e뮤지엄, 국립중앙박물관, 2018.03.04.18:10.

네이버, http://www.wikitree.co.kr/블로그, 여정의 벗

[출처] 신라 토용(土俑)으로 보는 신라인의 입성(服飾)|작성자 문화재청경주 박물관, 2019.02.10.

[네이버 지식백과], 여인 토용(황성동), 문화콘텐츠닷컴, 문화원형백과, 우리 역사 최초의 여왕/선덕여왕, 한국콘텐츠진흥원. 2018.03.04.20:40.

[네이버 지식백과], 여인 토용(용강동), 문화콘텐츠닷컴, 문화원형백과 우리 역사 최초의 여왕/선덕여왕, 한국콘텐츠진흥원, 2018.03.04.20:40.

경주(국립경주박물관)|작성자 205, [출처] 그림, 얼굴무늬수막새(인면문원와당) (2) 자료조사/경주 답사/작업|작성자 꾸러기.2019.01.06. 경주박물관, 수막새.

김소희, 2011, 『신라복식이미지를 응용한 한국적 패션 컨셉기획』, 숙명대학교대학원, p.6,118.

김진숙, 2010, 『통일신라시대 여성의 머리형태에 관한 연구』, 국제문화대학원, 석사학위논문, p.35,49~50.

김영재, 2000, 『왕회도에 나타난 우리나라 삼국시대 사신의 복식』, 한복문화 학회지, p.24.
이현주, 2014, 『단청문양을 응용한 수식연구』, 서경대학교 석사학위논문, p.31.
신라왕궁월성, 국립경주문화재연구소, 2018.01.22, p.94.
경주박물관, <그림> 66,68,74~75,81.
국립중앙박물관, <그림> 15,17,78.
네이버블로그, 2018.03.15.17:20.
부인사 숭모제, 2017. 음력 03.15일 촬영
유홍숙, 2011, 도서출판 경춘사.
[네이버 지식백과], 남자바지, e뮤지엄, 국립중앙박물관, 2018.03.04.18:10.
네이버, http://www.wikitree.co.kr/블로그,여정의 벗 http://www.wikitree.co.kr

고려시대

김송희, 2016, 『고려시대 머리모양을 재현하여 응용한 고전머리 현대화 연구』, 영상대학교, 미용예술대학원, pp.6~7,9,12,14.
변옥자, 2012, 『고려시대의 전통머리양식에 관한 재현 연구』, 성결대학교교육대학원, 석사학위논문, p.8,23,53.
이지현, 2001, 『고려후기 수월관음도의 조형적 요소에 관한 연구』, 동이대학교교육대학원, 석사학위논문, pp.5~10.
김 은, 2014, 『삼국유사의 불법 전서적 이해』, 영남대학교대학원, 석사학위논문, p.37.
배종식, 2018, 『고려 현종의 불교정책』, 대전대학교대학원, 석사학위논문, p.6,10.
김수연, 2013, 『고려불화에 나타난 공양자 복식미를 활용한 패션디자인 연구』, 홍익대학교대학원, 석사학위논문, p.23.27,30.
조민희, 2004, 『조선시대와 청대의 수발양식』, 한암대학교, 사회문화대학대학원, 석사학위논문, p.11.
김윤선, 2014, 『한국전통머리에 대한 인식 및 선호도와 활용방안』, 서경대학교, 미용예술대학원, 석사학위논문, p.26.
조혜정, 2009, 『고려시대의 머리모양과 수식 및 화장에 관한 고찰』, 원광대학교대학원, 석사학위논문, p.20.
김윤선, 2014, 『한국전통머리에 대한 인식 및 선호도와 활용방안』, 서경대학교, 미용예술대학원, 석사학위논문, p19.
『고려왕건을 도운 무사위』, 2006, 강진군청 문화관광과 문사고전연구소, p.20.
역사바로알기 위원회, 2013, 『이야기 한국사』, 해피북스, p.136,145,185.
유경환, 「왕건신화의 원형적 상징성」, 한국국어교육학회, 정기간행물실 524호, p.247,253.
곽동해, 2006, 『전통불화의 맥』, 학연문화사, p.13.
정은우, 2011, 『미술사 연구회』, 통권 제25호, 「송대 불교조각의 고려유입과 선택」 p.42,44~45.
최영호, 2010, 『고려시대 송나라 해상무역 상인의 활동시기와 양상』, 국내학술기사 인간과 문화연구.
제16집 동의대학교 인문사회연구소, 정기간행물실(524호), p.231.
손미경, 2004, 『한국여인의 발자취』, 미디어뷰, p.151,166~167.
손경자, 『中國服飾500年,下 편서기 960~1279년, 송대의 복식 중에서』, p.227,269, 272~273,290.

『역사로 본 전통머리』, 2010, 광문각, p.9,6.

임영미, 1997,『한국의 복식문화Ⅱ』, 경춘사, pp.7~10.

김영자, 2009,『한국복식미 탐구』, 경춘사, p.102.

전선정 외, 2011,『미용미학과 미용문화사』, 청구문화사, p.256.

[네이버 학생백과], 고려의 불상, 2017.02.19.06:50.

[네이버 학생백과], 도교와 풍수지리, 이다지 한국사, 전근대 편, 2017.02.19.07:15

[네이버 지식백과], 한국고대문화의 비밀, 2017.02.15.07:30.

2018, 네이버 블로그, 갤러리카페.

[네이버 지식백과], 울진 불영사 신중탱화(蔚珍 佛影寺 神衆幀畵), 한국민족문화대백과, 한국학중앙연구원, 2017.02.19.15.10.

[네이버 지식백과], 관세음보살(觀世音菩薩), 한국민족문화대백과, 한국학중앙연구원, 2017.02.19.16:10.

[네이버 지식백과], 문수보살, 문화콘텐츠닷컴, 문화원형백과 한국의 불화, 한국콘텐츠진흥원, 2017.02.19.17:00.

네이버, 한국민족문화대백과, 한국학중앙연구원, 2017.04.16.12:10.

국립중앙박물관, 불상편

[그림출처], 네이버 지식백과, 2017.02.19.06:50.

네이버,「부여 규암리 금동관음보살입상」, 한국민족문화대백과 ,2017.04.16.12:00.

네이버 카페, 대하사극매니아, 2017.02.12.16:00.

[네이버 지식백과], 문화콘텐츠닷컴, 공민왕의 노국공주 예복, 2017.02.15.07:50, 국립중앙박물관.

김송희, 2016,『고려시대 머리모양을 재현하여 응용한 고전머리 현대화 연구』, 영상대학교, 미용예술대학원, p.12,16, <그림> 30,56~57.

김윤선, 2014,『한국전통머리에 대한 인식 및 선호도와 활용방안』, 서경대학교, 미용예술대학원, 석사학위논문, pp.19~20,26, <그림> 46,58~62.

김수연, 2013, p.29,31, <그림> 47~51,53~54.

손경자,『中國服飾500年,下 편서기 960~1279년, 송대의 복식 중에서』, p.272, <그림> 23~29.

손미경, 2004.『한국여인의 발자취』, 미디어뷰, p.163,199.201, <그림> 52,55,63.

김영숙 외, 2010,『한국전통복식 조형미』, p.29,35,41,59,75.

[네이버 지식백과], 한국고대문화의 비밀, 2017.02.15.07:30.

「고려왕건을 도운 무사위」, 2006, 강진군청 문화관광과 문사고전연구소, p.20.

2018, 네이버 블로그, 갤러리카페.

[네이버 지식백과], 2017.02.19.,06:50, <그림> 8.

네이버,「부여 규암리 금동관음보살입상」, 한국민족문화대백과, 2017.04.16.12:00, <그림> 9.

정은우, 2011,『미술연구』25호, pp.44~45, <그림> 10~12.

네이버 카페, 대하사극매니아, 2017.02.12.16:00, <그림> 17, <지도>

[네이버 지식백과], 문화콘텐츠닷컴,공민왕의 노국공주 예복,2017.2.15 오전7시50분그림,20

네이버 카페, 대하사극매니아, 2017.02.12.16:00.